Simone Klein · Karin Siegmund (Hrsg.)

Partnerschaften von NGOs und Unternehmen

Simone Klein
Karin Siegmund (Hrsg.)

Partnerschaften von NGOs und Unternehmen

Chancen und Herausforderungen

Bibliografische Information der Deutschen Nationalbibliothek
Die Deutsche Nationalbibliothek verzeichnet diese Publikation in der
Deutschen Nationalbibliografie; detaillierte bibliografische Daten sind im Internet über
<http://dnb.d-nb.de> abrufbar.

Dieses Buch entstand auf Initiative von Save the Children Deutschland e.V.

1. Auflage 2010

Alle Rechte vorbehalten
© VS Verlag für Sozialwissenschaften | Springer Fachmedien Wiesbaden GmbH 2010

Lektorat: Dorothee Koch / Sabine Schöller

VS Verlag für Sozialwissenschaften ist eine Marke von Springer Fachmedien.
Springer Fachmedien ist Teil der Fachverlagsgruppe Springer Science+Business Media.
www.vs-verlag.de

 Das Werk einschließlich aller seiner Teile ist urheberrechtlich geschützt. Jede Verwertung außerhalb der engen Grenzen des Urheberrechtsgesetzes ist ohne Zustimmung des Verlags unzulässig und strafbar. Das gilt insbesondere für Vervielfältigungen, Übersetzungen, Mikroverfilmungen und die Einspeicherung und Verarbeitung in elektronischen Systemen.

Die Wiedergabe von Gebrauchsnamen, Handelsnamen, Warenbezeichnungen usw. in diesem Werk berechtigt auch ohne besondere Kennzeichnung nicht zu der Annahme, dass solche Namen im Sinne der Warenzeichen- und Markenschutz-Gesetzgebung als frei zu betrachten wären und daher von jedermann benutzt werden dürften.

Umschlaggestaltung: KünkelLopka Medienentwicklung, Heidelberg
Druck und buchbinderische Verarbeitung: STRAUSS GMBH, Mörlenbach
Gedruckt auf säurefreiem und chlorfrei gebleichtem Papier
Printed in Germany

ISBN 978-3-531-17099-2

Inhalt

Vorwort 9

I. Einleitung

Simone Klein, Karin Siegmund
Partnerschaften zwischen Nichtregierungsorganisationen
und Unternehmen – Eine Innenbetrachtung 13

II. Fokus – Beziehungen im Wandel

Susanne Lang
Partnerschaften zwischen Unternehmen und zivilgesellschaftlichen
Organisationen – Erkundungsgänge im Grenzgebiet zwischen
Wirtschaft und Zivilgesellschaft 19

Norbert Taubken
Kein Goldesel mehr vorm Schneckenhaus – Aktuelle Trends zum
gesellschaftlichen Engagement von Unternehmen 43

Simone Klein
Partnerschaftsallianzen – Die neue Lernarena
für Unternehmen und NGOs 52

Karin Siegmund
Corporate Volunteering in Partnerschaften – Zur Notwendigkeit
eines Paradigmenwechsels aus NPO-Sicht 61

III. Fokus – Identität und Positionierung

Thomas Marschall
Advocate, Stakeholder, Fundraiser –
Partnerschaften zwischen NGOs und Unternehmen im Spannungsfeld
zwischen entwicklungspolitischen Forderungen und Fundraising 73

Thomas Kurmann
Ideologische Diskussion und pragmatische „Lösung" –
Corporate Fundraising bei Ärzte ohne Grenzen e. V. 85

Brigitte Behrens
Verantwortung im Kerngeschäft als Basis einer Zusammenarbeit –
Die Forderungen von Greenpeace an Unternehmen 93

Peter von Blomberg
Unternehmen als korporative Mitglieder bei
Transparency International Deutschland e. V. 98

Nicola Oppermann, Bernward Geier
Von der Nische in den Mainstream –
Der gemeinsame Weg der Rainforest Alliance und Kraft Foods.......... 110

IV. Fokus – Internationale Zusammenarbeit und Wettbewerb

Sabine Nold
Erfolg und Verantwortung als untrennbares Paar –
Vorreiterrolle und Meilensteine des Engagements von IKEA............. 125

Jochen Jütte-Overmeyer
Erfahrungen einer gewachsenen Partnerschaft – C&A und
terre des hommes gegen Kinderarbeit in der Textilindustrie 129

Michael Anthony
Risikoaufklärung mit Bollywood –
Die Mikroversicherungen von Allianz und CARE in Indien 139

Kathrin Mohr, Chris Weeks
Gemeinsamer Einsatz in der Katastrophenhilfe –
Deutsche Post DHL und die Vereinten Nationen formen
ein Hilfsbündnis.. 148

Gerhard Prätorius, Michael Scholing-Darby
Engagement aus Tradition und Verantwortung –
Der Volkswagen Konzern 158

V. Fokus – Organisation und Region

Gerd Placke
„Gute Geschäfte" zwischen Unternehmen und Gemeinnützigen –
Die Marktplatz-Methode 171

Christine Weyrich
Gemeinsam stark – über das Zusammenspiel von
Unternehmensstiftungen, Unternehmen und gemeinnützigen
Organisationen am Beispiel der Siemens Stiftung................................ 193

Christine Pehl, Andreas Podeswik
Nachhaltigkeit mit Herz und Verstand –
betapharm und Bunter Kreis.. 206

Sascha Stolzenburg
Die Stärke gemeinsamer Visionen – Die Johanniter-Unfall-Hilfe
und ihre Zusammenarbeit mit Unternehmen.. 214

Verzeichnis der Autorinnen und Autoren 221

Vorwort

Liebe Leserinnen und Leser,

Save the Children, die älteste Kinderrechtsorganisation der Welt, arbeitet seit vielen Jahren erfolgreich mit Unternehmen zusammen. Im Laufe dieser Partnerschaften haben wir eine Menge über „die andere Seite" gelernt: Wir haben unterschiedliche Gründe, eine Partnerschaft einzugehen, wir haben andere Erfahrungen und Herangehensweisen, auch verschiedene Tempi bei der Lösung von Aufgaben, und wir kommunizieren anders. Aber eines stimmt bei unseren Partnern und uns immer überein: wir wollen den Ärmsten dieser Welt, den Kindern, zu ihren Rechten verhelfen.

Dieses Buch soll dazu beitragen, in Deutschland noch viel stärker über Partnerschaften ins Gespräch zu kommen. Es sollen nicht, wie bisher üblich, die Unternehmen mit den Unternehmen reden und die NGOs mit den NGOs, sondern alle miteinander über die Sektorengrenzen hinweg. In den meisten der vorgestellten Partnerschaften wird den NGOs dabei der längst überfällige Stellenwert als gleichberechtigte Partner der Unternehmen eingeräumt.

Aus unserer Erfahrung wird die Verständigung oft durch scheinbare Hürden behindert. Nicht zuletzt deshalb soll das Buch die Diskussion über unterschiedliche Wahrnehmungen und auch Kontroversen anstoßen. Viele gute Beispiele werden vorgestellt, aber es wird auch nicht verschwiegen, wie schwierig die Zusammenarbeit mitunter sein kann.

Wir haben diesen Sammelband initiiert, weil wir überzeugt sind, dass es noch viel mehr Partnerschaften aller gesellschaftlichen Kräfte in Deutschland bedarf, um den anstehenden sozialen Herausforderungen hier und in den Entwicklungsländern zu begegnen. Statt alte Vorurteile zu pflegen, gilt es das Verbindende zu suchen und Allianzen zu schmieden. Manche Autoren benennen ihre Zweifel oder haben die Auseinandersetzungen vor Augen, die in einer Partnerschaft auftreten können. Aber trifft nicht auf jede Partnerschaft zu, dass man die Bedingungen immer wieder miteinander aushandeln muss?

Ich möchte Sie zum gemeinsamen Nachdenken darüber einladen, wie wir unsere Kräfte zugunsten der notwendigen Aufgaben bündeln können. In diesem Sinne wünsche ich Ihnen eine anregende Lektüre.

Ihre

Kathrin Wieland
Geschäftsführerin Save the Children Deutschland e. V.

I. Einleitung

Partnerschaften zwischen Nichtregierungsorganisationen und Unternehmen – Eine Innenbetrachtung

Simone Klein und Karin Siegmund

Seit einigen Jahren findet im deutschsprachigen Raum eine rege Diskussion darüber statt, wie Unternehmen ihre gesellschaftliche Verantwortung wahrnehmen können und sollen. Themenfelder wie Corporate Social Responsibility (CSR) oder Corporate Citizenship (CC) gewinnen für Akteure im wirtschaftlichen und gesellschaftlichen Alltag zunehmend an Bedeutung. Dieser sektorübergreifende Diskurs wird durch die sozialen und ökologischen Folgen der wirtschaftlichen Globalisierung verstärkt.

Eine Reaktion auf diese Diskussion ist die zunehmende Zusammenarbeit zwischen Unternehmen und Nichtregierungsorganisationen als wichtige Akteure in diesem Prozess. Auf beiden Seiten werden gemeinsame Projekte verkündet und geplant. Die Art und Weise der Zusammenarbeit nimmt dabei vielfältige Formen an. So gibt es beispielsweise gemeinsame Cause-Related-Marketing-Aktionen, Aktionstage für Unternehmensmitarbeiter im Rahmen eines Corporate-Volunteering-Programms oder eine Zusammenarbeit im Bereich Forschung und Entwicklung. In diversen Publikationen[1] werden Kooperationen zwischen Unternehmen und Nichtregierungsorganisationen als Instrument zur Übernahme von gesellschaftlicher Verantwortung dargestellt.

Doch wie diese Partnerschaften strategisch angelegt und operativ in der Praxis umgesetzt werden, bleibt bislang weitestgehend unklar. Häufig wird hier für beide Partner eine Win-win-Situation postuliert, ohne dass näher auf mögliche Erfolgsfaktoren eingegangen wird. Allein die Übereinstimmung über das Eingehen einer Partnerschaft bedeutet auch noch keine erfolgreiche Umsetzung. Eine Vielzahl an Faktoren und Rahmenbedingungen müssen vor und während einer Zusammenarbeit beachtet werden, um die unterschiedlichen Ziele beider Partner zu erfüllen. Wie bei jeder Partnerschaft sind auch diesen Kooperationen kritische Momente inhärent und sorgen für Konfliktpotenzial, das für eine funktionierende Partnerschaft gelöst werden muss. Ferner stellt diese Partnerkonstellation für viele Beteiligte oftmals ein Novum dar, denn Beziehungen zwischen Unternehmen und NGOs waren bisher eher von Konflikt und Konfrontation als von Kooperation geprägt. Darüber hinaus haben beide Partner zwar innerhalb

---

1 Vgl. hierzu beispielsweise Bendell (2000), Winston (2002), Doh/Teegen (2003), Crane/Matten (2007), Prinzhorn (2008) und Peloza/Falkenberg (2009).

ihres Sektors Erfahrungen mit Kooperationen, die bisektorale Zusammenarbeit zwischen den Akteuren aus dem Sektor Wirtschaft (Unternehmen) und dem Dritten Sektor (Nichtregierungsorganisationen) hingegen befindet sich noch an ihrem Anfang.

Neben einer Zunahme dieser Partnerkonstellation entwickeln sich diese „neuen" Partnerschaften tendenziell weg von einer rein finanziellen Geber-Nehmer-Beziehung hin zu integrierten und nachhaltigen Formen der Zusammenarbeit. So rückt die gemeinsame inhaltliche Arbeit in den Fokus der Kooperation. Die Vertiefung der gemeinsamen Aktivitäten erfordert eine Weiterentwicklung des Partnerschaftsverständnisses und stellt in der konkreten Umsetzung eine Herausforderung für beide Akteure dar. So müssen sich sowohl Unternehmen als auch Nichtregierungsorganisationen mit kritischen Positionen auseinandersetzen und ihre jeweiligen Aktivitäten vor dem Hintergrund der eigenen Position internen und externen Diskussionen stellen.

Gestaltung und Überblick

Partnerschaften zwischen Unternehmen und Nichtregierungsorganisationen stellen für beide Partner eine wichtige Managementaufgabe dar. Welche Rahmenbedingungen und Maßnahmen eine erfolgreiche Umsetzung möglich machen und welche Instrumentarien in der Praxis geeignet sind, soll in diesem Band diskutiert werden. Hierzu werden bisherige Erkenntnisse und erlebte Erfahrungen zusammengetragen und Ansatzpunkte für weitere Kooperationsformen und ein erfolgreiches Management dieser Partnerschaften geliefert. Um der Zielsetzung des Buches gerecht zu werden, wurde die übliche Trennung der einzelnen Perspektiven (NGOs, Unternehmen, Berater und Wissenschaft) durchbrochen. Die Beiträge wurden nicht ihren vermeintlichen „Seiten" zugeordnet und gegenübergestellt, sondern anhand ihrer inhaltlichen Schwerpunktsetzung in vier Themenbereiche eingeordnet. Dadurch wird die vorschnelle Einsortierung in Akteurskategorien und feste Fronten überwunden, und eine thematisch getriebene Betrachtung des Themas Partnerschaften ermöglicht.

Im ersten Teil steht übergreifend der *Wandel in den Beziehungen* zwischen NGOs und Unternehmen im Zentrum. Susanne Lang beschreibt in ihrem Artikel die Annäherung zwischen Unternehmen und zivilgesellschaftlichen Organisationen und erläutert das daraus entstehende Nutzenpotenzial für Wirtschaft und Gesellschaft. Norbert Taubken geht auf die Wandlung des Unternehmensengagements ein und skizziert verschiedene Trends für das „neue" gesellschaftliche Engagement von Unternehmen. Partnerschaften als Ort des Lernens für Unternehmen und Nichtregierungsorganisationen bilden den Fokus des Beitrags von Simone Klein. Karin Siegmund diskutiert, welche Rahmenbedingungen und Erwartungshaltungen die Zusammenarbeit von Unternehmen und NPOs im Bereich des Corporate Volunteering bestimmen.

Der zweite Schwerpunkt – *Identität und Positionierung* – beschäftigt sich mit der Innenperspektive der Akteure. Insbesondere das Selbstverständnis von Nichtregierungsorganisationen ist von der Zusammenarbeit mit Unternehmen betroffen. In seinem Eingangsartikel analysiert Thomas Marschall, welche internen Definitions- und Entscheidungsprozesse Partnerschaften bei NGOs hervorrufen. Der Beitrag von Thomas Kurmann vertieft den Blick auf die interne Diskussion in NGOs und zeigt Lösungswege im Umgang mit der Identitätsfrage auf. Das Eingehen einer glaubwürdigen Partnerschaft ist für beide Seiten mit Voraussetzungen verbunden. Brigitte Behrens benennt hierzu Anforderungen an Unternehmen und diskutiert, unter welchen Bedingungen Partnerschaften möglich sind. Unternehmen können selbst korporative Mitglieder zivilgesellschaftlicher Organisationen sein. Wie dies evolutionär in der eigenen Organisation umgesetzt werden kann und welche internen Instrumente dies möglich machen, erläutert Peter von Blomberg. Der abschließende Interviewbeitrag mit Nicola Oppermann und Bernward Geier gibt einen Einblick in die jeweilige Identität der Partner und die Möglichkeiten einer gemeinsamen Positionierung.

Der dritte Fokus – *Internationale Zusammenarbeit und Wettbewerb* – richtet sich auf die Auslöser von Partnerschaften und die Umsetzungsmöglichkeiten. Oftmals sind die Absicherung der Lieferkette und die Stärkung der eigenen Wettbewerbsposition aufseiten der Unternehmen Triebkräfte für die Zusammenarbeit. Die vorgestellten Projekte sind inzwischen weit über die ökonomischen Ursprünge hinausgewachsen. Wie Unternehmen durch die Zusammenarbeit mit NGOs konsequent wirksame internationale Strategien entwickeln und umsetzen, beschreibt Sabine Nold. Der Beitrag von Jochen Jütte-Overmeyer schildert, wie aus einem Konflikt eine internationale Zusammenarbeit entstehen und die Entwicklung einer ganzen Branche beeinflussen kann. Michael Anthony zeigt in seiner Darstellung, wie Unternehmen und NGOs in Partnerschaften gemeinsam neue Geschäftsfelder entwickeln können. Der Beitrag von Kathrin Mohr und Chris Weeks macht deutlich, wie originäre Unternehmensaufgaben mit gesellschaftlichem Engagement verbunden werden können. Die Wahrnehmung gesellschaftlicher Verantwortung betrifft alle Bereiche und alle Standorte eines internationalen Unternehmens. Gerhard Prätorius und Michael Scholing-Darby erläutern die operative Umsetzung einer konzernweiten Strategie in internationalen Projekten.

Im vierten Teil – *Organisation und Region* – rücken Organisationen und Unternehmen in den Fokus, die strukturell zur Entwicklung des Partnerschaftsgedankens in Deutschland beitragen und hier erfolgreich Pionierarbeit leisten. Der Beitrag von Gerd Placke beschreibt die Marktplatz-Methode als ein Instrument zur Anbahnung von Partnerschaften. Christine Weyrich erläutert die Steuerung der Zusammenarbeit verschiedener Organisationen und Institutionen durch Stiftungen. Die Autoren Christine Pehl und Andreas Podeswik zeigen die Entwicklung, die ein regionales Konzept nehmen kann und stellen die dazu notwendigen Strukturen und Rahmenbedingungen vor. Sascha Stolzenburg skizziert abschließend Varianten von Partnerschaften im regionalen Umfeld von Organisation und Unternehmen.

Dieser Sammelband bietet einen Überblick über das Spektrum von Partnerschaften zwischen NGOs und Unternehmen. Eine erfolgreiche Umsetzung erfordert von beiden Partnern Mut, Geduld, Vertrauen und die Bereitschaft zu lernen. Partnerschaften entwickeln sich im Zeitverlauf, an der Beziehung muss sowohl auf beiden Seiten intern wie auch gemeinsam gearbeitet werden. Welche Herausforderungen gelöst und welches Potenzial aus Partnerschaften generiert werden können, zeigen die Beiträge in diesem Buch.

Literatur

Bendell, Jem (2000): Terms for endearment business, NGOs and sustainable development. Sheffield: Greenleaf Publishing.
Crane, Andrew/Matten, Dirk (2007): Business Ethics. Managing corporate citizenship and sustainability in the age of globalization. Oxford/New York: Oxford University Press.
Doh, Jonathan P./Teegen, Hildy (2003): Globalization and NGOs. Transforming Business, Government, and Society. Westport: Praeger Publishers.
Müller, Martin/Schaltegger, Stefan.(Hrsg.) (2007): Corporate Social Responsibility. Trend oder Modeerscheinung?. München: Oekom Verlag.
Prinzhorn, Jens (2008): Civil Private Partnership als Ausdruck gesellschaftlicher Verantwortung von Unternehmen – Voraussetzung für eine nachhaltige Zusammenarbeit aus der Perspektive von Nonprofitorganisationen. In: Müller, Martin/Schaltegger, Stefan (Hrsg.) (2007): Corporate Social Responsibility. Trend oder Modeerscheinung?. München: Oekom Verlag, S. 125–141.
Peloza, Johan/Falkenberg, Loren (2009): The Role of Collaboration in Achieving Corporate Social Responsibility Objectives. In: California Management Review, Vol. 51, Nr. 3, Spring, S. 95–113.
Winston, M. (2002): NGO - Strategies for Promoting Corporate Social Responsibility. In: Ethics and International Affairs, Vol. 16, Nr. 1, S. 71–87.

II. Fokus – Beziehungen im Wandel

Partnerschaften zwischen Unternehmen und zivilgesellschaftlichen Organisationen – Erkundungsgänge im Grenzgebiet zwischen Wirtschaft und Zivilgesellschaft

Susanne Lang

Zwischen Unternehmen und zivilgesellschaftlichen Organisationen liegt noch immer viel unwegsames Terrain, auf das sich nur mutige Partnerschaftspioniere wagen. Direkte Beziehungen pflegt man überwiegend in Form von Spenden und Sponsoring. Im Übrigen zeigt man Berührungsängste und kultiviert die gegenseitigen Vorbehalte. Die Londoner *Partnering Initiative*, eine 2004 gegründete Organisation, die sich weltweit der Förderung von Partnerschaften zwischen Unternehmen und zivilgesellschaftlichen Organisationen widmet, hat eine ganze Liste gegenseitiger Vorurteile zusammengetragen:[1]

Unternehmen

- stehen unter dem Zeitdiktat – „Zeit ist Geld",
- denken zu kurzfristig,
- sind abgebrüht und rücksichtslos,
- orientieren sich nur an ihren Shareholdern,
- geht es nur um den Profit,
- sind weit weg vom wirklichen Leben

– so jedenfalls die Sicht der Bürgergesellschaft auf die Unternehmen.

Anders herum sieht es nicht freundlicher aus. Aus der Sicht der Unternehmen ist die Zivilgesellschaft

- unprofessionell,
- unrealistisch,
- engstirnig („narrowly focused"),
- unverantwortlich („lacking accountability"),
- uninformiert.

---

[1] Vgl. The Partnering Initiative (2003: S. 5f.). Weitere Informationen zur Partnering Initiative online unter www.thepartneringinitiative.org.

Alles in allem pflegt man also kein wirklich attraktives Bild vom jeweiligen Gegenüber.[2] Aber vielleicht ja ein angemessenes? Betrachtet man diese Stereotypen genauer, dann wird schnell deutlich, dass sie beinahe zwangsläufig den verschiedenen Wertsphären und Perspektiven entspringen, die in der Bürgergesellschaft einerseits und in der Wirtschaft andererseits vorherrschen.

In typologischer Perspektive gehören Unternehmen und zivilgesellschaftliche Organisationen verschiedenen Welten und Bezugssystemen an. Die Welt der Wirtschaft, deren Prinzipien die Handlungs- und Denkweisen von Unternehmen prägen, ist bestimmt von den Gesetzen des Marktes, von Wettbewerb und dem Prinzip der Gewinnmaximierung. Die Zivilgesellschaft hingegen ist – je nach Perspektive und Schwerpunktsetzung – die Sphäre der freiwilligen Vereinigungen, der Vereine, der Bürgerinitiativen und der Non-Profit-Organisationen, die Welt der engagierten Bürgerinnen und Bürger, die freiwillig, gemeinwohlorientiert und unentgeltlich gesellschaftliche Lebenszusammenhänge mitgestalten, und eine gesellschaftliche Lebensform, in der zivile Werte wie Solidarität, Selbstbestimmung oder Respekt gelten (sollen), die oft genug in Konflikt zu den Imperativen des Marktes oder der Staatsmacht geraten.[3] Kurz: Die Zivilgesellschaft ist bevölkert von Organisationen, Akteuren und normativen Orientierungen, die genau das Gegenteil von Marktlogik und Gewinnstreben verkörpern. Wie also sollten diese beiden Welten und ihre Bewohner anders als konfliktträchtig miteinander umgehen können?

Und dennoch: es gibt diese ganz anderen Erfahrungen und Wahrnehmungen der Partnerschaftspioniere, die gezeigt haben, dass Unternehmen und zivilgesellschaftliche Organisationen viel miteinander bewirken und voneinander lernen können. Man erlebt immer mehr Unternehmen, die sich ganz anders verhalten, als man es von rast- und rücksichtslosen Profitmaximierern erwarten sollte. Pharmaunternehmen arbeiten mit Selbsthilforganisationen zusammen, ein IT-Konzern schickt EDV-Experten in Schulen, um gemeinsam mit Schüler/innen und Lehrer/innen IT-Lösungen für besseren Unterricht zu entwickeln, ein Spirituosenhersteller legt Kampagnen für den verantwortlichen Umgang mit Alkohol auf. Dabei engagieren sie sich, oft gemeinsam mit Partnern aus der Zivilgesellschaft, für Gemeinwohlbelange wie Bildung, Gesundheit oder Kultur.

Was treibt diese Unternehmen und ihre zivilgesellschaftlichen Partner an? Erleben wir hier strukturelle Verwerfungen an den Sektorengrenzen zwischen

---

2 Um das Bild zu vervollständigen: Der Staat kommt auch nicht besser weg. Er ist in den Augen anderer Sektoren: bürokratisch, verschwenderisch, dogmatisch, fixiert auf Wahltermine, hierarchisch strukturiert (vgl. The Partnering Initiative 2003: S. 5f.).

3 Zu dieser Trias von organisierter Bürgergesellschaft, engagierter Bürgergesellschaft und Bürgergesellschaft als Leitbild, die sich von den Definitionen der Enquete-Kommission „Zukunft des Bürgerschaftlichen Engagements" leiten lässt, siehe Embacher/Lang (2008: bes. S. 19ff).

Wirtschaft und Zivilgesellschaft? Eine neue gesellschaftliche Rolle und Verantwortung für Unternehmen? Was geschieht da an den Schnittstellen zwischen Wirtschaft und Zivilgesellschaft: neue Partnerschaften, Kampf der Kulturen oder feindliche Übernahme? Sind die Grenzgänger, die sich im Grenzgebiet zwischen Wirtschaft und Zivilgesellschaft tummeln, vereinzelte Irrläufer oder die Vorboten einer neuen gesellschaftlichen Arbeits- und Verantwortungsteilung? Jedenfalls werden es mehr, diese Grenzgänger, die neugierig das fremde Terrain erkunden – übrigens in beide Richtungen: Unternehmen, die sich gesellschaftlich engagieren und in diesem Sinne wie zivilgesellschaftliche Akteure handeln, haben ein Pendant in zivilgesellschaftlichen Organisationen, die als „Social Entrepreneurs" das Potenzial unternehmerischen Handelns für sich und ihre gemeinnützigen Aufgaben entdecken.[4]

Ich werde in meinem Beitrag zum einen der Frage nachgehen, was diese ungleichen Gefährten zusammenbringt, und zum anderen den Möglichkeiten, den Grenzen und den Bedingungen der sogenannten „Win-win-Konstellation" nachgehen, die wir so gerne in diesen Partnerschaften sehen.

Kooperationsformen zwischen Unternehmen und zivilgesellschaftlichen Organisationen[5]

Partnerschaften zwischen zivilgesellschaftlichen Organisationen und Unternehmen gehören rund um den Globus zu den wichtigsten und interessantesten Instrumenten im Corporate-Citizenship-Repertoire.[6] In Deutschland hingegen bildet es für zivilgesellschaftliche Organisationen ebenso wie für Unternehmen noch immer eher die Ausnahme von der staatszentrierten Regel, wenn sie mit Partnern aus dem jeweils anderen Sektor zusammenarbeiten. Mit einer rund zehnjährigen „Verspätung" im Vergleich zu Ländern wie den USA oder Großbritannien hat sich inzwischen jedoch auch hierzulande das Grenzgebiet zwi-

---

4 Der populäre Ausdruck Social Entrepreneurship ist selbst wiederum uneindeutig. Als Definitionsangebot möge an dieser Stelle genügen, dass ein unternehmerischer Zugang zu gesellschaftlichen Aufgaben gewählt wird, der sich bei der Lösung jedoch nicht von Gewinnstreben, sondern primär von Gemeinwohlinteressen leiten lässt. Für Ansatz und Beispiele siehe etwa Elkington/Hartigan 2008, Bornstein 2005, die Schwab Foundation (www.schwabfound.org) und die Fellows von Ashoka (www.ashoka.org). Ferner für einen Überblick über verschiedene Definitionsangebote sowie eine kritische Diskussion der Stärken und der Grenzen dieses Ansatzes Edwards (2008: S. 15ff).
5 Zum Folgenden siehe auch Embacher/Lang (2008: bes. S. 327ff. und S. 342ff.), Crane/Matten (2007: bes. S. 434ff.).
6 Siehe etwa die Arbeiten von Jane Nelson und Simon Zadek mit dem Copenhagen Institute (Nelson/Zadek 2001), Tennyson (1998), The Partnering Initiative (2003) oder Business Partners for Development (2002).

schen Zivilgesellschaft und Wirtschaft merklich belebt: Es gibt mittlerweile strategischeres und effektiveres gesellschaftliches Engagement von Unternehmen, es gibt neue Kooperationsformen zwischen zivilgesellschaftlichen Organisationen und Unternehmen, und auch die Einflussmöglichkeiten der Zivilgesellschaften auf das Handeln von Unternehmen steigen.

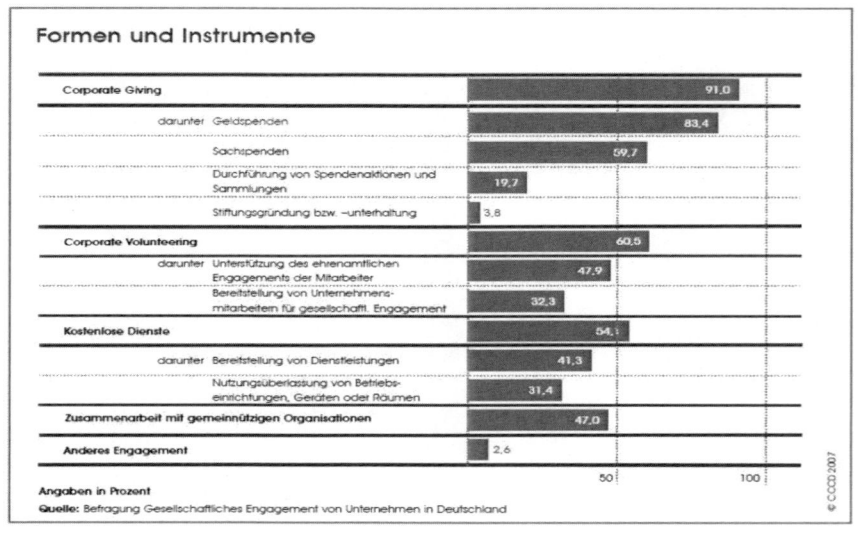

Abbildung 1: Formen und Instrumente von Corporate Citizenship (Quelle: CCCD 2007: S. 15)

Diese Übersicht über die Formen und Instrumente von Corporate Citizenship (Abbildung 1) zeigt, dass sektorenübergreifende Partnerschaften nicht die typische Form von Corporate Citizenship sind. In Deutschland arbeiten nur 47 Prozent der gesellschaftlich engagierten Unternehmen mit Partnern aus der Zivilgesellschaft zusammen. Ungleich verbreiteter sind die verschiedenen Formen der Philanthropie: Unternehmen unterstützen gemeinnützige Organisationen durch Geld- und Sachspenden oder auch durch die Entsendung von Freiwilligen, den sogenannten *Corporate Volunteers*.

Dieses Engagement kann durch rein philanthropische Motive bestimmt sein oder auch strategischen Nutzenerwägungen im Sinne von „strategischer Philanthropie" (Porter/Kramer 2002) folgen: dem Interesse eines gesellschaftlich engagierten Unternehmens an Reputationsgewinn, Positionierung der Marke,

Mitarbeiterbindung sowie Marktentwicklung. Das gesellschaftliche Engagement der „strategischen Philanthropen" dient auch betrieblichen Zielen. Charakteristisch ist jedoch für die karitative ebenso wie für die strategische Philanthropie, dass wir es im Grunde mit einer asymmetrischen Beziehung zu tun haben: Philanthropie wirkt einseitig als Unterstützung von Unternehmen für die Zivilgesellschaft. Die Stärke, die allen Formen der Philanthropie innewohnt, ist die Mobilisierung von Ressourcen für die Zivilgesellschaft. Allerdings haben die Empfänger in aller Regel wenig Gelegenheit, auf die Agenda und das Verhalten der Gebenden Einfluss zu nehmen. Es handelt sich eher um eine „Einbahnstraße", die aus der Unternehmenswelt in die Zivilgesellschaft führt und dort mal mehr, mal weniger dankbar aufgenommen wird.

Just in dieser Struktur liegt der entscheidende Unterschied zwischen Philanthropie und Partnerschaften, die in einem charakteristischen Sinne keine Philanthropie sind. Partnerschaften sind ihrer Struktur nach reziprok, eine auf Gegenseitigkeit angelegte Beziehung: Die Partner aus verschiedenen Sektoren stellen sich *gemeinsam* einer Aufgabe, wobei jeder die ihm eigenen Kompetenzen und Ressourcen einbringt.

„Partnerschaft" ist bei näherer Betrachtung also ein durchaus anspruchsvoller Begriff. Im Alltagsgebrauch der sektorenübergreifenden Kooperationen wird der Ausdruck inzwischen inflationär verwendet und bezeichnet häufig bereits die einseitige Unterstützung oder die einmalige Zusammenarbeit. In der konzeptionell ausgereiften Verwendung, der theoretischen Diskussion und in der Praxis indes ist Partnerschaft eine komplexe, auf Gegenseitigkeit und gemeinsame Wirkung angelegte Aufgabe:

Für die Londoner *Partnering Initiative* etwa ist Partnerschaft eine „sektorenübergreifende Allianz, in der Individuen, Gruppen oder Organisationen verabreden, gemeinsam eine Verpflichtung oder eine spezifische Aufgabe zu erfüllen, dabei sowohl die Risiken als auch den Nutzen miteinander zu teilen, ihre Beziehung regelmäßig zu überprüfen und ihre Übereinkunft nach Bedarf zu revidieren" (Tennyson 1998: S. 8; meine Übersetzung, S.L.). Das *Copenhagen Centre for Corporate Responsibility* wiederum, das in den späten 1990er-Jahren wichtige Forschungen zu diesem Thema unternommen hat, definiert Partnerschaften als „Menschen und Organisationen, die sich in sektorenübergreifender Kooperation von öffentlichen, wirtschaftlichen und zivilgesellschaftlichen Akteuren engagieren in freiwilligen, innovativen und auf gegenseitigen Nutzen ausgerichteten Verbindungen, um gemeinsam gesellschaftliche Ziele zu verwirklichen, und dabei sowohl ihre Ressourcen als auch ihre Kompetenzen zusammenbringen" (Nelson/Zadek 2001: S. 254). Die Copenhagen-Centre-Definition konzentriert sich stärker auf den Aspekt der Wirkung, die Partnering Initiative legt demgegenüber größeren Wert auf die

Beziehungsdimension und -qualität. Die beiden Definitionsangebote stehen damit für die beiden Säulen von Partnerschaften: *Projekt* und *Beziehung*. Gemeinsam aber sind diesen Definitionen die folgenden Charakteristika des Partnerschafts-Konzepts:

Entscheidend ist, dass

- die Partnerschaft ein gesellschaftliches Problem behandelt und in diesem Sinne gesellschaftlichen Nutzen bringt bzw. bringen kann,
- die Partnerschaft zudem auch beiden Partnern nutzt,
- beide Partner ihre jeweils spezifischen Kompetenzen und Ressourcen einbringen und
- beide Partner sich für die Ergebnisse und den Erfolg der Partnerschaft verantwortlich fühlen.

Die Partnering Initiative bietet ein Phasenmodell von Partnerschaften, das die komplexen Anforderungen des Partnerschafts-Managements in ein Nacheinander gliedert und als Prozess handhabbar macht (Abbildung 2).[7]

---

[7] Bei der Partnering Initiative sind ausgezeichnete Unterlagen zum Management von Partnerschaften abrufbar: www.thepartneringinitiative.org. Ein Onlinetool zur Evaluation von Partnerschaften zwischen Unternehmen und zivilgesellschaftlichen Organisationen steht in Kürze beim CCCD zur Verfügung: www.cccdeutschland.org.

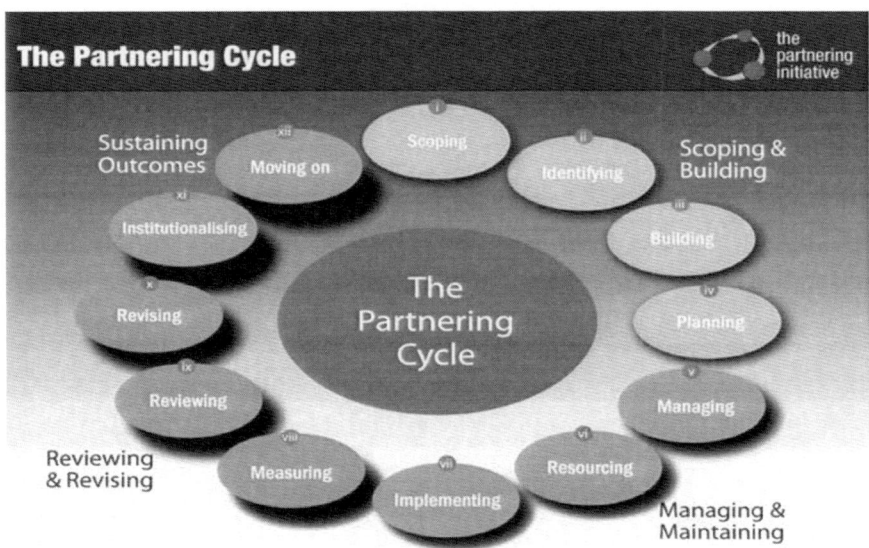

Abbildung 2: The Partnering Cycle, (Quelle: The Partnering Initiative 2003: S. 4)

„Die Ära der Partnerschaft" – was bringt und was hält die ungleichen Gefährten zusammen?

Von Simon Zadek stammt die Formulierung: "We have entered the 'era of partnership'" (Zadek 2004a: S. 254). Den historischen Auftakt zu dieser „Ära der Partnerschaft" markierte die Konferenz der Vereinten Nationen für Umwelt und Entwicklung im Jahr 1992 in Rio de Janeiro. Es handelte sich um die erste UN-Weltkonferenz, die den Auslöser bildete zu mehreren Folgekonferenzen über Themen wie Bevölkerungsentwicklung, Geschlechtergerechtigkeit, Verstädterung usw. und die in mehrerlei Hinsicht Geschichte gemacht hat: als die erste Konferenz auf weltpolitischer Ebene, bei der das Erscheinungsbild, die Agenda und auch die Ergebnisse maßgeblich von zivilgesellschaftlichen Organisationen bestimmt waren; als diejenige Konferenz, mit der das Thema Nachhaltigkeit ein für allemal auf der internationalen Agenda etabliert wurde und nicht zuletzt als diejenige Konferenz, die den Partnerschafts-Ansatz als neues Paradigma nachhaltiger Entwicklung präsentierte. Einzig durch sektorenübergreifende Zusammenarbeit zwischen Staat, Wirtschaft und Zivilgesellschaft, in die die jeweiligen

Akteure ihre spezifischen Stärken und Kompetenzen einbringen, lassen sich, so der Ansatz für die in Rio ausgerufene *Agenda 21*, nachhaltige Fortschritte in der gesellschaftlichen Entwicklung erzielen.

Fünfzehn Jahre nach Rio, mehrere Weltkonferenzen und ungezählte Partnerschafts-Erfahrungen später ist man natürlich etwas ernüchtert: Partnerschaften mögen der Königsweg zur nachhaltigen Entwicklung sein, sind aber in sich so anspruchsvoll, dass daraus ganz eigene Herausforderungen und Risiken folgen. Laut *Business Partners for Development*, einer von der Weltbank von 1998 bis 2001 geförderten Initiative, hatten zwar einige Partnerschaften positive Effekte für die betroffenen Menschen und brachten wirkliche Verbesserungen ihrer Lebenssituation. Andere aber nahmen eine ganz andere Wendung und führten etwa zur Kommerzialisierung und künstlichen Verknappung öffentlicher Güter wie Wasser oder Gesundheitsversorgung (Business Partners for Development 2002). Zu ähnlich kritischen Ergebnissen kommt auch eine Evaluation von sektorenübergreifenden Partnerschaften im südlichen Afrika (Rein et al. 2005). Die Londoner *Partnering Initiative* wiederum mahnt, dass Partnerschaften hohen Einsatz von allen Beteiligten verlangen. Besonders der Aufbau guter Arbeitsbeziehungen nehme so viel Zeit und Energie in Anspruch, dass das Risiko bestehe, die gesellschaftliche Aufgabenstellung aus den Augen zu verlieren. „Remember: Partnering is a mechanism for sustainable social, environmental and/or economic development – it is not an end in itself" (The Partnering Initiative 2003: S. 7).

Eine Untersuchung von sektorenübergreifenden Partnerschaften in zehn europäischen Ländern schließlich macht deutlich, dass die Zielgruppen, denen die Partnerschaft eigentlich dienen soll, wenig bis gar keine Einfluss- und Mitsprachemöglichkeiten haben. Damit droht doch noch die Gefahr der Zwangsbeglückung, allerdings weniger für die zivilgesellschaftlichen Organisationen, die dieses argwöhnen mögen, als vielmehr für die betroffenen Dritten, denen die Zusammenarbeit zwischen Unternehmen und zivilgesellschaftlicher Organisation eigentlich dienen soll (ACN/Fondaca 2006). Kurzum, die Ratgeber, Handbücher und Gebrauchsanweisungen sind voll von durchaus berechtigen Warnungen.

Andererseits aber gibt es Triebkräfte, die den anhaltenden Trend zu Partnerschaften befördern (Crane/Matten 2007: S. 438). Seitens der zivilgesellschaftlichen Organisationen liegt es nahe, eine maßgebliche Triebfeder für die Zusammenarbeit mit Unternehmen im Zugang zu Ressourcen zu sehen. Diese Vermutung hält jedoch einer Überprüfung nur bedingt stand, denn das materielle Interesse reicht nicht viel weiter als bis zum traditionellen Spenden. Wie verhält es sich jedoch mit anderen, moderneren Formen des Corporate Citizenship, bei denen die Unternehmen sich mit Mitarbeiterinnen und Mitarbeitern und/oder mit Kenntnissen und Fähigkeiten einbringen und bei denen sie längerfristige Verpflichtungen eingehen? Welches Interesse können bzw. sollten zivilgesellschaftliche Organisationen daran haben? Ein Befund aus der bereits genannten europäischen Untersuchung über Partnerschaften (ACN/Fondaca 2006) gibt Hinweise auf möglichen weitergehenden Nutzen für die Zivilgesellschaft. Demzufolge ist die Ressourcenfrage nur eines von mehreren Motiven, und nicht einmal das vorrangige. In erster Linie erhofft man sich von der Zusammenarbeit mit einem Partner, der über andere Fertigkeiten und über anderes Wissen verfügt, mehr Wirkungsmöglichkeiten bei der Bewältigung gesellschaftlicher Aufgaben. Man erwartet also vom Partnerunternehmen einen spezifischen Beitrag zur Lösung der gemeinsamen Aufgabe, der von der gemeinnützigen Organisation nicht oder nicht in derselben Weise erbracht werden kann (ACN/Fondaca 2006: S. 53).

Unternehmen wiederum versprechen sich darüber hinaus von einer Partnerschaft mit einer zivilgesellschaftlichen Organisation einen Image- und Glaubwürdigkeitstransfer: NGOs genießen in der globalisierten Öffentlichkeit eine deutlich höhere Glaubwürdigkeit als Unternehmen, bei Themen wie Umwelt oder Menschenrechte sind die Glaubwürdigkeitswerte sogar um ein Vielfaches höher (Crane/Matten 2007: S. 411, siehe auch Globescan 2005). Die Zusammenarbeit mit einer zivilgesellschaftlichen Organisation bedeutet damit für ein Unternehmen eine Art „geliehene Glaubwürdigkeit" Die Zivilgesellschaft wiederum hat die wachsende Bedeutung von Märkten und Marktakteuren anerkannt und reagiert durch gestiegene Aufmerksamkeit und Wachsamkeit, aber auch durch steigendes Interesse an einer Zusammenarbeit. Ein wichtiger Faktor ist auch die Ernüchterung über die Problemlösungsstrategien und -fähigkeiten öffentlicher Akteure: Je weniger sozialstaatliche und andere administrative Lösungen überzeugen, um so mehr engagieren sich NGOs und Unternehmen in Bereichen wie Bildung, Gesundheit oder Kultur. Nicht zuletzt versprechen sich sowohl zivilgesellschaftliche Akteure als auch Unternehmen von der partnerschaftlichen Zusammenarbeit wechselseitige Anregungen und Lernmöglichkeiten sowie vor allem höhere Wirksamkeit für ihr Engagement (Crane/Matten 2007: S. 438).

Last but not least sind sektorenübergreifende Partnerschaften einer der wichtigsten Schauplätze und Lernorte für eine reflektierte Praxis des Corporate Citizenship: Unternehmen können sich strategisch bedeutsame Informationsressourcen erschließen, zivilgesellschaftliche Organisationen wiederum erhalten besondere Einflusschancen auf strategische Entscheidungen in Unternehmen.

„Civil learning" durch Stakeholder-Engagement

Die Zusammenarbeit zwischen Unternehmen und zivilgesellschaftlichen Organisationen bedeutet einen Lernkontext eigener Art, der sich nach Simon Zadek (2004b: S. 3; ders. 2001: S. 136-148) als „civil learning" beschreiben lässt, als soziales Lernen eines Unternehmens im und durch den Austausch mit der Zivilgesellschaft. „Zivilgesellschaft" stellt sich dabei aus der Perspektive des Unternehmens als *Stakeholder* (Anspruchsgruppen) dar.[8]

Ein Stakeholder-Dialog ist der Diskurs eines Unternehmens mit jenen, die direkt oder indirekt, positiv oder negativ von diesem Unternehmen betroffen sind. Dieser Diskurs bedeutet eine Herausforderung für alle Beteiligten, und immer wieder taucht der Verdacht auf, zivilgesellschaftliche Organisationen seien in dieser Rolle nichts weiter als Stichwortgeber für die CSR-Berichterstattung von Unternehmen. Führende Unternehmen haben jedoch erkannt, dass dieser Austausch die Chance bietet, die eigene Geschäftspraxis und/oder -strategie im Kontext neuer zivilgesellschaftlicher oder politischer Informationen zu reflektieren und gegebenenfalls neu zu justieren. Umgekehrt sehen und nutzen immer mehr zivilgesellschaftliche Organisationen die Chance, durch die kooperative Auseinandersetzung mit Unternehmen zur Verbesserung von Arbeitsbedingungen, Umweltstandards und Lebensbedingungen von Men-

---

8 Die "klassische" Definition eines Stakeholders stammt von R. Edward Freeman, der als Begründer der Stakeholder-Theorie gilt: „any group or individual who can affect or is affected by the achievement of an organization's purpose" (zit. nach Crane/Matten 2007: S. 57), Individuen und Gruppen also, die entweder betroffen sind von den Geschäften eines Unternehmens oder aber ihrerseits diese Geschäfte beeinflussen können. Nun sind das „Betroffensein" bzw. das „Beeinflussenkönnen" erläuterungsbedürftige Begriffe. Eine spätere Definition konkretisiert in diesem Sinne: "A stakeholder of a corporation is an individual or a group which either: is harmed by, or benefits from, the corporation; or whose rights can be violated, or have to be respected, by the corporation" (ebd.: S. 58).
Die erweiterte Definition nimmt zwei bedeutsame Spezifizierungen vor: erstens bedeutet „betroffen sein" sowohl Nachteiliges als auch Nützliches (harm or benefit), zweitens ergeben sich Nutzen oder Nachteil für Stakeholder nicht allein aus der Erreichung von Geschäftszielen, sondern auch aus nicht-intendierten Nebenwirkungen. Der Vorteil der „klassischen" Definition indes besteht darin, dass die Stakeholder nicht nur (passiv) Betroffene sind, sondern aktiv Einfluss auf ein Unternehmen nehmen können. Wichtig ist, dass die Frage, wer die Stakeholder eines bestimmten Unternehmens sind, nie restlos objektivierbar ist. Es geht nicht nur um objektive Beobachtung und Festlegung einer Menge X, sondern immer auch um die normativ gehaltvolle Frage, welche Gruppe als betroffen gilt und welche Ansprüche als legitim anerkannt werden sollen. Bei dieser Beurteilung spielen sowohl die betroffenen Unternehmen als auch die zivilgesellschaftliche Öffentlichkeit eine Rolle. Überhaupt hat die Stakeholder-Theorie das Verständnis von Unternehmen gewissermaßen „anschlussfähig" für zivilgesellschaftliche und gesellschaftspolitische Fragestellungen gemacht, vgl. Crane/Matten (2007: S. 57ff.) sowie Einführung und Beiträge in Crane/Matten/Spence (2008: S. 107-165); ferner Zadek (2001: bes. 191ff.).

schen beizutragen. Beobachter diagnostizieren einen unverkennbaren Trend von oppositionellen zu eher kooperativen Beziehungen zwischen zivilgesellschaftlichen Organisationen und Unternehmen (siehe Crane/Matten 2007: S. 412; Zadek 2004a: S. 207). Die Beispiele von Shell oder Nike etwa illustrieren, wie Umwelt- oder Menschenrechtsorganisationen die Agenda und das Verhalten eines Unternehmens beeinflussen und verändern können (siehe Embacher/Lang 2008: S. 320ff.). Keine Branche und kein Großunternehmen sind vor solchen Konflikten gefeit, weil die Themen sich verändern. Beispielsweise galt bis vor Kurzem Übergewicht nur als ein individueller Makel oder aber als Krankheitsphänomen. Seit einiger Zeit werden Ernährungsgewohnheiten und Gewichtsprobleme jedoch als gesellschaftliches Problem thematisiert und mit der Produktpalette bestimmter Unternehmen verknüpft, die damit politisch als Verursacher schwerwiegender Gesundheitsschäden in den Blick geraten.

Ein Unternehmen, das seine zivilgesellschaftlichen Stakeholder kennt und im Austausch mit ihnen ist, kann die Zeichen frühzeitig erkennen: Ein Manager des Dänischen Arzneimittelherstellers Novo Nordisk etwa erklärt, der Umgang mit zivilgesellschaftlichen Anspruchsgruppen sei eine Art Zeitsprung. Wenn er mit NGOs zu tun habe, blicke er in die Zukunft: „I see the future of our markets, our products, and this business" (zit. nach Zadek 2004b: S. 3). Tierversuche, Gentechnik, Drogenpolitik: Diese und mehr Themen werden die zukünftigen Marktchancen eines Arzneimittelherstellers beeinflussen. Ganz ähnlich hat uns ein Manager eines Erdöl-Konzerns die Erfahrungen aus der Zusammenarbeit mit zivilgesellschaftlichen Organisationen beschrieben: „Wir bekommen von zivilgesellschaftlichen Organisationen, mit denen wir arbeiten, keinen Glaubwürdigkeitsbonus, wenn es zu einer Krise kommt. Aber wir lernen viel darüber, wo mögliche Krisenherde und -potenziale liegen." Durch den Diskurs mit der Zivilgesellschaft kann ein Unternehmen also lernen, an welchen Stellen Vorsicht und Verhaltensänderung geboten sind, wenn man vermeiden will, zum Gegenstand schmerzhafter Kampagnen und Boykotte zu werden. Und natürlich werden auch Unternehmen nicht nur aus Schaden klug: die IBM erschließt in Dialogformaten wie dem virtuellen „Global Innovation Jam" oder dem „Global Innovation Outlook" systematisch das Wissen der Stakeholder. Das Unternehmen erkennt darin die Trends und Zukunftsthemen, die für die eigenen Produktinnovationen von strategischer Bedeutung sind. Auch in diesem Sinne gilt für Unternehmen wie die IBM oder Novo Nordisk, dass sie im Austausch mit zivilgesellschaftlichen Stakeholdern die Zukunft ihrer Märkte, ihrer Produkte und ihres Business erblicken können.

Die Zivilgesellschaft wiederum muss angesichts der enormen Wirkungsmöglichkeiten von unternehmerischem Handeln im Allgemeinen und *Corporate Citizenship* im Besonderen ein vitales Interesse daran haben, dass die Unternehmen ihr Weltwissen nicht nur durch Marktforschung, durch Kommunikationsberater oder durch „parlamentarische Abende" im Austausch mit der Politik gewinnen, sondern auch als aktive Teilnehmer im Diskurs der Zivilgesellschaft. Je mehr Relevanz die Unternehmen dem sozialen Lernen in sektorenübergreifenden Partnerschaften und Austauschprozessen beimessen, umso größer ist die Chance auf positive Rückwirkungen auf die Sozial- und Umweltverträglichkeit von Geschäftsstrategien und -prozessen.

Cui bono? – das Win-win-Potenzial in Partnerschaften zwischen Unternehmen und zivilgesellschaftlichen Organisationen

Es sollte deutlich geworden sein, dass die Zusammenarbeit zwischen Unternehmen und zivilgesellschaftlichen Organisationen für alle Beteiligten beträchtliches Potenzial birgt. So beruft sich die Fachwelt in Theorie und Praxis gerne auf die „Win-win-Konstellation", in der sich Unternehmen und Zivilgesellschaft hier befinden. Andere hingegen bezweifeln schon die bloße Möglichkeit einer solchen „Win-win-Konstellation". Können tatsächlich „alle gewinnen"?[9] Handelt es sich nicht vielmehr um eine besonders ausgeklügelte Strategie von Unternehmen, die Gesellschaft effektiver für ihre Zwecke zu instrumentalisieren? Oder um Aktivitäten, die – so das korrespondierende Vorurteil auf Wirtschaftsseite – nichts als Kosten verursachen und insofern vielleicht nobel sein mögen, aber wirtschaftlich gesehen blanker Unfug sind?

Um beurteilen zu können, ob und unter welchen Bedingungen eine Partnerschaft ein Gewinn für alle ist, muss man sich klar werden darüber, was „Gewinnen" in diesem Zusammenhang überhaupt bedeutet. Die Spieltheorie, der die Rede von „Win-win" entlehnt ist, unterstellt eine Eindeutigkeit, die wir mindestens in zivilgesellschaftlichen – und das heißt letztlich politischen – Zusammenhängen nicht ohne Weiteres voraussetzen sollten. Alle Beteiligten müssen sich ihrer Bedürfnisse und Interessen bewusst sein, einen Nutzen für sich erkennen und diesen Nutzen definieren können, und das klingt einfacher, als es ist.

Mein Eindruck ist, dass hinsichtlich der Klarheit und Deutlichkeit der jeweiligen Nutzenerwartungen und -interessen eine durchaus sensible Asymmetrie zwischen Unternehmen und zivilgesellschaftlichen Organisationen besteht: Die Unternehmen und die über sie nachdenkende Wirtschaftswissenschaft haben ihre Antwort, im Prinzip jedenfalls, gefunden: Gesellschaftliches Engage-

---

9 „Wenn alle gewinnen" lautet der suggestive Titel einer frühen Aufsatzsammlung zum Thema (Schöffmann 2001).

ment muss gut fürs Geschäft sein, es muss einen *Business Case* im Corporate Citizenship geben. Eine vergleichbar klare, kohärente und systematisch überzeugende Antwort seitens der Zivilgesellschaft aber steht bis heute aus. Daraus erwächst für die Praxis der sektorenübergreifenden Zusammenarbeit ein Orientierungsproblem, das zivilgesellschaftliche Organisationen ebenso spüren wie ihre Unternehmenspartner. Welche Interessen, Ansprüche und Anforderungen kann eine zivilgesellschaftliche Organisation in die Zusammenarbeit mit Unternehmen einbringen? Welche Erwartungen können und sollten sie an ein Partnerunternehmen stellen? Wo kann, wo sollte, wo muss man sich kompromissbereit zeigen? Wo ist dagegen Vorsicht geboten?

Der Nutzen für die Unternehmen – Spielarten des Business Case

Aus betriebswirtschaftlicher Perspektive gibt es einen Bezugsrahmen, innerhalb dessen Unternehmen den Wert ihres gesellschaftlichen Engagements erkennen und beurteilen können. So gibt es inzwischen viele gute Gründe für die Annahme, dass Corporate Citizenship gut fürs Geschäft ist.[10]

---

10 Das soll freilich nicht heißen, dass Corporate Citizenship sich immer und in jedem Fall auch betriebswirtschaftlich rentiert. Zum einen ist es natürlich nicht der Königsweg zum wirtschaftlichen Erfolg. Man kann im Gegenteil enorme und schnelle Profite machen, ohne auch nur einen Gedanken auf die gesellschaftlichen Risiken und Nebenwirkungen zu verschwenden (Vogel 2005; Zadek 2001: S. 51ff). Man kann und muss sich also als Unternehmer für oder gegen die Geschäftsstrategie Verantwortung entscheiden. Und wer sich dafür entscheidet, wird den Business Case im Corporate Citizenship nicht einfach finden, sondern muss ihn kreieren, steht also vor einer veritablen unternehmerischen Herausforderung (für einen Überblick zum Business Case siehe Morgan 2005, eine anspruchsvolle Explikation gibt Zadek 2001: S. 65ff; s. auch ders. 2004b: S. 6. Ferner etwa Porter/Kramer 2007 oder Davis 2005). Vor allem aber hat das sympathische Win-win seine materiellen Grenzen. Bei einem Geschäftsmodell etwa, das darauf basiert, Arbeitskräfte bis an bzw. unter die Grenze von Existenzminimum und Menschenwürde auszubeuten, steht zunächst das „Win" des Unternehmens in aller Schärfe gegen ein mögliches „Win" der Mitarbeiter. Ähnliches gilt beim Umweltverbrauch, wo zahlreiche Auflagen unmittelbar zulasten der Unternehmen gehen. So resümiert Simon Zadek auf der Grundlage jahrelanger Erfahrung aus der Arbeit mit engagierten Unternehmen in unmissverständlicher Deutlichkeit: „Die Ansicht, es müsse keinen Zielkonflikt zwischen finanzieller Profitabilität einerseits, verantwortlichem Verhalten gegenüber Gesellschaft und Umwelt andererseits geben, ist blanker Unsinn, wenn sie mit dem Anspruch auftritt, jederzeit und überall zu gelten" (Zadek 2001: S. 53; meine Übersetzung, S.L.). Geschäftspraktiken, die sich mit der Verantwortung für Mensch und Natur nicht lange aufhalten, sind häufig gewinnbringender. Ein unmittelbares Win-win ist hier also nicht in Sicht. Es wird sich allenfalls mittel- und langfristig als nachhaltig tragfähiges Gesellschafts- und Wirtschaftsmodell einstellen.

Marktdifferenzierung und Reputationsgewinn

Verbraucherinnen und Verbraucher kaufen zunehmend nicht nur Produkte und Marken, sondern auch Werte. So kann gesellschaftliches Engagement für Unternehmen im Wettbewerb um Aufmerksamkeit und Attraktivität für Verbraucher ein entscheidender Vorteil sein. „If you are concerned to be seen, you must be seen to be concerned" – dieses Diktum lässt sich nur unter erheblichen Eleganzeinbußen ins Deutsche übersetzen: Wer wahrgenommen werden will, sollte auch als gesellschaftlich engagiert wahrgenommen werden. Wer's dramatischer mag, halte sich an die zugespitzte Formulierung des Marketing-Experten Philip Kotler – mit jenem Hang zur Übertreibung, der dem Marketingdiskurs eignet: „Werbung ist tot – die Zukunft gehört dem gesellschaftlichen Engagement von Unternehmen.".

Das Beispiel eines Blumenladens in Newton, Massachusetts (USA), macht deutlich, dass dies auch für ganz kleine Betriebe funktionieren kann: dieser Blumenladen veranstaltet einmal im Jahr eine besondere Werbeaktion. Jeder Ladenbesucher erhält zehn Rosen gratis mit der Aufforderung: „Schenken Sie sie jemandem in Ihrer Gemeinde, den/die Sie (noch) nicht kennen". Der Blumenhändler nutzt damit geschickt seine Möglichkeiten, um die soziale Integration in der Gemeinde zu fördern, Beziehungen zu stiften und der Anonymität moderner Städte entgegenzuwirken. Dass er dabei auch Aufmerksamkeit für sein Geschäft erntet, ist ein sicher nicht unwillkommener Nebeneffekt. So unterscheidet er sein Geschäft vom Blumenladen gleich um die Ecke.

Verkaufsförderung

Beispiel: ein Suppen-Schnellrestaurant in Konstanz am Bodensee spendet für jede Suppe, die nach 18.00 Uhr verkauft wird, einen bestimmten Betrag für das örtliche Hospiz. Die Unternehmerin macht damit im Kleinen, was große Unternehmen im nationalen oder internationalen Maßstab betreiben. Die Firma Kellogg etwa garantierte pro verkaufter Packung Cornflakes eine Schulstunde in einem von 200 weltweiten Bildungsprojekten der UNESCO. Für jeden verkauften Liter des Mineralwassers Volvic unterstützt der Hersteller Danone UNICEF beim Bau von Brunnen in Äthiopien. Und wer sein Baby mit Pampers wickelt, verhilft mit jeder Packung Windeln, die er kauft, einem Baby zu einer Tetanus-Schutzimpfung. Unternehmen nutzen ihr Engagement für einen guten Zweck als Werbeträger und Kommunikationsanlass.

Hätte die Suppenrestaurantbesitzerin statt der Spende pro verkaufter Suppe ihre gesellschaftliche Solidarität nicht einfach dadurch beweisen können, dass sie eine Spendensammelbüchse auf den Verkaufstresen stellt? Oder die Suppen stillschweigend fünf Cent teurer anbieten und die zusätzlichen Einnahmen selbst für einen guten Zweck spenden können? Das sogenannte Cause-Related-Marketing geht einen anderen Weg: Die Kampagne spricht Menschen an, für die gesellschaftliche Solidarität von Bedeutung ist und für die deshalb dieses spezielle Suppenangebot einen besonderen Wert bekommt. Ohne den Spendenanteil wären es Suppen wie andere auch. Die Spende aber schafft einen emotionalen oder ethischen „Mehrwert" für die Kunden, der Kaufanreize setzt.

Dass Verbraucher auf solche Kaufanreize reagieren und sogar bereit sind, für den „Mehrwert Solidarität" höhere Preise in Kauf zu nehmen, beschäftigt die Marketing-Experten unter dem Begriff „LOHAS" – Lifestyles of Health and Sustainability. Es gibt eine wachsende Gruppe von Verbraucherinnen und Verbrauchern, die ihre Kaufentscheidung für ein bestimmtes Produkt von sozialen und ökologischen Faktoren abhängig machen. Je nach Untersuchungsdesign und Suggestivkraft der Frage sind es bis zu 70 Prozent. Methodisch solidere Studien gehen immerhin noch von 5 Prozent „bewegten" und einer stetig wachsenden Gruppe von sozial und ökologisch verantwortlichen Verbraucherinnen und Verbrauchern aus.[11]

Produktinnovation und Marktentwicklung

Gesellschaftliches Engagement kann einen Zugang eigener Art zu wertvollen, marktrelevanten Informationen schaffen. Bedingung ist freilich, dass ein Unternehmen sein gesellschaftliches Engagement als Lernmöglichkeit und Innovationswerkstatt begreift.

So zum Beispiel die IBM: Das Unternehmen engagiert sich seit 1994 mit dem Programm *Reinventing Education* für die Verbesserung des öffentlichen Schulwesens. Den Ausgangspunkt für dieses Engagement bildete die selbstkritische Diagnose, dass die bisherigen Beiträge von Unternehmen für das öffentliche Schulwesen zwar beachtliche Summen aufgewendet, aber keine nennenswerten Verbesserungen bewirkt hatte. IBMs Antwort bestand darin, dasjenige aufzubieten, was das Unternehmen besonders gut kann, nämlich technologische Lösungen für konkrete Probleme zu entwickeln. In maßgeschneiderten IT-basierten Projekten und in Kooperation mit Schulleitern und politisch Verantwortlichen wird das allgemeine Ziel verfolgt, durch die Entwicklung neuer Instrumente und Konzepte das Schulsystem zu verbessern. 2006 ging auch in Deutschland ein Projekt an den Start. Dabei geht es um den gezielten Einsatz von Kommunikationstechnologie einschließlich der Entwicklung von Software und entsprechender Nutzungskonzepte für die Lehrerfortbildung.

---

11 Vgl. z. B. Bhattacharya/Sen (2004), Rochlin (2007) sowie die Beiträge in Forschungsjournal 2005.

Was hat das Unternehmen davon? Indem das Unternehmen IT-Experten einsetzt, um in Schulen konkrete Probleme des Bildungswesens zu bearbeiten und für deren Lösung die Möglichkeiten der Informationstechnologie zu nutzen und gegebenenfalls weiterzuentwickeln, sind eine ganze Reihe neuer Patente und marktfähiger Produkte entstanden, die bei vergleichbaren Aufgaben in anderen Schulen oder auch in ganz anderen Organisationen eingesetzt werden. Die Palette neuer Produkte umfasst etwa spezielle Spracherkennungssysteme für Kinderstimmen oder verbesserte Bedienungselemente für Internetprogramme – sie alle sind im nicht-kommerziellen Rahmen gesellschaftlichen Engagements entwickelt worden, erlauben aber auch kommerzielle Nutzung. Der direkte Kontakt mit den Schulen liefert Erkenntnisse über den realen Bedarf an Produkten und Dienstleistungen, die die beste Marktforschung so nicht liefern könnte. Und die Entwicklungsarbeit im Rahmen von gesellschaftlichem Engagement beinhaltet gleich den Praxistest. „Sie setzen ihre besten Leute und ihre Kernkompetenzen ein. Das ist nicht Wohltätigkeit, das ist Forschung und Entwicklung – strategische Geschäftsentwicklung", so fasst die Harvard-Ökonomin Rosabeth Moss Kanter (1999: S. 192), die das Programm *Reinventing Education* über Jahre begleitet und evaluiert hat, den speziellen Ansatz zusammen (meine Übersetzung, S.L.). Und weiter: "Reinventing Education wurde entwickelt, um das Schulsystem zu verändern; aber es hat auch IBM zu neuen Fähigkeiten verholfen" (Moss Kanter 2001: S. 15; meine Übersetzung, S.L.).

Personalentwicklung und Mitarbeiterbindung

Engagement bildet – das ist bei Corporate Citizenship nicht anders als beim individuellen bürgerschaftlichen Engagement. So berichtet beispielsweise ein Mitarbeiter von IBM, der Mitglied eines *Reinventing Education*-Teams war, er habe in diesem Projekt mehr gelernt als in jedem anderen. „Als wir begannen, gab es nichts als eine Idee. Wir setzen jetzt die neue Internet-Technologie Schulter an Schulter mit denjenigen ein, die sie letzten Endes nutzen sollen. Und wir haben enorm viel gelernt über Kommunikation mit Menschen, die einen anderen Hintergrund und andere Sichtweisen haben" (zit. nach Moss Kanter 2001: S. 15; meine Übersetzung, S.L.). Das personalwirtschaftliche Nutzenpotenzial insbesondere von *Corporate Volunteering* ist beträchtlich. Immer mehr Unternehmen gehen dazu über, Freiwilligenprogramme für ihre Führungskräfteentwicklung einzusetzen. Ein Vorreiter ist zum Beispiel UPS, wo schon seit den 1960er-Jahren der Führungsnachwuchs im Namen des sogenannten „Community Internship Program" für einige Monate in ein soziales Projekt entsendet wird. Den Hintergrund und Anlass bildeten damals gewaltsame Unruhen in den USA, in denen sich soziale Ungleichheit und Rassenkonflikte entluden. Führungskräfte sollten sensibilisiert werden für gesellschaftliche Probleme, und noch heute legt das Unternehmen großen Wert darauf, dass die Führungskräfte über soziale Erfahrungen und Kompetenzen verfügen, die über den engen Erfahrungszusammenhang eines Managers hinausgehen.

Mitgestaltung der Standortbedingungen

Die Mitgestaltung der Standortbedingungen ist ein weiteres Motiv, das dem individuellen bürgerschaftlichen Engagement verwandt ist. So wie Menschen durch Engagement ihre Lebensbedingungen mitgestalten können und wollen, halten es Unternehmen mit dem Standort, indem sie sich etwa für örtliche Kindergärten und Schulen oder auch für die Entwicklung der ganzen Region engagieren. Dabei geht es nicht nur um die wirtschaftliche Entwicklung, denn zum Beispiel im Wettbewerb um die besten Mitarbeiterinnen und Mitarbeiter spielt die Lebensqualität am Standort eine entscheidende Rolle. In diese Kategorie des Einsatzes für den Standort fällt etwa das Engagement der BASF für die Metropolregion Rhein-Neckar.

Win-win ist nicht genug

Ähnlich wird auch eine zivilgesellschaftliche Organisation, die die Zusammenarbeit mit einem Unternehmen strategisch angeht, ihr Nutzenpotenzial identifizieren und in diesem Sinne ihren „Non-Profit Business Case" für sich definieren: Zugang zu Ressourcen und Kompetenzen, die das Partnerunternehmen bietet; mehr Öffentlichkeit für die NGO und ihre Mission; mehr Sichtbarkeit und Glaubwürdigkeit bei Zielgruppen in Staat, Medien oder Wirtschaft; bessere Dienstleistungsangebote usw. Kurz: eine gute Partnerschaft bringt Nutzen für beide Partner.

Darüber hinaus ist es aber in zivilgesellschaftlicher, dem Gemeinwohl verpflichteter Perspektive nicht hinreichend, wenn die unmittelbar beteiligten Partner ihr jeweiliges „Win" für sich definieren und realisieren können. Wenn es richtig ist, dass die *Raison d'être* einer Partnerschaft darin besteht, gemeinsam mehr Wirkung zu erzielen als allein, muss es einen gesellschaftlichen Mehrwert geben, der gewissermaßen ein drittes „Win" jenseits des Nutzens für die unmittelbar Beteiligten darstellt. Es bedarf also nicht nur eines „Business Case" für das engagierte Unternehmen und, mutatis mutandis, für die zivilgesellschaftliche Organisation. Es bedarf außerdem eines Nutzens für die Lösung der gesellschaftlichen Aufgabe, der sich die Partnerschaft stellt – in der Terminologie des Corporate-Citizenship-Diskurses: eines *Social Case*. Ich meine darüber hinaus, dass es noch einen dritten Aspekt gibt, an dem sich der Gemeinwohlbeitrag entscheidet, den gesellschaftlich engagierte Unternehmen leisten und an dem sich auch eine Zusammenarbeit zwischen Unternehmen und zivilgesellschaftlichen Organisationen orientieren kann: den *Civic Case* im Corporate Citizenship.

Der Social Case: die gesellschaftliche Wirkung und Qualität des Engagements von und mit Unternehmen

Die gesellschaftliche Wirkung des bürgerschaftlichen Engagements ist – im Unterschied zum wirtschaftlichen Nutzen von Corporate Citizenship – noch wenig untersucht. Sie wird inzwischen von engagierten Unternehmen und auch von einigen zivilgesellschaftlichen Organisationen unter Stichworten wie Social Impact Measurement kraftvoll auf die Agenda gesetzt. Experten aus Wissenschaft und Praxis sehen das Problem nicht so sehr darin, dass ein engagiertes Unternehmen anderer Leute Geld ausgibt – Milton Friedmans wirkungsmächtiges Verdikt gegen Corporate Citizenship (vgl. Friedman 1970; ferner ders. 1962 sowie Embacher/Lang 2008: S. 337ff.) ist insoweit überholt: Corporate Citizenship ist gut fürs Geschäft. Aber ist es auch gut für die Gesellschaft? Für Steve Rochlin (2007: S. 4) von *Accountability*[12] "the true concern about corporate responsibility is not whether it 'steals' money from shareholders, as classically liberal economic theorists complain, but whether it does any good for presumed beneficiaries in the community." Das Problem liegt also eher in den gesellschaftlichen Risiken und Nebenwirkungen von Corporate-Citizenship-Programmen.

Ein gesellschaftlich engagiertes Unternehmen, das mit einem zivilgesellschaftlichen Partner zusammenarbeitet, ist strukturell in einer besseren Position als die „einsamen" (strategischen) Philanthropen; kann es sich doch auf das Wissen und die Kompetenz der Partnerorganisation, was die Probleme und die Wirkungszusammenhänge im Engagementbereich angeht, stützen. Die zivilgesellschaftlichen Organisationen kennen ihr Feld in aller Regel gut.

Dessen ungeachtet braucht dieses Engagement Evaluation und Messung: klar formulierte Ziele, was das Engagement bewirken soll, und Angaben darüber, was tatsächlich erreicht ist. Beides sind wesentliche Voraussetzungen

---

12 Accountability ist eine 1995 von Simon Zadek in Großbritannien gegründete Non-Profit-Organisation zur Förderung von Corporate Responsibility, die insbesondere auf Ideen und Prinzipien von sektorübergreifender Zusammenarbeit und Partnerschaft zielt. Näheres unter www.accountability21.net.

sowohl für die Steuerung von Programmen und Partnerschaften als auch für eine sachliche Debatte.

Als Parameter für Unternehmen bieten sich vorläufig etwa die folgenden an:

- *ob und wie zielgenau das Engagement einen echten gesellschaftlichen Bedarf trifft:*
  Unter diesem Aspekt ist das Engagement von Unternehmen in derselben Situation wie andere Formen der Hilfe für andere. Wirksame Unterstützung setzt Verständnis für die realen Lebensprobleme ebenso voraus wie ein konkretes Wissen um den Hilfebedarf des Empfängers.
- *wie hoch der Ressourceneinsatz ist:*
  Zwar sagt die Menge allein noch nichts über den Wirkungsgrad. Gleichwohl sollte eine gewisse „Ernsthaftigkeitsgrenze" nicht unterschritten werden.
- *auf welcher Entscheidungsgrundlage und nach welchen Kriterien eine Spende vergeben oder eine Kooperation eingegangen wird:*
  Geben die Vorlieben der Gattin des Vorstandsvorsitzenden den Ausschlag, oder wird die Entscheidung auf der Grundlage einer Auseinandersetzung mit den tatsächlichen Bedürfnissen im Umfeld und den eigenen Kompetenzen und Kapazitäten getroffen?
- *welche Bereiche bedient werden und welche ausgeklammert bleiben:*
  Verhält sich das Unternehmen „pro-zyklisch" und engagiert sich in Themenbereichen, die gerade *en vogue* sind, oder setzt es sich für Themen außerhalb der Spendenkonjunktur ein?
- *wie verlässlich das Engagement ist:*
  Handelt es sich um zuverlässige Unterstützung, auf die ein zivilgesellschaftlicher Partner bauen kann, oder um einmalige „Zufallstreffer"?

Auf der Habenseite der Zusammenarbeit mit Unternehmen stehen Dynamik und Innovationskraft, Effizienz und Wirkungsorientierung sowie die Professionalität und Ressourcenstärke der Corporate Citizens. Nimmt man das sektorspezifische Kompetenzprofil der Wirtschaft beim Wort, folgt daraus, dass man von engagierten Unternehmen mindestens in der folgenden Hinsicht anderes und mehr erwarten sollte als vom bürgerschaftlichen Engagement von Individuen und Gruppen. Bei Letzterem gilt die Gemeinwohl*orientierung* als eines von drei entscheidenden Kriterien (Enquete-Kommission 2002). Wer nach der Orientierung fragt, interessiert sich weniger für Handlungsfolgen als vielmehr für die Absicht und die Motive einer Handlung. Das bedeutet, sich zunächst mit einem „gut gemeint" zu begnügen, das nicht zwangsläufig „gut gemacht" sein muss –

im Falle des individuellen bürgerschaftlichen Engagements durchaus angemessen, will man nicht die Spontaneität, das Spielerische und das Moment des (Sich-)Ausprobierens, das in bürgerschaftlichem Engagement steckt, vorschnell ausgrenzen. Gesellschaftliches Engagement von Unternehmen sowie die Zusammenarbeit zwischen Unternehmen und zivilgesellschaftlichen Organisationen sollten jedoch nicht nur gut gemeint, sondern auch „gut gemacht" sein. Es kommt auf die *Wirkung* der Handlung an, nicht auf die Handlungsabsicht, denn der *Social Case* im Corporate Citizenship ist nur dann erfüllt, wenn das Engagement einen erkennbaren gesellschaftlichen Nutzen bewirkt.

Auf der Suche nach dem *Civic Case*: die Stärkung der Zivilgesellschaft als Zielperspektive

Abschließend sei die Frage gestattet, ob und unter welchen Bedingungen Corporate Citizenship und die Partnerschaften zwischen Unternehmen und zivilgesellschaftlichen Organisationen die Zivilgesellschaft stärken. Diese Frage weist über die ausgetretenen Pfade vom wirtschaftlichen und gesellschaftlichen Nutzen hinaus und beantwortet sich auch nicht durch den Mehrwert der Partnerschaft für den jeweils betroffenen zivilgesellschaftlichen Partner. Der sogenannte *Business Case*, also der unternehmerische Nutzen des Engagements, ist wichtig für die engagierten Unternehmen und indirekt auch für deren bürgergesellschaftliche Partner, weil sich Unternehmen nur dann zuverlässig und dauerhaft engagieren werden, wenn es ihnen nutzt. Der *Social Case* wiederum kommt dem zivilgesellschaftlichen „Mehrwert" zwar nahe, fällt aber nicht mit ihm zusammen – ein Bildungsprojekt etwa, das den naturwissenschaftlichtechnischen Unterricht an Schulen nachweislich verbessert, hat fraglos einen gesellschaftlichen Nutzen. Ob es jedoch auch einen *zivil*gesellschaftlichen Nutzen hat, muss nach anderen Parametern beurteilt werden, zum Beispiel an der Frage, ob die Kinder zu eigenem Engagement und zu Verantwortungsübernahme befähigt werden, etwa dadurch, dass die besseren Schüler die schlechteren unterstützen, oder dass Experimente in Gruppenarbeit durchgeführt werden, in denen die Kinder Gruppenprozesse und Sozialverhalten einüben. Nach Parametern also, die bürgergesellschaftliche Orientierungen wie Solidarität, Respekt, Eigenverantwortung und Selbstorganisation, Beteiligung und Inklusion in den Blick nehmen.

Die folgenden Überlegungen sind Annäherungen und formulieren im Kern eine Einladung, den *Civic Case* im *Corporate Citizenship* weiterzudenken, diesen Diskurs der Zivilgesellschaft tatsächlich zu führen und nicht zuletzt auf diesem Wege ein zivilgesellschaftliches Selbstverständnis und Selbstbewusstsein zu entwickeln, das in der Zusammenarbeit mit Unternehmen – und übrigens auch mit Staat und Kommunen – Orientierung und Stärke geben kann. Hier stellen sich Fragen wie die folgenden:

- Fördert Corporate Citizenship bürgerschaftliches Engagement?

Geld-, Sach- oder Zeitspenden für zivilgesellschaftliche Initiativen sind sicherlich immer willkommen, und schon die Ressourcenausstattung für die Zivilgesellschaft erfüllt Grundvoraussetzungen für den Social Case. Ein echter zivilgesellschaftlicher Mehrwert aber entsteht zum Beispiel dann, wenn eine Unterstützung verbunden wird mit der Auflage zum Engagement – wie im Falle der UPS Foundation, die Zuwendungen an zivilgesellschaftliche Organisationen mit der Auflage einer bestimmten Anzahl von Corporate-Volunteering-Stunden verbindet. So entsteht ein direkter Kontakt zwischen Unternehmen und zivilgesellschaftlicher Organisation und obendrein die Möglichkeit eines „Schnupperengagements" für UPS-Beschäftigte, die auf diese Weise an eigenes bürgerschaftliches Engagement herangeführt werden. Auch ist sorgsam darauf zu achten, dass die bessere Ressourcenausstattung nicht etwa dazu genutzt wird, Engagementmöglichkeiten in einer Einrichtung durch (schlecht) bezahlte Arbeit zu ersetzen.

- Fördert das Engagement Partizipation?

Kooperationen zwischen Unternehmen und zivilgesellschaftlichen Partnern sind häufig so angelegt, dass die Organisation dabei unterstützt wird, eine bestimmte Tätigkeit ausführen zu können. Dazu gehört, dass die Empfänger ein Mitspracherecht haben, was ihnen und den Nutznießern ihrer Services zukommen soll. Das klingt trivial. Die Welt ist jedoch voller abstrusester Gegenbeispiele, nicht nur aus der Unternehmenswelt: In Bangalore, Indien, zum Beispiel wollte eine amerikanische Hilfsorganisation Lebensmittel für eine Schule für Kinder aus den Slums finanzieren, bestand aber darauf, dass die Kinder zum Mittagessen nicht Reis, sondern Toastbrot erhalten sollten – ohne nennenswerten Ernährungseffekt, aber teuer, zumal in einem Land, in dem nicht Brot, sondern Reis zu den Grundnahrungsmitteln gehört. Solcherart Zwangsbeglückung schwächt auch den Social Case: Die Kinder werden zwar satt, aber der gesellschaftliche Nutzen wäre ungleich größer, hätte man sich auf die lokalen Ernährungsgewohnheiten besonnen. Fatal jedoch ist der heimliche Lehrplan: Eine solche Vorgabe schürt Abhängigkeit und Fremdbestimmung statt eigener Problemlösungsfähigkeit.

- Fördert das Engagement Inklusion und Teilhabechancen?

Das gesellschaftliche Engagement von Unternehmen kann, ebenso wie bürgerschaftliches Engagement überhaupt, Inklusion und Teilhabe stärken. Allerdings müssen die selektiven Zugangswege zur Bürgergesellschaft geöffnet und erweitert und die dahinterstehenden sozialen Ausschlussmechanismen durchbrochen werden. Wenn ein Unternehmen eine Kultureinrichtung unterstützt, ist das verdienstvoll, der gesellschaftliche Nutzen liegt auf der Hand. Ein bürgergesellschaftlicher Nutzen aber entsteht erst dann, wenn dieses Engagement beispielsweise Zugangswege und Anreize für Bevölkerungsgruppen schafft, die der Hochkultur typischerweise fern stehen. Ein interessantes Beispiel, das einen solchen Civic Case aufweist, ist etwa das Projekt „Rhythm is it". Simon Rattle und die Berliner Philharmoniker inszenierten, unterstützt u. a. von Unternehmen, ein Ballett, in dem 250 sozial benachteiligte Jugendliche aus Berliner Problemkiezen auftraten und zu klassischer Musik tanzten.

- Stellt das Engagement deliberative Öffentlichkeit her?

Dialoge zwischen Unternehmen und Stakeholdern aus der Zivilgesellschaft bieten immer auch eine Chance zum sozialen Lernen – für Unternehmen ebenso wie für die Stakeholder. Und ein Stakeholder-Dialog, der seinen Namen verdient, schafft ein Stück beratschlagende deliberative Öffentlichkeit. Öffentlichkeit wird hier als ein Medium verstanden, in dem gemeinsam beraten werden kann, wie sinnvolle, für alle akzeptable Regelungen etwa in Umwelt- oder Menschenrechtsfragen aussehen oder wie eine gesellschaftliche Aufgabe wie etwa die Verbesserung des Bildungswesens mit vereinten Kräften und zum Wohle aller besser bewältigt werden kann.

Auf ein Wort zum Schluss

Partnerschaften zwischen Unternehmen und zivilgesellschaftlichen Organisationen schlagen Brücken zwischen der Welt der Zivilgesellschaft auf der einen Seite und der Welt der Wirtschaft auf der anderen. In Zeiten, in denen die Sektorengrenzen verschwimmen, in denen die gesellschaftliche Arbeitsteilung durcheinandergeraten ist und die gesellschaftlichen Aufgaben es erfordern, dass alle Akteure ihre speziellen Kompetenzen einbringen und zusammenwirken, braucht man die Brückenbauer dringender noch als sonst. Dazu gehört auch eine gewisse Einlassungsbereitschaft von beiden Seiten – Unternehmen, die möglichst effizient ihren Spendenetat unterbringen wollen, zeigen diese ebenso wenig wie zivilgesellschaftliche Organisationen, die ihre Vorbehalte gegen die

Unternehmenswelt pflegen und allenfalls bereit sind, einen Scheck entgegenzunehmen, aber ansonsten lieber unter ihresgleichen bleiben. Partnerschaften führen über die eigenen Grenzen und die eigene Begrenztheit hinaus; sie bilden ein hervorragendes Lern- und Experimentierfeld für die Brückenbauer von heute und für die Kooperationsformen von morgen.

Literatur

ACN/Fondaca (2006): Not Alone. A research on partnerships between private companies and citizens' organizations in Europe. Final Report. Brüssel: European Commission.

Bhattacharya, C.B./Sen, Sankar (2004): Doing Better at Doing Good. When, Why, and How Consumers Respond to Corporate Social Initiatives. In: California Management Review, 46. Jg. (2004), Heft 1, S. 9–24. Auch http://smgpublish.bu.edu/cb/CMR2004.pdf (Zugriff am 22.12.2007).

Bornstein, David (2005): Die Welt verändern. Social Entrepreneurs und die Kraft neuer Ideen. Stuttgart: Klett-Cotta.

Business Partners for Development (2002): Putting Partnering to Work. 1998-2001. Tri-sector Partnership Results and Recommendations. Published by Business Partners for Development.

CCCD – Centrum für Corporate Citizenship Deutschland (2007): Corporate Citizenship. Gesellschaftliches Engagement von Unternehmen in Deutschland und im transatlantischen Vergleich mit den USA. Ergebnisse einer Unternehmensbefragung des CCCD. Berlin.

Crane, Andrew/Matten, Dirk (2007): Business Ethics. Managing corporate citizenship and sustainability in the age of globalization. Second Edition. Oxford/New York: Oxford University Press. 1. Auflage 2004.

Crane, Andrew/Matten, Dirk/Spence, Laura J. (Hrsg.) (2008): Corporate Social Responsibility. Readings and Cases in a Global Context. London/New York: Routledge.

Davis, Ian (2005): The biggest Contract. In: The Economist, Ausgabe vom 26. Mai 2005.

Edwards, Michael 2008: Just another emperor? The myths and realities of philanthrocapitalism. New York/London: Demos. A Network for Ideas & Action, The Young Foundation

Elkington, John/Hartigan, Pamela (2008): The Power of Unreasonable People. How Social Entrepreneurs Create Markets that Change the World. Boston: Harvard Business Press.

Embacher, Serge/Lang, Susanne (2008): Lern- und Arbeitsbuch Bürgergesellschaft. Eine Einführung in zentrale bürgergesellschaftliche Gegenwarts- und Zukunftsfragen. Mit einem Beitrag von Roland Roth. Bonn: J.H.W. Dietz Nachf.

Enquete-Kommission (2002): Bürgerschaftliches Engagement – auf dem Weg in eine zukunftsfähige Bürgergesellschaft. Enquete-Kommission „Zukunft des Bürgerschaftlichen Engagements" des Deutschen Bundestages. Schriftenreihe Band 4. Opladen: Leske + Budrich.

Forschungsjournal Neue Soziale Bewegungen (2005): Unterschätzte Verbrauchermacht. Potenziale und Perspektiven der neuen Verbraucherbewegung. Jg. 18 (2005)/Heft 4.

Friedman, Milton (1962): Capitalism and Freedom. Chicago/London: University of Chicago Press, 2002, 3. Auflage.

Friedman, Milton (1970): The Social Responsibility of Business is to Increase its Profits. In: The New York Times Magazine, September 13, 1970. zit. nach http://www.colorado.edu/studentgroups/libertarians/issues/friedman-soc-resp-business.html (Zugriff am 28.12.2005).

Globescan (2005): Research Findings – Trust in Institutions. http://www.globescan.com/rf_ir_first.htm (Zugriff am 20.02.2008).

Morgan, Guy (2005): The Business Case. Corporate Citizenship *is* Good for Business. In Focus – Issues in the practice of corporate citizenship. Chestnut Hill, Ma: The Center for Corporate Citizenship at Boston College, February 2005.

Moss Kanter, Rosabeth (1999): From Spare Change to Real Change. The Social Sector as a Beta Site for Business Innovation. In: Harvard Business Review on Corporate Responsibility. Cambridge, Ma 2003, S. 189–213.

Moss Kanter, Rosabeth (2001): IBM's Reinventing Education (A). In: Harvard Business Review, 9- S. 399–008 vom 10. September 2001.

Nelson, Jane/Zadek, Simon (2001): Partnership Alchemy. Engagement, innovation and governance. In: Simon Zadek: Tomorrow's History. Selected Writings of Simon Zadek 1993-2003. Sheffield: Greenleaf, S. 253–266.

Porter, Michael E./Kramer, Mark R. (2002): The Competitive Advantage of Strategic Philanthropy. In: Harvard Business Review on Corporate Responsibility. Cambridge, Ma 2003, S. 27–64.

Porter, Michael E./Kramer, Mark R. (2007): Wohltaten mit System. In: Harvard Business Manager, Schwerpunkt Verantwortung. Wie sich soziales Engagement für Unternehmen auszahlt. Januar 2007, S. 16–34.

Rein, Melanie/Stott, Leda/Hardman, Stan/Reid, Stuart (2005): Working Together. A Critical Analysis of Cross-Sector Partnerships in Southern Africa. Cambridge: The University of Cambridge Programme for Industry.

Rochlin, Steve (2007): Beyond Compliance: Strategic Planning for Impact – on the Why and How of Evaluation and Measurement. CCCDebate, Vol. 05, Februar 2007. http://www.cccdeutsch land.org/pics/download/1_1181740037/05_-_Interview_Rochlin.pdf (Zugriff am 27.08.2007).

Tennyson, Ros (1998): Managing Partnerships. Tools for mobilising the public sector, business and civil society as partners in development. London: The Prince of Wales Business Leaders Forum.

The Partnering Initiative (2003): The Partnering Toolbook. London: The International Business Leaders Forum (IBLF) and the Global Alliance for Improved Nutrition (GAIN). http://www.thepartneringinitiative.org/docs/tpi/pt/PartneringToolbookEng.pdf (Zugriff am 18.02.2010)

Schöffmann, Dieter (Hrsg.) (2001): Wenn alle gewinnen. Bürgerschaftliches Engagement von Unternehmen. Transatlantischer Ideenwettbewerb Usable. Amerikanische Ideen in Deutschland II. Hamburg: edition Körber-Stiftung.

Vogel, David (2005): The Market for Virtue. The Potential and Limits of Corporate Social Responsibility. Washington D.C.: Brookings Institution Press.

Zadek, Simon (2001): The Civil Corporation. The new economy of corporate citizenship. London: Earthscan, 2004.

Zadek, Simon (2004a): Tomorrow's History. Selected Writings of Simon Zadek 1993-2003. Sheffield: Greenleaf.

Zadek, Simon (2004b): The Path to Corporate Responsibility. Harvard Business Review, December 2004. Reprint R0412.

Kein Goldesel mehr vorm Schneckenhaus – Aktuelle Trends zum gesellschaftlichen Engagement von Unternehmen

Norbert Taubken

Die Zeiten, in denen Unternehmen ihr Handeln an der schnellen Gewinnmaximierung ihrer Aktionäre ausrichten konnten, sind vorbei. Die jüngste Krise der Finanzmärkte und letztlich der Weltwirtschaft hat dieses erneut verdeutlicht. Fast inflationär fallen inzwischen auch von Unternehmensseite Begriffe wie „Nachhaltiges Wirtschaften", „Engagement für Mensch und Umwelt" oder „Verantwortungsübernahme". Dahinter stecken zwei Erkenntnisse: 1. Der Erfolg beim Wirtschaften muss sich über eine längere Zeitperspektive entwickeln – eben auch über den nächsten Quartalsbericht hinaus. 2. Gesellschaftliche Rahmenbedingungen sind erfolgskritisch für das Wirtschaften von Unternehmen. Beide Erkenntnisse werfen die Frage nach dem Selbstbild des Unternehmens, seiner Rolle in der Gesellschaft und den sich daraus ergebenden Aufgaben und Pflichten auf: Was heißt es, als Unternehmen ein Teil der Gesellschaft, ein Bürger, eben ein „Corporate Citizen" zu sein?

Unter dem Begriff „Corporate Citizenship" bündeln Unternehmen heute ihr in die Gesellschaft gerichtetes Engagement.[1] Sie werden in Bereichen aktiv, die nicht zu ihren originären Geschäftsfeldern gehören. Das betrifft gleichermaßen Aktivitäten am Standort wie auch die Adressierung globaler gesellschaftlicher Probleme. Die Themen umfassen dabei ein breites Spektrum: Hunger und Armut, den Übergang ins Informationszeitalter, die Gleichstellung von Mann und Frau, Gesunderhaltung und Krankheitsbekämpfung, interkulturelles Zusammenleben, Gewaltprävention, Bildung und Forschung.

Unabhängig von der eingesetzten Methode bewegen sich Unternehmen mit Corporate-Citizenship-Aktivitäten in zivilgesellschaftlichen Feldern, in denen sie kein „Hausrecht" haben und nicht alle Protagonisten ihr Engagement mit offenen Armen aufnehmen. Zwei typische Verhaltensweisen seien hier kurz skizziert. Im Anschluss werden einige Trends vorgestellt, die modernes Unternehmensengagement davon abgrenzen.

---

1 Vgl. zum Beispiel Dubielzig/Schaltegger (2005) oder Scherer/Palazzo (2008).

Das Schneckenhaus-Syndrom

Menschen mit diesem Verhalten gegenüber Unternehmen sehen die Zivilgesellschaft als einen Bereich, in dem für Unternehmen mit ihren wirtschaftlichen Interessen kein Platz ist. Sie erwarten, dass Unternehmen sich aus ihrem Feld und ihren Themen heraushalten und ziehen sich andernfalls in ihr Schneckenhaus zurück. Gleichzeitig wird an den Staat appelliert, finanzielle oder strukturelle Mängel zu beseitigen. In Zeiten knapper öffentlicher Kassen ist das oft ein wenig Erfolg versprechender Ansatz.

Um dieser Abschottung entgegenzuwirken, muss ein gesellschaftlicher Diskurs über die Funktionen geführt werden, die Unternehmen im gesellschaftlichen Bereich sinnvoll einnehmen sollen und können. Hier geht es selbstverständlich auch darum, Grenzen auszuhandeln. Gleichzeitig müssen positive Beispiele deutlich machen, dass durch die Einbindung von Unternehmen ein Mehrwert im zivilgesellschaftlichen Sinne entsteht. Diese Klärungsprozesse liegen auch im Interesse der Unternehmen, denn nur eine positive Würdigung ihres Engagements macht derartige Aktivitäten aus Unternehmenssicht erfolgreich.

Das Goldesel-Dogma

Zivilgesellschaftliche Akteure mit dieser Einstellung fordern, dass Unternehmen gemeinnützige Arbeit mit hohen Spendenbeiträgen unterstützen, insbesondere weil die öffentlichen Mittel nicht (mehr) zur Verfügung stehen. Entscheidungen über die Verwendung der Mittel sollen dabei beim Träger liegen. Das Unternehmen habe sich hier herauszuhalten. Es könne sich geehrt fühlen, ein wichtiges Vorhaben zu unterstützen.

Bei dieser – zugegeben deutlich überzeichneten – Einstellung werden Unternehmen auf die Rolle des Lückenbüßers für fehlende öffentliche Gelder reduziert. Einer derartigen Erwartungshaltung, die auf eine altruistische Motivation für das eigene Handeln setzt, können Unternehmerpersönlichkeiten oder unternehmensnahe Stiftungen durchaus entsprechen. Aus Sicht eines verantwortlich wirtschaftenden Unternehmens ist so ein Verhalten jedoch kaum zu rechtfertigen. Denn Corporate Citizenship muss auf Win-win-Situationen aufbauen, sodass sich langfristig Vorteile für alle Partner, und eben auch für das Unternehmen, ergeben. Erst wenn dieses einen eindeutigen Nutzen identifizieren kann, erhält Corporate Citizenship eine unternehmensstrategische Relevanz.

Aus Sicht der Unternehmenskommunikation sind zwei weitere Aspekte wichtig, damit gesellschaftliches Engagement erfolgreich werden kann: 1. Es muss im öffentlichen Raum Strahlkraft entwickeln. Dabei muss auch das Unternehmen in seiner Rolle wahrgenommen und mit dem Projekt positiv verbunden werden. 2. Das Unternehmen sollte zumindest bei seinen Leitprojekten Alleinstellung haben, sodass es seinen Beitrag zur Problemlösung deutlich machen kann und nicht nur einer von vielen ist.

Erst über die Fokussierung auf Leitprojekte, die klare strategische Herleitung des Engagements und eine Identifikation von Projekten mit dem Unternehmen kann gesellschaftliches Engagement die gewünschten Wirkungen erzielen und auch in wirtschaftlich schwierigeren Zeiten durchgehalten werden.

Das Unternehmen als Goldesel hat ausgedient und auch der Rückzug von gemeinnützigen Organisationen ins eigene Schneckenhaus wird nicht mehr als zeitgemäß verstanden. Stattdessen hat Corporate Citizenship in den vergangenen zehn Jahren eine dynamische Entwicklung erfahren. Diese ist teils in der Adaption internationaler Entwicklungen, teils in veränderten Bedarfslagen und Rahmenbedingungen in unserer Gesellschaft begründet. Auf Basis unserer Beratungserfahrungen bei Scholz & Friends Reputation zu diesem Themenfeld lassen sich vier wesentliche Trends ausmachen, die diese strategisch verstandene Art des Corporate Citizenship kennzeichnen.

Trend 1: Weg von der Spende – hin zur Partnerschaft

Will ein Unternehmen sich mit seinem Engagement profilieren, muss es einen signifikanten Beitrag zu einem gesellschaftlichen Thema leisten. Dieses sollte sich aus der Geschäftstätigkeit strategisch herleiten lassen. Gleichzeitig wird ein Unternehmen kaum darstellen können, dass es alle für neue Impulse im Bildungswesen oder zur Gewaltprävention notwendigen Fachkompetenzen hat. Es gilt daher, Projekte oder Initiativen zu starten, die zum einen deutlich mit dem Unternehmen verbunden sind, zum anderen gerade dadurch glaubwürdig werden, dass sie die Protagonisten mit ins Boot holen, die die höchsten Kompetenzen in den verschiedenen notwendigen Fachdisziplinen vereinen. Es wird eine Struktur notwendig, die Partner aus der Zivilgesellschaft und Politik einbindet. Die Bewertung der Unternehmensleistung erfolgt nicht mehr anhand der Spendenhöhe, sondern daran, welchen Beitrag das Unternehmen zur Lösung des adressierten gesellschaftlichen Themas geleistet hat.[2]

---

2 Auf das diffizile Thema der Erfolgsmessung bei Corporate-Citizenship-Aktivitäten wird in Trend 4 etwas näher eingegangen.

Diese transsektoralen Partnerschaften zwischen Wirtschaft, Zivilgesellschaft und Politik benötigen von allen Partnern den Willen zur gemeinsamen Problemlösung. Sie erfordern auch gerade von der zivilgesellschaftlichen Seite ein wichtiges Zugeständnis an die Unternehmen: Diese müssen und sollen von ihrem gesellschaftlichen Engagement letztlich auch wirtschaftlich profitieren dürfen. Die Möglichkeiten und Grenzen sind dabei gemeinschaftlich auszuhandeln.

Auch für Unternehmen ist es oft schwer, vom gewohnten Auftraggeber-Auftragnehmer-Verhältnis abzuweichen und sich als lernender Partner zu verstehen. Zum Aufbau von Partnerschaften gehört es, die spezifischen Kompetenzen der Partner als wichtig anzuerkennen. Und: Die besondere Sprache der Partner muss gelernt werden, um miteinander reden zu können. Missverständnisse sind nämlich vorprogrammiert, wenn man die sektoralen Grenzen unserer Gesellschaft überschreitet. Manchmal ist es durchaus sinnvoll, Mittler als „Übersetzungshelfer" einzubinden.[3] Diese Mittlerstrukturen können als unternehmensinterne Servicestellen[4] angelegt werden. Extern hat sich mit den großen Freiwilligenagenturen, spezialisierten Internetplattformen[5] und CSR-Dienstleistern eine professionelle Mittlerstruktur etabliert.

In der Projektkonzeption geht es zwischen den Partnern darum, Interessen offenzulegen, zu schauen, wer welche Kompetenzen einbringen kann, gemeinsam Ziele und Prozesse sowie Zuständigkeiten festzulegen. So können wirtschaftliche und zivilgesellschaftliche Organisationen bei aller Unterschiedlichkeit im gemeinsamen Engagement zu Partnern auf Augenhöhe werden.

Trend 2: Mitarbeiter einbinden.

Corporate Citizenship entfaltet sein ganzes Potenzial im Unternehmen erst dann, wenn es mit weiteren Unternehmensbereichen verzahnt wird. Zunehmend werden daher die Mitarbeiter eingebunden, die sich über ihre persönliche Unterstützung eines Vorhabens nicht nur mit der „guten Sache", sondern auch mit ihrem engagierten Arbeitgeber verbinden sollen. Wenn Volunteering im Unternehmen eingeführt werden soll, entsteht häufig der Vorbehalt, dass Privatpersonen funktionalisiert und vor den Karren des Unternehmens gespannt werden.

Die Einbindung von Mitarbeitern muss stufenweise „gelernt" werden. Dann wird Corporate Citizenship auf der Ebene der Belegschaft zu einer Plattform erlebbarer und gelebter Unternehmenskultur. Hierin liegt ihr Wert für den Per-

---

3 Vgl. Taubken (2006).
4 Eine zentrale Steuerung erfolgt zum Beispiel bei den CSR-Zuständigen, in der Personalabteilung oder über interne Projektbüros.
5 Vgl. www.gute-tat.de, www.betterplace.org, www.engagiert-in-deutschland.de u. a. m.

sonalbereich. In der Umsetzung reichen die Varianten vom „Day of Caring", an dem ganze Abteilungen z. B. einen Park säubern, über „pro bono"-Beratungen für das Controlling der neuen Sozialstation oder Bewerbungstrainings bei Schulabgängern bis hin zum relativ neuen „Matched Funding" (oder auch „Matching Funds"), über das Mitarbeiter für eigenes Engagement Unternehmensunterstützung abrufen können.

Trend 3: Kunden involvieren und aktivieren

„Kaufe unser Produkt und wir spenden Geld für die gute Sache!" Auf diese simple Cause-Related-Marketing-Formel lassen sich die frühen Ansätze bringen, die Verbraucher in das gesellschaftliche Engagement einzubinden. Damit öffnete sich Corporate Citizenship erstmals den Marketing- und Vertriebsabteilungen.

Was jedoch im angloamerikanischen Markt sehr gut funktioniert, stößt in Mitteleuropa an deutliche Grenzen. Nicht immer werden solche Aktivitäten goutiert. (Ein typischer Vorbehalt lautet: „Warum soll ich jetzt dafür noch mehr bezahlen?") Zudem fehlt häufig die öffentliche Wahrnehmung für die Aktion und damit auch der gewünschte Kaufanreiz für das Produkt, sofern sie nicht mit Werbe- und PR-Aktivitäten eng verzahnt werden. Die innere Logik zwischen Produkt und sozialem Zweck ist genauso erfolgskritisch wie eine transparente und einfache Spendenmechanik. Das Unternehmen ist gefordert, sehr deutlich zu kommunizieren, wie viel Geld wann an wen geht und welche Wirkungen damit erzielt werden.

Erfolgversprechender als „Cause-Related-Marketing" scheinen derzeit Ansätze des Nachhaltigkeits- oder CSR-Marketings (im angloamerikanischen Raum dem „Cause Marketing" zugeordnet)[6] zu sein. Hierüber soll eine verantwortungsbezogene Marke („Responsible Brand") aufgebaut werden. Es geht also um die Indienstnahme des Produktes, um eigene gute Vorhaben gegenüber Kunden darzustellen. Besonders interessant sind dabei Mechaniken, die auf eine Aktivierung der Kunden setzen. Die Verbraucher werden aufgerufen, ergänzend zum Unternehmensengagement selbst einen kleinen Beitrag zu einem vom Unternehmen gesetzten Thema zu leisten. Das Unternehmen bietet dabei einen empfundenen oder realen Mehrwert.

---

6 Vgl. Snowfield (2009).

Einige Beispiele für diese Aktivierungsmechanik zeigen die Bandbreite, die die Involvierung bestehender oder potenzieller Kunden in das Unternehmensengagement haben kann:

- Kunden schlagen eine eigene Initiative für eine finanzielle Förderung vor.[7]
- Kunden beteiligen sich an einem Charity-Lauf und generieren Spenden.[8]
- Pro Stunde ehrenamtlichen Engagements bekommt der Kunde einen Produktgutschein.[9]

Im Bereich der Kundeninvolvierung werden wir in den kommenden Jahren noch einige spannende Ansätze im Markt beobachten können. Erfolgskritisch wird dabei die Mischung aus strategischer Konzeption und medialer Inszenierung[10] sein.

Trend 4: Das Engagement bewertbar machen

Die große Mehrzahl der Corporate-Citizenship-Aktivitäten richtet sich nur mittelbar daran aus, mehr Umsatz zu generieren. Gewünschte Effekte liegen eher im Reputationsaufbau oder Risikomanagement. Ob aber überhaupt etwas erreicht wird, hängt davon ab, ob ein Unternehmen mit seinem Engagement konkrete Ziele verknüpft. Gerade bei Firmen mit stark mäzenatischer Tradition ist dieses alles andere als selbstverständlich. Für ihr Corporate-Citizenship-Engagement müssen Unternehmen Ziele nicht nur bezogen auf Unternehmensinteressen definieren, sondern auch die gesellschaftlichen Wirkungen antizipieren, die durch das Engagement entstehen sollen.

Bei dieser wirkungsorientierten Ausrichtung von Corporate Citizenship ergibt sich die Schwierigkeit, geeignete Indikatoren zu finden, anhand derer der Erfolg – oder Misserfolg – eines Projektes nachvollzogen und bewertet werden kann. Intuitiv bietet sich eine Input-Output-Messung der „harten Fakten" an: Was stecke ich hinein, was kommt heraus – für die Gesellschaft, für das Unternehmen? Beispiele dieser Indikatoren sind auf der Input-Seite geleistete Ar-

---

7 Zwei Beispiele sind die Initiative Plus der Deutschen Bank (http://www.deutsche-bank.de/csr/de/content/7253.htm) und das internationale Spendenprogramm von Microsoft (http://www.microsoft.com/about/corporatecitizenship/us/communityinvestment/employeeengagement.mspx).
8 Ein Beispiel ist hier der Avon Frauenlauf, unter http://www.avon-frauenlauf.de/.
9 Vgl. hierzu die Aktion von Starbucks in den USA unter http://pledge5.starbucks.com/.
10 Die Kommunikation von CSR-Themen folgt eigenen Gesetzmäßigkeiten, vgl. hierzu auch Taubken/Leibold (2009).

beitsstunden, bereitgestellte Sachmittel – auf der Output-Seite ermöglichte Trainerstunden im Sportverein, übernommene Patenschaften, Anzahl erreichter Presseberichte.

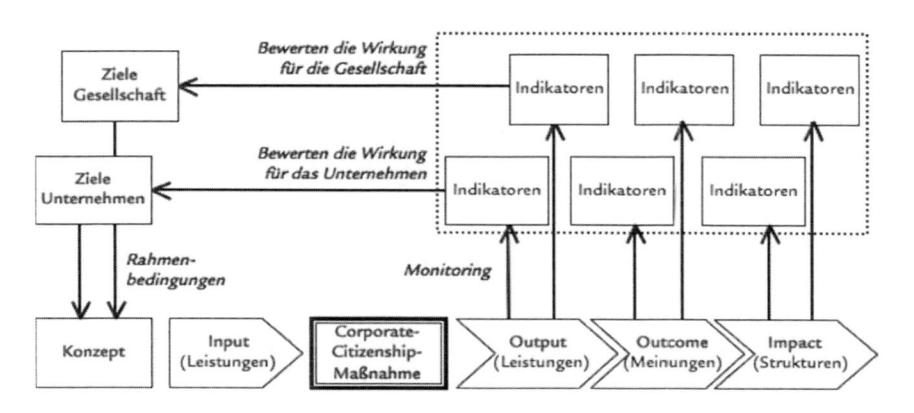

Abbildung 1: Wirkungsebenen von Corporate Citizenship (eigene Darstellung)

Erwartet ein Unternehmen allerdings Reputationsaufbau oder Innovationsimpulse durch sein Engagement, wird Derartiges über dieses Input-Output-bezogene Messverfahren nicht erfasst. Abbildung 1 zeigt, dass die Wirkung einer Maßnahme auch auf nachgelagerten Ebenen erfasst werden muss. Effekte können bei Personen in der Veränderung von Meinungen und Einstellungen erzielt werden. Diese sogenannte „Outcome"-Ebene betrifft sowohl intern die Einstellung von Mitarbeitern, als auch extern die Einstellung von Stakeholdern gegenüber dem Unternehmen.

Als dritte Ebene sind Veränderungen in den Strukturen und Prozessen zu berücksichtigen, der sogenannte „Impact" einer Maßnahme. Hier können Netzwerke oder Partnerschaften entstehen, intern abteilungsübergreifende Arbeitsgruppen zu einer höheren Effizienz in der Zusammenarbeit führen. Alle drei Ebenen – Input-Output, Outcome, Impact – beschreiben letztendlich die Gesamtwirkung eines Projektes, wobei sowohl die unternehmensinternen als auch die gesellschaftlichen Wirkungen erfasst werden sollten.

Die Krux bei der wirkungsorientierten Ausrichtung von Corporate Citizenship liegt in der Identifikation valider Indikatoren. Häufig lassen sich die Wirkungen auf der zweiten und dritten Ebene nicht eindeutig dem Projekt zuordnen, da sie multikausal begründet werden können. Methoden und Erfahrungen aus der wirkungsorientierten Steuerung im sozialen Sektor halten derzeit

Einzug in die Evaluation von Corporate Citizenship. Unternehmen lernen hier von Non-Profit-Organisationen.

Die vier hier skizzierten Trends lassen zwei Schlussfolgerungen zu. Erstens: Corporate Citizenship wird zunehmend strategisch aus den originären Geschäftsinteressen heraus gedacht und entwickelt. Es findet der Schulterschluss mit der Personalentwicklung und dem Marketing statt.[11] Zweitens: Corporate Citizenship muss sich intern rechtfertigen können. Die Frage der erzielten Wirkungen und des Return on Investment darf dabei nicht auf rein kommunikative Erfolge reduziert werden. Ein partnerschaftliches Verständnis im Umgang mit Zivilgesellschaft und Politik ist dabei Voraussetzung, wenn Unternehmen diese strategische Art des Corporate Citizenship erfolgreich umsetzen wollen.

Abschließend eine Klarstellung: Es geht nicht darum, alles, was Unternehmen im Corporate-Citizenship-Bereich tun, ausschließlich positiv zu bewerten. Manchmal ist ein kritischer Blick von außen, ein korrigierender Hinweis an die Adresse des Unternehmens hilfreich. Dieses wird in dem Maße wichtiger, in dem der Einfluss national ausgerichteter politischer Instrumente auf das Unternehmenshandeln sinkt.

Die großen internationalen NGOs wie Greenpeace, WWF, kirchliche Entwicklungsdienste oder Initiativen wie die Clean Clothes Campaign sind inzwischen zum Gegenspieler, kritischen Korrektiv oder auch Projektpartner für global agierende Unternehmen geworden. Gerade bezogen auf Vorhaben am Standort Deutschland sind Kooperationen zwischen NGOs und Unternehmen und die gemeinsame Entwicklung von gesellschaftlichen Projekten noch deutlich ausbaufähig. Dies erfordert auf der einen Seite von Unternehmen, sich auf „Partnerschaften auf Augenhöhe" einzulassen, auf der anderen Seite von den sozialen Trägern und der Öffentlichkeit eine neue „Kultur der Anerkennung"[12] für Unternehmen, die sich als gute Bürger verhalten.

---

11 Vgl. Taubken (2007a).
12 Vgl. Taubken (2007b).

Literatur

Althaus, Marco/Geffken, Michael/Rawe, Sven (Hrsg.) (2005): Handlexikon Public Affairs. Münster/Berlin: Lit Verlag.
AmCham Germany/F.A.Z.-Institut (Hrsg.) (2007): Corporate Responsibility. Unternehmen und Verantwortung. Frankfurt: ACC-Verlag.
Dubielzig, Frank/Schaltegger, Stefan (2005): Corporate Citizenship. In: Althaus, Marco/Geffken, Michael//Rawe, Sven (Hrsg.) (2005): Handlexikon Public Affairs. Münster/Berlin: Lit Verlag, S. 235–238.
Pohl, Manfred/Tolhurst, Nick (Hrsg.) (2009): Responsible Business: How to Manage a CSR Strategy Successfully. West Sussex: John Wiley & Sons (im Erscheinen).
Scherer, Andreas G./Palazzo, Guido (Hrsg.) (2008): Handbook of Research on Global Corporate Citizenship. Cheltenham: Edward Edgar Publishing Limited.
Snowfield, Gennefer (2009): Sowing with Purpose: A Unified Corporate Social Responsibility Approach Reaps Long-Term Benefits. In: Triple Pundit, http://www.triplepundit.com /2009/01/sowing-with-purpose-a-unified-corporate-social-responsibility-approach-reaps-long-term-benefits/ (Zugriff am 22.09.2009).
Taubken, Norbert (2006): Corporate Citizenship braucht Mittler. In: BürgerStiftung Hamburg (Hrsg.), Stark gemacht! Jahresbericht 2005: Rückblick und Ausblick. Hamburg 2006: BürgerStiftung, S. 12.
Taubken, Norbert (2007a): Unternehmen zwischen Arbeitgeberprofil und Markenwerten – Wie Unternehmen aus zwei Seiten eine Medaille machen. In: Forum Nachhaltig Wirtschaften 4/2007: Erfolgsfaktor Mensch und Unternehmenskultur. München: ALTOP, S. 30–33.
Taubken, Norbert (2007b): Positive Bestärkung, partnerschaftliche Begleitung – Deutschland braucht eine neue Kultur der Anerkennung für Corporate Citizenship. In: AmCham Germany/F.A.Z.-Institut (Hrsg.): Corporate Responsibility. Unternehmen und Verantwortung. Frankfurt: ACC-Verlag, S. 8–15.
Taubken, Norbert/Leibold, Irina (2009): Ten Rules for Sucessful CSR Communication. In: Pohl, Manfred/Tolhurst, Nick (Hrsg.): Responsible Business: How to Manage a CSR Strategy Successfully. West Sussex: John Wiley & Sons (im Erscheinen).

Partnerschaftsallianzen – Die neue Lernarena für Unternehmen und NGOs

Simone Klein

Das Verhältnis zwischen Unternehmen und Nichtregierungsorganisationen[1] (NGOs) war bis in die 90er-Jahre in der Regel spannungsgeladen und geprägt von Konflikten und Machtkämpfen. Die Rollen waren stets klar verteilt, auf der einen Seite „die Guten" (NGOs), die sich für die Rechte von Natur und Menschheit einsetzen und auf der anderen Seite „die Bösen" (Unternehmen), die ihre Verantwortung lediglich im Erzielen von Gewinn sehen. Deutlich wurde und wird dieses konfliktreiche Verhältnis durch verschiedene Kampagnen, in denen NGOs immer wieder die Tätigkeiten von Unternehmen an den öffentlichen Pranger stellten. Im Gedächtnis haften geblieben sind medienträchtige Kampagnen gegen Unternehmen wie Shell (Brent Spar) oder gegen Sweatshops bei Nike, Adidas oder Puma, sowie diverse Kampagnen gegen Unternehmen aus der Pharmabranche.

Konnten Unternehmen in der Vergangenheit NGOs und deren Forderungen mit Nichtbeachtung begegnen, ist dies in der heutigen Zeit kaum denkbar.[2] NGOs haben durch die Prozesse und Folgen der Globalisierung einen enormen Bedeutungs- und Machtzuwachs erlangt. Dies zeigte sich zum einen deutlich auf der politischen Ebene, beispielsweise durch die Anerkennung des Konsultativstatus bei den Vereinten Nationen (Willets 1996, Martens 1999), und zum anderen durch den wachsenden Einfluss auf Unternehmen. Kritische Kampagnen von NGOs können dem jeweiligen Unternehmen auch ökonomisch schaden. Häufig zeigt sich dies anhand eines Umsatzrückgangs, wenn Verbraucher infolge der Kampagne und dem daraus entstehenden schlechten Ruf das entsprechende Unternehmen boykottieren und auf andere Wettbewerber ausweichen. NGOs haben also durch ihre Wirkung auf das Image und die Reputation von

---

1 Entsprechend der Verbreitung im deutschsprachigen Raum wird in diesem Beitrag das englische Akronym NGO (Non-Governmental-Organisation) statt NRO verwendet. In Anlehnung an Heins (2002) und Franz/Martens (2006) werden NGOs definiert als transnationale formale, unabhängige gesellschaftliche Akteure mit moralischen Zielen, die die Interessen anderer vertreten und vom Staat unabhängig sind.

2 Vgl. hierzu beispielsweise die Firma Nestlé, die die Forderungen der NGOs über Jahre hinweg ignoriert hat, was eine weltweite Boykottkampagne zur Folge hatte. Mehr dazu unter: http://www.ibfan.org/german/issue/history01-de.html (Zugriff am 18.12.2009).

Unternehmen und damit auf deren Wettbewerbspositionen erheblichen Einfluss (Formbrun/Gardberg/Barnett 2000, Post/Preston/Sachs 2002, Spar/La Mure 2003). Dementsprechend fehlen NGOs bei Unternehmen inzwischen auf keinem Stakeholder-Mapping mehr, sondern sind zu einem der wichtigsten Stakeholder geworden (Jones 1995).

Der wachsende Wirkungskreis von NGOs hat Unternehmen zu einem Perspektivwechsel veranlasst, und auch NGOs haben erkannt, dass Unternehmen positiv zur Lösung gesellschaftlicher Probleme beitragen können.[3] Neben der bislang gültigen Schwarz-Weiß-Betrachtung erkennen sowohl Unternehmen als auch NGOs vermehrt Möglichkeiten zur Kooperation und verbinden dies mit der Umsetzung der jeweils eigenen Ziele (Bendell 2000, Doh/Teegen 2003, Crane/Matten 2007). Nicht selten entsteht der Eindruck, dass kooperative Verhältnisse zwischen Unternehmen und NGOs inzwischen fast schon zu einem vermeintlichen Trend werden, insbesondere seit der Umsetzung werbewirksamer Cause-Related-Marketing-Aktivitäten wie das Krombacher Regenwald-Projekt mit dem WWF sowie weiteren ähnlich medienwirksam aufbereiteten Formen der Zusammenarbeit. Zur Differenzierung der in der Praxis vielfältig auftretenden Konstellationen können unterschiedliche Kriterien herangezogen werden. Beispielsweise unterscheiden sich die jeweils gewählten Formen anhand ihrer geografischen Ausrichtung (lokal, national, international), ihrer zeitlichen Dauer (einmalig, mittelfristig, langfristig) oder aufgrund ihrer Integration in die Geschäftsprozesse des Unternehmens. Eine Differenzierung anhand des Grads der Beteiligung der Unternehmen bietet Austin (2000) mit seiner Unterscheidung zwischen philanthropischen, transaktionalen und integrativen Kooperationen. Porter/Kramer (2006) liefern beispielsweise anhand ihrer Wertschöpfungskette Ideen für gemeinsame CSR-Aktivitäten.

Hinsichtlich der operativen Umsetzung gestalten sich diese sektorübergreifenden Partnerschaften nicht immer einfach, sondern stellen vielmehr für beide Seiten eine große Herausforderung dar. Unterschiedliche Zielvorstellungen und unterschiedliche Organisationskulturen sind nur zwei Faktoren, die eine Gefahr für ein Zustandekommen und eine erfolgreiche Durchführung darstellen. Langfristig kann eine derartige Konstellation nur erfolgreich sein, wenn beide Seiten bereit sind, voneinander zu lernen und dies in einem stetigen Miteinander umzusetzen. Daher wird im Folgenden der Fokus auf das Lernen innerhalb dieser Kooperationsbeziehungen gesetzt.

---

3 Vgl. hierzu die Zusammenarbeit im Rahmen des Marine Stewardship Council, des Forest Stewardship Council, oder Initiativen wie Responsible Care der Chemieindustrie oder die Fair Labour Association.

Lernerfahrungen zwischen Unternehmen und NGOs

Unternehmen und NGOs sind im Laufe der vergangenen Jahrzehnte mit sich erheblich wandelnden Umweltbedingungen und damit einhergehend mit neuen Erwartungen und Anforderungen konfrontiert worden. Die Anpassung an diese Veränderungen wird für beide Partner zu einer wichtigen Kompetenz und einer wichtigen Quelle für eine dauerhafte Sicherung der eigenen Wettbewerbsfähigkeit (Probst/Büchel 1998).

Partnerschaftsallianzen[4] sind für Unternehmen und NGOs eine Plattform für organisationales Lernen[5]. Sowohl zivilgesellschaftliche Akteure als auch Unternehmen erhoffen sich neben einem erfolgreichen Engagement die Möglichkeit zu einem beiderseitigen Lernen und die Entwicklung neuer Ideen (Crane/Matten 2007). Insbesondere der Zugang zum Wissen des Partners bietet Möglichkeiten zum gegenseitigen Lernen (Hamel 1991, Kogut 1988). Unternehmen und NGOs unterscheiden sich anhand ihrer Charakteristika, Zielvorstellungen und Kompetenzen. Genau diese Unterschiedlichkeit ist eine der wichtigsten Quellen des Lernens (Inkpen 1995) und macht diese Partnerkonstellation im Sinne einer sogenannten Closing-Gap-Alliance aus einer lerntheoretischen Perspektive so interessant. Die unterschiedlichen aber komplementären Fähigkeiten von Unternehmen und NGOs ergänzen sich, indem sie die Schwächen beim jeweiligen Partner kompensieren.[6] Unternehmen und NGOs können im Rahmen der Allianz ihre unterschiedlichen Fähigkeiten und Kompetenzen bündeln bzw. in eine Austauschbeziehung treten. Lernen vollzieht sich nicht unmittelbar, sondern in einzelnen Schritten und über einen längeren Zeitraum. Während der gesamten Dauer der Allianz findet ein stetiger Lernprozess statt. Dieser Lernprozess ist kein Nebenprodukt, sondern Hauptbestandteil einer erfolgreichen Kooperation,

---

4 Der Begriff der Allianz wird in der Literatur unterschiedlich definiert. Partnerschaftsallianzen sollen hier als strategische Allianz verstanden werden, im Sinne von langfristigen, formalisierten Beziehungen zwischen Unternehmen und NGOs mit dem Ziel, durch die Stärken des Partners die eigene Wettbewerbsposition zu verbessern (vgl. Sydow 1992).

5 Es herrscht keine einheitliche Definition für Organisationales Lernen vor, vielmehr gibt es seit den 60er-Jahren verschiedene Ansätze, die jeweils unterschiedliche Schwerpunkte setzen. Vgl. hierzu Beiträge von Cyert/March (1963), Duncan/Weiss (1979) oder Argyris/Schön (1978). In neuerer Zeit haben Konzepte wie die Lernende Organisation oder Wissensmanagement diese Ansätze wieder in den Fokus gerückt, vgl. Senge (1996). Klimecki/Laßleben/Thomae (1999: S. 7) beschreiben „Lernen allgemein als Vorgang, bei dem die Wissensbestände eines Systems weiterentwickelt werden. Dies geschieht, indem neue Informationen in den Phasen Wahrnehmung, Interpretation und Speicherung zu Wissen verarbeitet werden. Die damit verbundene Überarbeitung der Wirklichkeitskonstruktionen sichert die Systementwicklung."

6 Das Gegenmodell zu den sogenannten Closing-Gap-Allianzen sind die sogenannten Critical-Mass-Allianzen, die sich durch identische Kompetenzen auszeichnen und durch eine Kumulation zu einer besseren Leistung führen sollen. Vgl. hierzu Freiling (1998) und Oelsnitz (2003).

denn insbesondere für sektorübergreifende Kooperationen ist ein gegenseitiger Lernprozess gewollt und erforderlich. Im Rahmen der Kooperation erfolgt ein Lernen über den Partner und ein Lernen von dem Partner (Doz 1996). Diese Zweistufenbetrachtung lässt sich insofern gut auf NGOs und Unternehmen anwenden als dass beide vorher in der Regel nur wenig direkten Kontakt miteinander hatten. Rieth/Göbel (2005) sehen trotz der bislang begrenzten Erfahrung mit Partnerschaften eine zunehmende Bereitschaft, Kooperationen einzugehen. Unternehmen eignen sich in einem ersten Schritt Wissen über ihren NGO-Partner an und können in einem weiteren Schritt dann vom jeweiligen Partner lernen. Das gegenseitige Kennenlernen hilft dabei, Vorurteile abzubauen und ermöglicht ein konstruktives gemeinsames Arbeiten. Oftmals sind beide Seiten überrascht über das „wahre Gesicht" des anderen. Unternehmen sind teilweise erstaunt über das professionelle Management aufseiten der NGOs, vermuten sie doch in der Regel eher chaotische Aktivisten auf der anderen Seite. Eine bessere Kenntnis des Partners sorgt für eine angenehmere Atmosphäre, schafft Vertrauen und fördert so den weiteren Wissensaustausch. Beim Lernen vom Partner erfolgt dann der Austausch von Experten- und Erfahrungswissen. So werden NGOs häufig wegen ihres Fachwissens auf bestimmten Themengebieten wie Umwelt oder Bildung von ihren Partnern geschätzt, und Unternehmen bringen im Gegenzug beispielsweise Kenntnisse im Bereich Marketing/Vertrieb oder im Bereich der Produktforschung und Entwicklung mit ein.

Lernen ist nicht nur ein reaktiver Prozess auf diverse Reize, sondern kann auch proaktiv gestaltet werden. So sind Unternehmen und NGOs stets auch aktiv auf der Suche nach neuem Wissen und neuen Problemlösungsstrategien. Beides zu finden ist oftmals eine der Erwartungen, die an die Kooperation gestellt werden.

Neben dem Lernen über den und vom Partner bietet die Allianz beiden Partnern die Möglichkeit, ihre eigene Kooperationskompetenz zu entwickeln bzw. auszubauen. Dyer/Singh (1998: S. 672) bezeichnen diese übergeordnete Kompetenz als „a firm's willigness and ability to partner", die sich zukünftig zu einem Wettbewerbsvorteil entwickeln kann. Unternehmen und NGOs, die mit vielen Partnern zusammenarbeiten, wird diese Kompetenz zugesprochen und können so zu attraktiven Optionen für die Partnersuche werden. Aufgrund seiner langjährigen Erfahrung in der Zusammenarbeit mit Unternehmen ist beispielsweise der WWF (World Wide Fund for Nature) neben seiner Fachkompetenz auch aufgrund seiner Kooperationsmanagementkompetenz zu einem attraktiven Partner für den Wirtschaftssektor geworden.

Lernen als Wandlungsprozess

Lernen kann im Rahmen von sektorübergreifenden Partnerschaften auch als ein Kernprozess des Wandels von Unternehmen und NGOs verstanden werden. Der Lernprozess führt nicht nur oberflächlich zu einer Erweiterung des Wissens, sondern kann auch zu tiefgreifenden Veränderungen innerhalb der Organisation führen. Begründet liegt dies in den unterschiedlichen Ebenen, auf denen Lernen erfolgen kann. Argyris/Schön (1978/1996) unterscheiden hierzu die beiden Arten „*single-loop learning*" und „*double-loop learning*". Single-Loop-Learning führt zu Veränderungen in organisatorischen Praktiken und Strategien, wobei die diesen Veränderungen zugrunde liegende Wertebasis nicht infrage gestellt wird. Anders gestaltet sich dies beim Double-Loop-Learning[7], bei dem der Lernprozess zu einer Veränderung der zugrunde liegenden Werte (sog. „governing variables"), Praktiken und Strategien führt. Es werden nicht nur Prozesse verändert, sondern auch das dahinter stehende Wertegefüge hinterfragt. In der Folge lässt sich dann eine Veränderung der Werte und Normen erkennen. Verankert sind diese Werte in der Unternehmens- bzw. Organisationskultur.[8]

Unternehmen und NGOs unterscheiden sich sichtbar anhand ihrer jeweiligen Artefakte. Dies zeigt sich beispielsweise durch eine unterschiedliche Sprache, einen anderen Kleidungsstil oder unterschiedliche Rituale. Markant sind die Differenzen auch auf der Ebene der Werte, die sich in den Strategien und Zielen der jeweiligen Organisation niederschlagen. Die Kooperation ist daher geprägt von Zielkonflikten und unterschiedlichen Handlungslogiken. Durch die Zusammenarbeit werden beide Partner mit der anderen Kultur und deren Wertvorstellungen konfrontiert. Oftmals folgt durch den herrschenden Zielkonflikt um Sachthemen eine weitere Diskussion auf der Ebene der unterschiedlichen Wertvorstellungen. Dieser Konflikt kann im besten Fall eine interne Auseinandersetzung innerhalb der jeweiligen Organisation mit ihren eigenen Annahmen zur Folge haben. Unternehmen und NGOs hinterfragen durch die Zusammenarbeit ihre eigene Wertebasis und stoßen mitunter auch an ihre Grenzen. Es ergeben sich Fragen wie: Wie eng darf die Zusammenarbeit mit Unternehmen erfolgen? Wie kann die gegenseitige Leistung in Geld bemessen werden? Welche Aktivitäten sind für Unternehmen möglich? Es geht also auf beiden Seiten um grund-

---

7 Vgl. hierzu Argyris/Schön (1996: S. 22): „single-loop learning is concerned primarily with effectiveness: how best to achieve existing goals and objectives, keeping organizational performance within the range specified by existing values and norms. In some cases, however, the correction of error requires inquiry through which organizational values and norms themselves are modified which is what we mean by double-loop learning."

8 Die 3 Kulturebenen unterscheiden sich anhand ihrer Sichtbarkeit und werden differenziert in Artefakte, Bekundete Werte und Grundprämissen (Schein 1985).

legende Fragen nach der eigenen Identität und einer Klärung der eigenen Position im Gefüge zwischen Wirtschaft und Gesellschaft. Vielfach ermöglicht die Zusammenarbeit einen Perspektivwechsel zwischen Unternehmen und NGOs. Argumente und Wertvorstellungen werden ausgetauscht und im Kooperationsverlauf diskutiert – beide Partner lernen, neue Wege zu gehen. Am Ende kann auf beiden Seiten ein Lernen im Sinne des Double-Loop-Learning stehen und zwar immer dann, wenn sich Strategien und Zielsetzungen verändern. Es geht also um mehr als beispielsweise nur um die gemeinsame Entwicklung von Sozialstandards in der globalen Lieferkette. Vielmehr geht es auch um ein Umdenken und Lernen innerhalb der Organisationskultur. Lernen erfordert Zeit, insbesondere dann, wenn es nicht nur um die reine Wissenserweiterung an der Oberfläche geht. Institutioneller Wandel verläuft über verschiedene Phasen und bedarf häufig mehrer Episoden, Partnerschaften können Auslöser und Begleiter derartiger interner Wandlungsprozesse sein.

Faktoren, die das Partnerschaftslernen beeinflussen

Zur Umsetzung eines erfolgreichen Lernprozesses sind entsprechende Rahmenbedingungen erforderlich. Es gibt eine Vielzahl an Lernbarrieren, welche sowohl auf der individuellen Ebene als auch auf der kollektiven Ebene angesiedelt sind (Schöppel 1996). Zunächst müssen die Beteiligten eine gewisse *Lernbereitschaft* zeigen. Stehen sich Unternehmen und NGOs abwehrend und eher konfrontativ gegenüber, wird eine Lernbarriere erzeugt. Eine *Offenheit* gegenüber dem Partner und eine offene *Kommunikation* innerhalb und zwischen den Organisationen fördern hingegen nicht nur das Klima auf der Arbeitsebene, sondern erhöhen ebenso den Wissensaustausch und damit langfristig die Erfolgsaussichten der Partnerschaft.[9] Gegenseitiges Vertrauen fördert ebenso den Austausch und Kompetenztransfer.

Beziehungen zwischen Unternehmen und NGOs zeichnen sich in der Regel allerdings durch wenig Vertrauen aus. Insbesondere NGOs betrachten Unternehmen mit Skepsis und Misstrauen (Rieth/Göbel 2005). Ein weiterer wichtiger Aspekt ist gemäß Schöppel (1996) das wahrgenommene *Machtverhältnis*. Ein deutliches Ungleichgewicht führt zu einer Verschlossenheit untereinander und dem Partner wird nur so viel Wissen wie nötig preisgegeben. Hier kann das vielfach zitierte Verhältnis auf Augenhöhe zwischen Unternehmen und NGOs die Chancen einer gemeinsamen Wissensgenerierung erhöhen. Auch die Ge-

---

9 Hamel (1991) und Rasche (1994) sprechen hier beispielsweise von den Faktoren Intent, Transparency oder Receptivity.

schichte der beiden Partner beeinflusst den Lernprozess. Dies erscheint insbesondere bei Unternehmens-NGO-Beziehungen relevant zu sein.

Der eingangs skizzierte Beziehungswandel vom „Feind zum Freund" macht die Beziehung zu Partnerschaftsbeginn nicht immer einfach und wirkt sich damit auch auf die Lernatmosphäre aus. Ein entscheidender Faktor ist die Existenz von Lernpromotoren. Partnerschaftsallianzen zwischen Unternehmen und NGOs sind häufig getrieben von engagierten Einzelpersonen innerhalb der jeweiligen Organisationen. Diese Personen haben dabei oftmals nicht nur die Funktion sog. Grenzgänger oder Brückenbauer, sondern übernehmen auch die Rolle von *Lernpromotoren*[10]. Lernen braucht lernwillige Individuen, da „organisationales Lernen (...) über Individuen und deren Interaktion" erfolgt (Probst/Büchel 1994:19). Mitarbeiter beider Partnerorganisation müssen einerseits motiviert sein, ihr Wissen zu teilen und andererseits bereit sein, Wissen aufzunehmen. Abschließend ein Überblick über die Lernsituation in Partnerschaftsallianzen:

Ebene und Stufe des Lernens

```
                  ⌢⌢⌢⌢⌢⌢⌢⌢⌢⌢
    ┌─────────────┐   Organisationales   ┌─────────────┐
    │ Unternehmen │ ←  Lernen im      →  │    NGO      │
    └─────────────┘    Allianzverlauf    └─────────────┘
                  ⌣⌣⌣⌣⌣⌣⌣⌣⌣⌣
```

Überwindung von Lernbarrieren

Abbildung 1: Lernsituation von Partnerschaftsallianzen (eigene Darstellung)

---

10 Zu Promotoren vgl. beispielsweise das Promotorenmodell von Witte (1973).

Fazit und Ausblick

Beziehungen zwischen Unternehmen und NGOs bewegen sich von einer Kampfarena hin zu einer Lernarena. NGOs und Unternehmen sind sich gegenseitig wichtige Kooperationspartner, gerade weil sie über unterschiedliche Kenntnisse und Fähigkeiten verfügen. Doch das Lernpotenzial im Rahmen von Partnerschaftsallianzen zu nutzen ist für Unternehmen und NGOs eine Herausforderung, da vielfach Lernbarrieren im Wege stehen. Daher sollten Partnerschaften langfristig angelegt sein und sich durch ein gutes Kooperationsmanagement auszeichnen, nur so kann ein erfolgreicher Abbau der Barrieren gelingen und eine vertrauensvolle Beziehung aufgebaut werden. Darüber hinaus bieten Partnerschaftsallianzen mehr als nur den Kompetenztausch, sondern sind auch Anreiz für eigene Reflektionsprozesse. Beide Partner können partnerschaftlich viel voneinander und viel für die eigene Organisation lernen.

Literatur

Argyris, Chris/Schön, Donald A. (1978): Organizational Learning. Reading, MA: Addison-Wesley.
Argyris, Chris/Schön, Donald A.(1996): Organizational Learning II: Theory, Method and Practice. Reading, MA: Addison-Wesley.
Austin, James E.. (2000): Strategic Collaboration between Nonprofits and Business. In: Nonprofit and Voluntary Sector Quarterly, 29(1), S. 69–97.
Bendell, Jem (2000): Terms for Endearment. Business. NGOs and sustainable development. Sheffield: Greenleaf Publishing.
Crane, Andrew/Matten, Dirk (2007): Business Ethics. Managing corporate citizenship and sustainability in the age of globalization. Oxford/New York: Oxford University Press.
Cyert, Richard M./ March, James G. (1963): A Behavioral Theory of the Firm, Englewood Cliffs, NJ: Prentice Hall.
Doh, Jonathan P./Teegen, Hildy (2003): Globalization and NGOs. Transforming Business. Government and Society. Westport: Praeger Publishers.
Doz, Yves (1996): The evolution of cooperation in strategic alliances: initial conditions or learning processes? In: Strategic Management Journal, Vol.17, Special issue, S. 55–83.
Duncan, Robert/Weiss, Andrew (1979): Organizational Learning: Implication for Organizational Design. In: Staw, B.M (Hrsg.): Research in Organizational Behavior. An Annual Series of Analaytical Essays and Critical Reviews. Greenwich, Vol. 1, S. 75–123.
Dyer/Singh (1998): The Relational View: Cooperative Strategy and Sources of Interorganizational Competitive Advantage. In: Academy of Management Review, 23(4), S. 660–679.
Franz, Christiane/Martens, Kerstin (2006): Nichtregierungsorganisationen (NGOs). Wiesbaden: VS Verlag für Sozialwissenschaften.
Freiling, Jörg. (1998): Kompetenzorientierte Strategische Allianzen. In: io Management, Jg. 67, Nr. 6, S. 23–29.
Formbrun, Charles J./Gardberg, Naomi A./Barnett, Michael L. (2000): Opportunity Platforms and Safety Nets: Corporate Citizenhsip and Reputational Risk. In: Business and Society Review, Vol. 105, No. 1, S. 85–106.

Hamel, Gary (1991): Competition for competence and inter-partner learning within international strategic alliances. Strategic Management, Vol. 12, S. 83–104.
Heins, Volker (2002): Weltbürger und Lokalpatrioten. Eine Einführung in das Thema Nichtregierungsorganisationen. München: Leske und Budrich.
Inkpen, Andrew C. (1995): The management of international joint ventures: an organizational learning perspective. London: Routledge.
Jones, Thomas M. (1995): Instrumental stakeholder theory: a synthesis of ethics and econometrics. In: Academy of Management Review. Vol. 20, S. 404–437.
Klimecki, Rüdiger G./Laßleben, Hermann/Thomae, Markus (1999): Organisationales Lernen. Ein Ansatz zur Integration von Theorie, Empirie und Gestaltung. Management Forschung und Praxis Universität Konstanz. Diskussionsbeitrag Nr. 26.
Kogut, Bruce (1988): Joint Ventures: Theoretical and Empirical Perspectives. In: Strategic Management Journal, Vol. 9, Nr. 4, S. 319–332.
Martens, Kerstin (1999): The Role of NGOs in the UNESCO System. In: Transnational Associations, Nr. 2, S. 68–82.
Oelsnitz, Dietrich, von der (2003): Strategische Allianzen als Lernarena. In: WiSt, 9, September 2003, S. 516–520.
Porter, Michael E./Kramer, Mark R. (2006): Strategy & Society. The link between competitive advantage and corporate social responsibility. In: Harvard Business Review, S. 78–92, December 2006.
Post, James E./ Preston, Lee E./Sachs, Sybille (2002): Managing the Extended Enterprise: The new stakeholder view. California Management Review, Vol. 45, Nr.1, S. 6–28.
Plante, C.S./Bendell, Jem (2000): The art of collaboration: lessons from emerging environmental business-NGO partnerships in Asia, in: Bendell, J. (2000): Terms for endearment business, NGOs and sustainable development. Sheffield: Greenleaf Publishing Ltd.
Probst, Gilbert/Büchel Bettina (1998): Organisationales Lernen: Wettbewerbsvorteil der Zukunft. 2. Auflage. Wiesbaden: Gabler Verlag.
Rasche, Christoph (1994): Wettbewerbsvorteile durch Kernkompetenzen – ein ressourcenorientierter Ansatz. Wiesbaden: Deutscher Universitäts-Verlag.
Rieth, Lothar/Göbel, Thorsten (2005): Unternehmen, gesellschaftliche Verantwortung und die Rolle von Nichtregierungsorganisationen. In: Zeitschrift für Wirtschafts-und Unternehmenethik, zfwu, Vol. 6, Nr. 2, S. 244–261.
Schein, Edgar H. (1985): Organizational culture and leadership. San Francisco:Jossey-Bass.
Schöppel, Jürgen (1996): Wissensmanagement – Organisatorisches Lernen im Spannungsfeld von Wissens- und Lernbarrieren. Wiesbaden: Gabler Verlag.
Senge, Peter M. (1996): Die fünfte Disziplin. Kunst und Praxis der lernenden Organisation. Stuttgart: Schäffer-Poeschel Verlag.
Spar, Debora L./La Mure, Lane T. (2003): The Power of Activism: Assessing The Impact Of NGOs on Global Business. In: California Manangement Review, Vol. 45, No. 3, Spring, S. 78–101.
Sydow, Jörg (1992): Strategische Netzwerke. Wiesbaden: Gabler Verlag.
Willets, Peter (1996): The Conscience of the world. The influence of Non-Governmental Organisations in the UN System. London.
Witte, Eberhard (1973): Organisation für Innovationsentscheidungen: Das Promotoren-Modell, Göttingen: Schwartz.

Corporate Volunteering in Partnerschaften – Zur Notwendigkeit eines Paradigmenwechsels aus NPO-Sicht

Karin Siegmund

In jüngerer Zeit ist eine Tendenz im sozialen Engagement von Unternehmen zu verzeichnen, mit der gemeinnützige Organisationen (im Folgenden NPOs[1]) auf eine neue Weise konfrontiert werden. Unternehmen wollen nicht mehr „nur spenden", stattdessen möchten sie lieber „mehr tun". Dahinter scheint ein Verständnis von Hilfe zu stehen, nach dem Geldspenden weniger effektiv seien als physische Unterstützung. Im Folgenden soll aufgezeigt werden, dass diese Entwicklung von einem einseitigen Verständnis von Hilfe aufseiten der Unternehmen geprägt ist, das den Bedürfnissen der Empfänger (und der sie vertretenden Hilfsorganisationen) nicht ausreichend gerecht wird. Im Rahmen eines neuen, partnerschaftlichen Verständnisses setzt sich der Beitrag kritisch mit der üblichen Vorgehensweise auseinander und stellt zugleich Alternativen vor. Hintergrund sind die Erfahrungen von Save the Children, der ältesten und größten unabhängigen Kinderrechtsorganisation der Welt, die seit vielen Jahren mit Unternehmen auf nationaler und internationaler Ebene zusammenarbeitet.[2]

Corporate Volunteering als Herausforderung für NPOs

Innerhalb der sozialen Aktivitäten von Unternehmen hat sich das Corporate Volunteering[3] zu einem populären Instrument entwickelt. NPOs begegnen häufig dem Wunsch von Unternehmen, zusätzlich zu deren finanzieller Unterstützung auch Angebote zur Einbindung von Mitarbeitern zu machen. Natürlich

---

1 Der hier verwendete Begriff der Nonprofit-Organisation (NPO) bezieht sich auf die umfassende Definition durch das Johns Hopkins Comparative Nonprofit Sector Project, vgl. Zimmer/Priller (2004: S. 32ff.). Der Begriff NGO (Non-Governmental Organisation) ist nach Ansicht der Verfasserin weniger geeignet, da er sich sprachlich und inhaltlich nur gegenüber staatlichen Organisationen abgrenzt und die Abgrenzung gegenüber dem Sektor der privaten Wirtschaft vernachlässigt. Zur Definition von NGO vgl. Frantz/Martens (2006: S. 21ff.).
2 Zu den Partnern von Save the Children Deutschland gehören neben internationalen Unternehmen wie IKEA, Reckitt Benckiser, Bulgari und American Express auch viele mittelständische Unternehmen. Vgl. http://www.savethechildren.de/partner-werden/.
3 Corporate Volunteering bezeichnet alle Aktivitäten eines Unternehmens, mit denen es das gemeinnützige Engagement seiner Mitarbeiter fördert. Die Unterstützung erfolgt durch Geld- oder Sachmittel oder durch die Freistellung von der Arbeit. Vgl. Carroll (1979).

stehen NPOs, die in internationalen Zusammenhängen arbeiten, dabei vor anderen Herausforderungen als Organisationen, die ausschließlich in Deutschland tätig sind. Ihre Projekte sind schlicht zu viele Flugstunden entfernt, als dass dort ohne Weiteres ein Freiwilligentag eines deutschen Unternehmens stattfinden könnte. Gleichwohl haben multinationale Unternehmen weltweit Dependancen, in denen sie den Mitarbeitern die Möglichkeit zum Engagement vor Ort anbieten wollen. Aber auch in Deutschland stellen solche Projekte eine finanzielle und logistische Herausforderung dar, die von vielen NPOs nur mit größerem Aufwand zu bewältigen ist.

Bereits ein kurzer Blick auf die Aktivitäten deutscher Unternehmen zeigt das Spektrum auf. Dies reicht von der Unterstützung gemeinnütziger Aktivitäten einzelner Mitarbeiter über jährliche Freiwilligentage und die Führungskräfteentwicklung durch Projekte wie „Seitenwechsel" bis hin zu dauerhaften Patenschaften für lokale Organisationen. Besonders beliebt und sehr öffentlichkeitswirksam sind Tageseinsätze, bei denen die gesamte Belegschaft einen Tag in sozialen Einrichtungen der Stadt oder Region aushilft.[4] Einige NPOs, deren Projekte auf der Unterstützung von Freiwilligen basieren, haben daraus eigene Geschäftsmodelle entwickelt. Habitat for Humanity bietet Unternehmen beispielsweise an, Bauprojekte in Entwicklungsländern zu unterstützen, bei denen die Unternehmensmitarbeiter Häuser für Bedürftige bauen. Doch noch immer wird der Freiwilligentag in den Unternehmen als das Mittel der Wahl propagiert, weil er ein „niedrigschwelliges Angebot für soziales Engagement" darstellt.[5]

Hinter dem Corporate Volunteering stehen aus Unternehmenssicht zwei unterschiedliche Zugänge. Bei der ökonomisch getriebenen Motivation werden die Aktivitäten für die Personalentwicklung genutzt. Sie haben ein originär wirtschaftliches Ziel, bei dem es darum geht, die Mitarbeiter als Ressource durch verschiedene Maßnahmen zu befähigen, ihre Aufgaben erfolgreich zu erfüllen. Der andere Zugang ist die ethisch-moralische Verantwortung der Unternehmen, sich an der Behebung gesellschaftlicher Missstände zu beteiligen.[6] Da Unternehmen ein genuines Interesse an einem funktionierenden Umfeld haben, legitimieren sie sich mit ihren Aktivitäten gegenüber der Gesellschaft. Doch in der

---

4 Zahlreiche Unternehmen führen Freiwilligentage für ihre Belegschaft durch. Aber auch Freiwilligenagenturen und andere Organisationen organisieren Einsätze für Unternehmensmitarbeiter. Diese dienen in erster Linie deren Personalentwicklung. Vgl. Kamlage/Winkler (2009).
5 Vgl. UPJ (2009: S. 5).
6 Zur Motivlage der Unternehmen vgl. Pinter (2006). Zum Einsatz in der Personalentwicklung vgl. Bartsch (2008), Schwalbach/Schwerk/Fischer/Taubken (2008).

Praxis steht das gesellschaftliche Motiv oft hinter der ökonomischen Handlungslogik zurück.[7]

Aber neben der Unternehmensperspektive gibt es noch eine weitere Perspektive, die bisher kaum Beachtung findet: die der zivilgesellschaftlichen Organisationen. Sie sind als Empfänger ein Partner in der Austauschbeziehung und haben insofern ein berechtigtes Interesse an den gesellschaftlichen Aktivitäten der Unternehmen.[8] Bisher entwickeln Unternehmen ihre Projekte im Corporate Volunteering jedoch nur selten gemeinsam mit den NPOs. Dabei ist eine engere Abstimmung empfehlenswert, damit die besonderen Bedingungen in der Arbeit von NPOs berücksichtigt werden können. Das gilt insbesondere, aber nicht nur für NPOs, die international tätig sind.

Besonderheiten in der Zusammenarbeit mit NPOs

Eines der wichtigsten Argumente ist die Tatsache, dass Organisationen in der Entwicklungszusammenarbeit oft mit *traumatisierten Personen* arbeiten. Im Falle von Save the Children sind das Kinder, die in Kriegs- und Krisengebieten leben, in Bürgerkriegen der Gewalt von Erwachsenen ausgesetzt waren oder bei Naturkatastrophen lebensgefährliche Situationen überstanden haben. Die Kinder sind oft hochgradig traumatisiert, sie wurden seelisch und körperlich misshandelt oder haben Angehörige verloren und sind selbst körperlich versehrt. Es ist daher besonders wichtig, dass nur Menschen mit ihnen arbeiten sollten, die Experten im Umgang mit solchen Traumata sind. Das sind Psychologen, Ärzte und anderes medizinisches Personal sowie Pädagogen. Hier ist, um es zugespitzt zu formulieren, fremden Erwachsenen der Zutritt verboten. Persönliche Motive und Anliegen der Personalentwicklung müssen hinter den Bedürfnissen der Hilfeempfänger zurückstehen.

Damit ist das zweite wichtige Argument angesprochen: Die NPOs haben *das Expertenwissen und die Experten*, um die Herausforderungen anzugehen. Aus diesem Grunde wurden sie gegründet, denn weder der Staat noch die private Wirtschaft waren willens oder in der Lage, den betroffenen Gruppen zu helfen. In den vielen Jahren ihres Bestehens haben gerade große internationale

---

7 Pinter (2006) untersuchte, ob sich gesellschaftliches Engagements und wirtschaftliches Handeln ausschließen und stellte fest, dass nicht nur der personalwirtschaftliche Nutzen, sondern auch die gesellschaftliche Reputation und der Ressourcentransfer zu einer neuen Wertschöpfungskette für die Unternehmen führen können. S. 75ff.

8 Herzig wies bereits 2004 darauf hin, dass auch die Rolle der NPOs, ihre Motive und Nutzen als Akteure der Partnerschaften besser untersucht werden müssten, vgl. Herzig (2004). Der Schwerpunkt der Forschung liegt nach wie vor auf den Unternehmen.

NPOs ein Expertenwissen aufgebaut, mit dessen Hilfe sie Hintergründe und Entwicklungen in den jeweiligen Ländern besser und unabhängiger beurteilen können als viele der staatlichen oder wirtschaftlichen Akteure in Deutschland und vor Ort. Es wäre fahrlässig von Unternehmen, diese Expertise bei der Planung ihrer Aktivitäten zu vernachlässigen. Die entsprechende professionelle Kompetenz, die in den NPOs aufgebaut wurde, kann maßgeblich zum Erfolg beitragen.

Bedenken zur *Sicherheit von Projektbesuchern* beruhen auf den Erfahrungen von internationalen Hilfsorganisationen, die in Kriegs- und Krisengebieten tätig sind. Save the Children erlaubt beispielsweise Projektbesuche in bestimmten Ländern und Regionen nur unter strengen Sicherheitsvorkehrungen, um die Besucher nicht zu gefährden.

Aktivitäten der Unternehmen für ihre Mitarbeiter in den Projektländern führen auch aus diesem Grund zu einem *finanziellen und logistischen Aufwand aufseiten der NPOs*, der oft kaum zu rechtfertigen ist. Zwar bezahlen Projektbesucher von Unternehmen ihre Reisekosten selbst (d. h. die Kosten werden nicht aus Spendengeldern bezahlt), aber es bedarf auch Ressourcen aus den NPOs, die oft übersehen werden. Vor Ort müssen Mitarbeiter für die Betreuung bereitstehen, Transport, Übersetzung, Unterbringung und Sicherheit binden die begrenzten personellen Ressourcen und werden somit indirekt aus Spendengeldern finanziert.

Ein weiterer Grund, Corporate-Volunteering-Aktivitäten in Entwicklungsländern im Vorhinein mit den NPOs abzustimmen, ist der *Schutz lokaler Strukturen*. Wenn Freiwillige aus dem Ausland Einbau- und Reparaturarbeiten erledigen, fehlen dem einheimischen Handwerk die Arbeit und damit dem lokalen Wirtschafts- und Finanzkreislauf die Einnahmen. Wenn komplizierte Apparaturen und Systeme verwendet werden, die Ersatzteile aus dem Ausland nötig machen, dann wird auch die Reparatur nicht vor Ort durchgeführt werden können. Entweder werden die Ersatzteile zu hohen Kosten eingeführt (die nicht eingeplant sind) oder die Apparaturen werden nicht mehr benutzt. Es bleibt auch zu fragen, ob unausgebildete ausländische Helfer trotz allen Good-wills die professionelle Arbeit von lokalen Fachleuten ersetzen können. Nicht zuletzt würden die Länder wieder in die traditionelle Abhängigkeit von der ersten Welt geraten, der die international tätigen NPOs gerade entgegen wirken wollen.

Die hier genannten Gründe gelten nicht nur für die Arbeit in Kriegs- und Krisengebieten, sondern treffen abgesehen vom Sicherheitsaspekt auch auf die Arbeit von NPOs in Deutschland zu, die sich mit vergleichbar sensiblen Themen beschäftigen.

Corporate Volunteering und Nachhaltigkeit

All dies sind Gründe, die aus Sicht der NPOs für die frühzeitige Einbeziehung der ausgewählten Organisationen in die Planung der Unternehmen sprechen, insbesondere wenn es sich um Kooperationen zugunsten von internationalen Hilfsprojekten handelt. Es gibt aber noch einen Grund, der aus Unternehmenssicht mindestens ebenso wichtig sein sollte: Ist die nachhaltige Wirkung der Aktivitäten gewährleistet? Sind sie singuläre Ereignisse oder strategisch in das soziale Engagement des Unternehmens eingebunden?

Schaut man sich die Wünsche von Unternehmen und die häufigsten Aktivitäten an, dominieren Aufbau- und Reparaturarbeiten wie die Renovierung von Kitas und Altenheimen oder die Reparatur von Spielplätzen. Es steht außer Frage, dass solche Aktivitäten den Mitarbeitern den Zugang zu gesellschaftlichem Engagement erleichtern. Aber sie laufen nicht nur dem oben genannten Argument zuwider, dass damit unter Umständen lokale Wirtschaftsstrukturen (nicht nur im Ausland) gestört werden. Sie sind in der Tat weniger nachhaltig als wenn sich das Unternehmen und seine Mitarbeiter über einen längeren Zeitraum verpflichten und ausgebildetes Fachpersonal für entsprechende Aufgaben einsetzen würden.

Ohne Zweifel sind die gemeinsamen Aktivitäten auch gemeinschaftsstiftend und verschaffen den Handelnden einen engen und sinnlichen Bezug zum Objekt. Ist das aber auch im Sinne des Empfangenden? Natürlich sind die Aufmerksamkeit für die Probleme, auch die tatkräftige Hilfe, vor allem aber der Kontakt zum Unternehmen und die Option auf künftige Finanzmittel wichtige Argumente für NPOs, Freiwilligentage bei sich zu veranstalten. Sie nehmen für diese Option in Kauf, dass die Hilfe nicht optimal abgestimmt ist bzw. vorrangig die Motive des Unternehmens bedient.[9]

Aber auch die Unternehmensmitarbeiter erhalten nicht zwangsläufig einen tieferen Einblick in die sozialen Hintergründe der Projekte (wie häufig auf Unternehmensseite postuliert wird) und bringen zu selten ihre Fachkenntnis ein. Wenn einzelne Aktivitäten zu einem dauerhaften oder mindestens längeren Engagement für die NPOs führen, ist schon viel erreicht. Sehr viel nachhaltiger würden die Aktionen allerdings wirken, wenn die wirkliche Expertise der Vo-

---

9 Der Wunsch von Unternehmen nach physischer Präsenz und Sichtbarkeit geht nicht immer mit den zentralen Zielen von NPOs konform. Deren Soforthilfe ist in der Regel in ein Gesamtprogramm eingebettet, das auf die langfristige Verbesserung der Lebensbedingungen zielt. Bei Save the Children geht es z. B. nicht nur um den Aufbau von Schulen, sondern auch um die Ausbildung von Lehrern, die vielen Schülergenerationen Wissen vermitteln können oder die lernen, Kinder ohne Gewalt zu erziehen. Die Attraktivität solcher Projekte wie der Lehrerausbildung ist allerdings weniger leicht zu vermitteln.

lunteers nachgefragt würde und wenn beide Partner über die jeweils andere Sachkenntnis zum Nutzen des gemeinsamen Projekts verfügen könnten. Im Folgenden sollen einige Möglichkeiten einer solchen – im wörtlichen Sinne gleichberechtigten – Zusammenarbeit dargestellt werden.

Möglichkeiten eines partnerschaftlichen Corporate Volunteering

Um besser auf die Bedürfnisse seiner Partner eingehen zu können, hat Save the Children 2008 mit Unterstützung der Boston Consulting Group eine Strategie für die Zusammenarbeit mit Unternehmen erarbeitet. In diesem Zusammenhang wurden Angebote entwickelt, mit denen Unternehmen sich gegenüber ihren unterschiedlichen Stakeholdern positionieren. Für Unternehmen, die ihre Mitarbeiter stärker einbinden möchten, bietet Save the Children verschiedene Möglichkeiten des Mitarbeiter-Engagements. Diese sollten idealerweise in eine langfristige Corporate-Volunteering-Strategie des Unternehmens eingebettet sein und in enger Abstimmung beider Partner entwickelt werden.

Eine klassische, in angelsächsischen Ländern sehr erfolgreiche Form des Corporate Volunteering ist die *Mitarbeiterbeteiligung durch Wettbewerbe*. An diesen Wettbewerben können sich alle Mitarbeiter beteiligen. Die Aktivitäten zielen darauf, die Hilfsprojekte finanziell zu unterstützen. Reckitt Benckiser, der weltgrößte Hersteller von Haushaltsreinigern und langjähriger Partner von Save the Children, hat mit seinem „Global Challenge for Charity" ein erfolgreiches Instrument für seine Mitarbeiter entwickelt. Jedes Jahr gibt es einen weltweiten Wettbewerb, bei dem die Mitarbeiter mit verschiedenen Aktivitäten Gelder für ein bestimmtes Hilfsprojekt in Angola und Tansania sammeln. Diejenigen, die am erfolgreichsten waren, unternehmen eine attraktive Reise. Der Wettbewerb findet großen Zuspruch, bringt viele kreative Ideen hervor, macht das Engagement des Unternehmens in seinen Geschäftsregionen bekannt und schafft weltweit ein Miteinander, dessen Höhepunkt die Reise ist. Seine Glaubwürdigkeit gegenüber den Mitarbeitern erhält der Global Challenge daraus, dass er Teil des gesamten sozialen Engagements des Unternehmens ist, das die Arbeit von Save the Children in Angola und Tansania seit Langem mit namhaften Summen unterstützt.[10]

Die längerfristige *Entsendung von Unternehmensmitarbeitern* in die NPOs, das sogenannte Secondment, ist eine weitere Option, seinen Mitarbeitern einen Einblick in die Arbeit von Hilfsorganisationen zu vermitteln. Bei der Entsendung geht es um den oft mehrmonatigen Einsatz von Mitarbeitern, deren Exper-

---

10 http://www.rb.com/Our-responsibility/Community (Zugriff am 10.01.2010).

tise in den Organisationen tatsächlich gebraucht wird. Das betrifft im Unterschied zur o. g. Beteiligung aller Mitarbeiter vor allem Führungs- und Fachkräfte in geringer Zahl. Die Manager können zum einen in den Hauptquartieren Unterstützung bei der Führung der NPO geben. Teilweise werden sie zum anderen aber auch in den Projekten eingesetzt, um dort funktionierende Organisationsstrukturen auf- bzw. auszubauen. Die Boston Consulting Group (BCG), seit 20 Jahren Unterstützer von Save the Children, entsendet Manager in das Hauptbüro der International Save the Children Alliance, um bei der Weiterentwicklung internationaler Strukturen zu helfen. Berater der BCG unterstützen die naionalen Länderbüros der Geberländer und arbeiten in den Projekten vor Ort in den Empfängerländern. Die Unternehmensberatung half zuletzt bei der Entwicklung der internationalen Corporate-Partnership-Strategie von Save the Children.[11] Aus diesem Konstrukt entsteht eine wirkliche Win-win-Situation: Die Mitarbeiter lernen die Strukturen und Arbeitsweisen von NPOs kennen und sind in eine extrem sinnstiftende Arbeit eingebunden. Gleichzeitig sind sie mit ihrer Erfahrung für die organisationale Entwicklung essenziell. Teilweise können sie ihre Fähigkeiten stärker einbringen als es in ihrem aktuellen beruflichen Umfeld möglich ist. Das hat eine außerordentlich hohe Motivation zur Folge. Der unbestrittene Vorteil für die NPO liegt in der professionellen Expertise, die sie sich ansonsten nicht leisten könnte.

Ein zentrales Ziel des Corporate Volunteering aus Sicht der Unternehmen ist die Ausbildung sozialer Kompetenzen. Über die rein physischen Aktivitäten hinaus gibt es allerdings Möglichkeiten, die Mitarbeiter zu Anwälten der Bürgergesellschaft und zugleich zu Sprechern des Unternehmensengagements zu machen. Save the Children bietet seinen Partnern *Information und Weiterbildung der Mitarbeiter* zu Kinderrechtsthemen an. Mit einem solchen Programm kann man Mitarbeiter auf allen Ebenen erreichen und es wird den Anforderungen der Personalentwicklung gerecht, ein neues Verständnis für soziale Zusammenhänge zu entwickeln. Nicht zuletzt stärkt es das Selbstverständnis der Mitarbeiter und damit die Verbundenheit mit dem unternehmerischen Engagement, indem es die Mitarbeiter aus einer rein ausführenden Position in den Status von Experten, d. h. von Sachkundigen erhebt. Das kann in Seminaren oder Vorträgen von renommierten Kinderrechtsexperten geschehen, in denen aktuelle Kinderrechtsfragen diskutiert werden und Grundlagenwissen über die UN-Kinderrechtskonvention oder das Kinderrechtsprotokoll von Save the Children vermittelt wird. In der Partnerschaft von Save the Children mit IKEA unterstützt

---

11 http://www.bcg.com/about_bcg/social_impact/Poverty_Hunger/ImpactStoryDetail.aspx?id=tcm:12-29824&practiceArea=Poverty+%26+Hunger (Zugriff am 10.01.2010).

das Unternehmen mit seiner jährlichen Kampagne „Mit 1 € Kindern helfen"[12] nicht nur Kinderrechtsprojekte in den Zuliefererländern von IKEA, sondern veranstaltet darüber hinaus am Tag gegen Kinderarbeit im Juni jeden Jahres an den Unternehmensstandorten in Deutschland Aktivitäten zum Thema. Die Mitarbeiter erfahren mehr über die geförderten Projekte und können nicht zuletzt das Engagement gegenüber den Kunden vertreten. Und sie tragen mit eigenen phantasievollen Aktionen zum Erfolg des Tages bei. Save the Children begleitet die Aktion mit Beiträgen in der Kundenzeitschrift und mit Informationsständen in den Einrichtungshäusern.

Mit Instrumenten wie der Mitarbeiterbeteiligung, der Entsendung oder der Weiterbildung werden die sozialen Kompetenzen der Mitarbeiter wie in herkömmlichen Personalentwicklungsmaßnahmen ausgebildet. Dies geschieht aber sehr viel fokussierter und integrierter mit deutlichem Bezug zum Unternehmensengagement und zur fachlichen Expertise der Mitarbeiter. Diese werden zu wahren „Volunteers", die neben der tätigen Hilfe eine weitere wichtige Aufgabe der Freiwilligenarbeit übernehmen: die Botschaft der NPO weiter zu tragen.

Fazit

Dies ist ein Plädoyer für einen stärker partnerschaftlich orientierten Ansatz im Corporate Volunteering. Es muss darum gehen, die Ressourcen auf beiden Seiten optimal zu nutzen und die Effekte messbar zu erhöhen. Die Bedürfnisse der NPOs müssen weit stärker als bisher Eingang in die Planungen der Unternehmen finden. Für die Unternehmen wäre der Gewinn größer als bisher, weil ihre Mitarbeiter nicht nur mit ihren sozialen, sondern auch mit ihren beruflichen Kompetenzen gefragt wären und ihr Einsatz damit viel stärker in das Unternehmensengagement integriert würde. Nicht zuletzt würde in einer partnerschaftlichen Zusammenarbeit der wirkliche gesellschaftliche Bedarf erfolgreicher adressiert werden.[13]

---

12 http://www.ikea.com/softtoysaid/?cc=de&lc=de (Zugriff am 10.01.2010).
13 Vgl. die Ausführungen des CCCD (Centrum für Corporate Citizenship Deutschland) zu den Erfolgskriterien von Partnerschaften, http://www.cccdeutschland.org/staticsite/staticsite.php?menuid=89&topmenu=3 (Zugriff am 10.01.2010).

Es ist davon auszugehen, dass bei einem partnerschaftlich angelegten Volunteering beide Partner mit ihrer Zusammenarbeit zufriedener wären. In jedem Falle wären sie erfolgreicher, weil sie durch die Bündelung ihrer Kompetenzen das gemeinsame Ziel schneller erreichen: die Lebensbedingungen für benachteiligte Menschen zu verbessern.

Literatur

Bartsch, Gabriele (2008): Corporate Volunteering – ein Blickwechsel mit Folgen. In: Backhaus-Maul, Holger/Biedermann, Christiane/Nährlich, Stefan/Polterauer, Judith (Hrsg.): Corporate Citizenship in Deutschland. Bilanz und Perspektiven, Wiesbaden: VS Verlag für Sozialwissenschaften, S. 323–334.

Carroll, Archie B. (1979): A three-dimensional conceptual model of corporate social performance. In: Academy of Management Review, No. 4, S. 497–506.

Frantz, Christiane, Martens, Kerstin (2006): Nichtregierungsorganisationen (NGOs). Wiesbaden: VS Verlag für Sozialwissenschaften.

Herzig, Christian (2004): Corporate Volunteering in Germany. Survey and Empirical Evidence. Lüneburg: Leuphana Universität Lüneburg. Lehrstuhl für Umweltmanagement.

Kamlage, Jan-Hendrik, Winkler, Niels (2009): Corporate Volunteering: Eine empirische Bestandsaufnahme von Mitarbeiter-Tageseinsätzen am Beispiel des Bremer Day of Caring. Universität Bremen: Arbeitsbereich Wahl-, Parteien- und Partizipationsforschung.

Pinter, Anja (2006): Corporate Volunteering in der Personalarbeit: ein strategischer Ansatz zur Kombination von Unternehmensinteresse und Gemeinwohl? Leuphana Universität Lüneburg: Lehrstuhl für Nachhaltigkeitsmanagement. Download unter http://www.uni-lueneburg.de/umanagement/csm/index.php?area=nama&go=2_NachhaltigkeitsManagement/020_publikationen/ (Zugriff am 10.01.2010).

Schwalbach, Joachim/Schwerk, Anja/Fischer, Sabine/Taubken, Norbert (Hrsg.) (2008): Corporate Volunteering als Recruiting-Maßnahme für Spitzenkräfte in Deutschland. Eine Studie aus Sicht deutscher Großunternehmen. Gemeinschaftsprojekt des Instituts für Management der Humboldt-Universität zu Berlin und Scholz & Friends Reputation in Zusammenarbeit mit der Financial Times Deutschland. Download unter http://www.s-f.com/Portals/9/studien/080107_CV-Studie_sf-hu-ftd.pdf (Zugriff am 10.1.2010).

UPJ e.V. (2009): Lokaler Aktionstag für Unternehmen und Gemeinnützige. Eine praxisorientierte Schritt-für-Schritt-Anleitung. Berlin. Download unter http://www.upj.de/fileadmin/user_upload/MAIN-dateien/Publikationen/upj_leitfaden_lokaler_aktionstag2009.pdf (Zugriff am 10.1.2010).

Zimmer, Annette/Priller, Eckhard (2004): Gemeinnützige Organisationen im gesellschaftlichen Wandel. Ergebnisse der Dritte-Sektor-Forschung. Wiesbaden: VS Verlag für Sozialwissenschaften.

III. Fokus – Identität und Positionierung

Advocate, Stakeholder, Fundraiser – Partnerschaften zwischen NGOs und Unternehmen im Spannungsfeld zwischen entwicklungspolitischen Forderungen und Fundraising

Thomas Marschall

Sichtbare Partnerschaften sind angreifbar

„Nachdem der Vorwurf laut wurde, Ikea verdiene an Kinderarbeit, suchte man die Partnerschaft mit Unicef und Save the Children. Dabei geht es freilich nicht um ein philantropisches Engagement, sondern um die Sicherung der Geschäfte. Keine der genannten Organisationen führt Produktionskontrollen durch oder inspiziert die Zulieferbetriebe."[1]

So schreibt die Edition Le Monde diplomatique in ihrer Ausgabe „Die Globalisierungsmacher" und diskreditiert damit pauschal das Unternehmen und die NGO. Schaut man genauer hin, ist zu erfahren, dass die genannten Partner in einem kritischen Dialog stehen und Bemerkenswertes in gemeinsamen Projekten bewirken.[2] Aber die Namen stehen nur stellvertretend für andere Partnerschaften. Wenn NGOs mit Unternehmen kooperieren, wird die Zusammenarbeit sehr kritisch hinterfragt und auf ihre Glaubwürdigkeit hin überprüft.[3] Und es schließt sich eine zentrale Frage an: Welchem Anspruch müssen NGOs genügen?

Das Beispiel zeigt: Partner, die ihr gemeinsames Handeln öffentlich machen, werden kritischer hinterfragt als andere Akteure, die nicht durch gemeinsames Handeln versuchen, Verbesserungen und Veränderungen zu betreiben. Auch Chiquita und die Rainforest Alliance[4] mussten das erfahren. Sie verbesserten die Arbeits- und Umweltbedingungen auf den konzerneigenen Plantagen nachhaltig. So wurden nach den Vorgaben der Rainforest Alliance der Arbeitsschutz gestärkt, die Arbeitnehmerrechte verbessert und Umweltbelange im Anbau wesentlich berücksichtigt. Die entsprechende Entwicklung auf den

---

1 Vgl. Bailly/Olivier/Lambert (2007: S. 20).
2 In einem mehrjährigen Prozess hat Ikea strenge Kontrollverfahren für seine Lieferkette entwickelt, die weit über die Verfahren anderer Unternehmen hinausgehen und u. a. Kinderarbeit minimieren bzw. ausschließen sollen. Gleichzeitig unterstützt das Unternehmen Projekte von Save the Children gegen Kinderarbeit in Asien. Vgl. dazu den Beitrag in diesem Band.
3 Gemeint sind in diesem Artikel vorwiegend NGOs, die im Rahmen der Entwicklungszusammenarbeit aktiv sind, wenngleich die Herausforderungen bezüglich Partnerschaften mit Unternehmen auch für andere NGOs gelten.
4 Vgl. Palazzo (2006), Heuer (2006) und Klawitter (2006).

Plantagen der Vertragslieferanten sollte in einem nächsten Schritt folgen. In diesem Zwischenstadium allerdings wurde herbe Kritik an beiden Partnern laut, weil die Vertragslieferanten noch nicht dem gleichen Veränderungsprozeß unterworfen und zertifiziert waren, die Veränderungen der eigenen Plantagen aber bereits Gegenstand journalistischer Berichterstattung waren. Die Lehre daraus: Wer sich sichtbar macht, muss mit kritischen Fragen zur Glaubwürdigkeit der Partnerschaft rechnen und entsprechend transparent kommunizieren.

Partnerschaften dieser Ausprägung sind langfristig vereinbart und im Kern an der Verbesserung von gesellschaftlichen Problemen oder Missständen in Unternehmen orientiert. Sie sind zugegeben (noch) nicht alltäglich. Sie illustrieren dennoch das Spannungsfeld, in dem sich Non-Profit-Organisationen und NGOs bewegen, wenn sie mit Unternehmen zusammenarbeiten. Das gilt für philantropische Kooperationen genauso wie für Stakeholder-Dialoge oder Maßahmen, die das Unternehmen direkt in seinen Geschäftsprozessen betreffen.

Advocacy oder Fundraising? NGOs im Rollenkonflikt

Die Kritik unterstellt den Organisationen ein gewisses Maß an Naivität und Harmlosigkeit oder wahlweise eine Einstellung, die man mit „Der gute Zweck heiligt die Orientierung auf Einnahmen aus Spenden und Sponsoring" bezeichnen kann. Nicht besser wird dieses Bild von NGOs durch die Fokussierung vieler Unternehmen auf Volunteering-Aktionen, deren größte Wirkung die Zufriedenheit der eigenen Mitarbeiter ist, die mit dem Zweck und Ziel der NGO aber nur noch am Rande zu tun haben. Und zu viele gemeinnützige Organisationen sagen dabei nicht Nein, auch aus Sorge, das Unternehmen als Partner zu verlieren.

Beginnen wir mit der wichtigsten Frage: Mit welchem Ziel kooperieren NGOs, insbesondere solche mit entwicklungspolitischen Zielen und Projekten, mit Unternehmen? Welche Anforderungen stellen sie dabei an sich selbst und an den Partner?

Fragen nach Wirksamkeit und Glaubwürdigkeit von Partnerschaften zielen ins Herz der Organisationen. Sie berühren ihre Identität, ihren Auftrag, ihre Legitimation und abgeleitet davon auch ihre Strategie und die Umsetzung von (Hilfs-) Projekten. Kann und darf eine NGO mit einem Unternehmen eine vor allem geldorientierte Kooperation eingehen, ohne zu hinterfragen, ob das wirtschaftliche Handeln dieses Unternehmens (in Teilen) ursächlich für die Not und Missstände ist, die mit Leistungen der Organisation (und Spendengeld) behoben oder gelindert werden? Darf eine Hilfsorganisation, die sich der

Bekämpfung des Hungers verschrieben hat, eine Partnerschaft mit einem Unternehmen eingehen, das hoch subventionierte Früchte oder Hühner zu Billigpreisen in den Senegal absetzt – mit der Folge, dass die dortige Landwirtschaft stirbt und damit die Fähigkeit der Senegalesen, sich aus eigener Kraft zu ernähren?

Diese Fragen zeigen das Spannungsfeld innerhalb der NGO auf. Die NGO trägt als Helfer und Unterstützer zur Lösung von Problemen bei. Dabei erbringt sie Leistungen für Menschen in Not, für Umweltbelange und für soziale und kulturelle Entwicklungen – entweder als direkter Helfer oder in der Funktion als Anwalt, der öffentlich auftritt. Um diese Leistungen zu erbringen, braucht die NGO finanzielle Mittel. Möglich sind Spenden, Förderbeziehungen oder Partnerschaften mit Unternehmen.

Gerade bei Förderbeziehungen und Partnerschaften mit Unternehmen muss eine NGO mehrere Rollen in Einklang bringen. Vereinfacht dargestellt will ich hier drei Rollen vorschlagen:

(1) *Advocate* – die NGO als direkter Helfer oder öffentliche Stimme für eine Gruppe von Menschen oder eine Sache, um dem Anliegen wirksam Gehör zu verschaffen,
(2) *Stakeholder* – die NGO als ein bedeutender Akteur des gesellschaftlichen und wirtschaftlichen Lebens, und damit als ein wesentlicher Stakeholder, der Ideen und Ansprüche im Diskurs vertritt,
(3) *Fundraiser* – die NGO als Werber für die eigene Sache, mit dem Ziel, die für die eigene Arbeit notwendigen finanziellen Mittel zu erlangen.

Diese Rollen können widersprüchliche Handlungen erfordern oder jedenfalls befördern. Die Zusammenarbeit mit einem Unternehmen kann für einen Fundraiser aus finanzieller Sicht interessant sein, gleichzeitig können geschäftliche Aktivitäten des Unternehmens in völligem Widerspruch zur Haltung der Organisation stehen oder gar mitursächlich für die Probleme sein, die die NGO bekämpft. Ebenso unglaubwürdig ist es, wenn ein Unternehmen eine Organisation nur mit dem Ziel einer gut gemachten Image-Kampagne unterstützt. Das Sponsoring der Unternehmen folgt vielfach allein der Losung „Gutes Geld gegen guten Ruf".

Glaubwürdige und wirksame Partnerschaften gehen weiter, sie binden beide Partner eng ein und haben eine klare Zielvorstellung: ein zentrales Problem oder einen Missstand zu lösen. Durch ein konsistentes Ausrichten des Handelns an dieser Zielvorstellung wird die Zusammenarbeit glaubwürdig und stärkt damit auch die Reputation beider Partner.

Wenn eine Organisation den Dialog mit Unternehmen ernsthaft betreibt, ist es deshalb durchaus angebracht, sich derart strategisch zu reflektieren. Von der Firmenspende bis zur gemeinsamen Entwicklung von Projekten, die gesellschaftliche Probleme lösen helfen: Jede Zusammenarbeit wird die NGO ein Stück prägen, die Wirksamkeit ihrer Projekte beeinflussen, in jedem Fall aber ihre Glaubwürdigkeit stärken – oder schwächen (vgl. Beck 2007).

Schade niemandem. Handle gut. Aktive Positionierung von Partnerschaften

Das aufgezeigte Spannungsfeld zwischen entwicklungspolitischen Forderungen und Fundraising-Aktivitäten beschreibt vordergründig einen Widerspruch innerhalb der Handlungen der Akteure. Doch genau dieser Konflikt zwischen den beschriebenen Rollen einer NGO kann eine tragfähige Basis für Partnerschaften mit Unternehmen sein – indem er zum Anlass für eine gemeinsame strategische Zielsetzung von Fundraising und Advocacy wird. Die Verantwortlichen können sich reiben und aus dem scheinbaren Konflikt einen gemeinsamen Leitfaden entwickeln für die Gestaltung von Partnerschaften. Inhaltliche Schnittstellen beider Interessen sind unter anderem die Kriterien „Langfristigkeit" und „Wirksamkeit" in der Zusammenarbeit mit Unternehmen. Das Ziel daraus können finanzielle und über Jahre planbare Einnahmen sein, im Sinne der mit dem Partner vereinbarten gemeinsamen Ziele und Projekte.

Die wichtigsten Voraussetzungen für eine Entwicklung in diesem Sinne sind ein bewusstes Positionieren der NGO und bewusste Entscheidungen für oder gegen Partnerschaften. Die aktive Positionierung kann beispielsweise auf Basis der nachfolgend dargestellten fünf Ebenen des CSR-Managements eines Unternehmens erfolgen.

NGOs im Spannungsfeld

Relevanz von DO GOOD

Philanthropie (entkoppelt)

Philanthropie (gekoppelt)

Einflusssphäre

Lieferkette

Eigene Operations

Relevanz von DO NO HARM

Abbildung 1: Ebenen des CSR-Managements und mögliche Verbindungspunkte für NGOs (vgl. Marschall 2008)

Dabei ist aus Sicht des Unternehmens vorrangig wichtig, die internen Abläufe verantwortlich zu steuern. „Do no harm – Schade niemandem" ist umso relevanter, je mehr es um unternehmenseigene Prozesse geht. Das „Do Good" ist die Kür und von Bedeutung, wenn es um philantropisches Engagement geht. NGOs und Unternehmen sollten sich bei ihren Partnerschaften bewusst entscheiden, auf welcher dieser Ebenen sie gemeinsam ein Projekt umsetzen wollen. Die Ebenen beschreiben dabei die Möglichkeiten aktiven Handelns von der „entkoppelten Philantropie", also einer Spende eines Unternehmens für einen Zweck, der in keiner Weise eine inhaltliche Verbindung zum Unternehmen hat, bis hin zur Ebene der „Eigenen Operations", also dem (gemeinsamen) Arbeiten am Herz und den Kernprozessen eines Unternehmens (vgl. Marschall 2008).

Ein deutscher Werkzeughersteller unterstützt beispielsweise ein Ausbildungszentrum für technische Berufe im südlichen Afrika mit finanziellen

Mitteln und bedarfsorientierter Werkstattausrüstung. Dieses Engagement ist thematisch verbunden („gekoppelte Philantropie"), die Partnerschaft spielt aber für das Kerngeschäft des Unternehmens keine Rolle. Die Wirkung des Ausbildungszentrums ist messbar und wurde durch die Unterstützung beachtlich weiterentwickelt. Die Qualität der Ausbildung wurde verbessert und die Zahl der Ausgebildeten konnte erhöht werden. Die NGO trug dabei die Verantwortung für Aufbau und Betrieb der Einrichtung und die Betreuung der Jugendlichen. Die Partnerschaft fand auf der Ebene der „angekoppelten", also thematisch verknüpften Philantropie statt.

Ein große deutsche Textilmarke ging einen Schritt weiter und finanzierte Projekte, die an der Ursache von Kinderarbeit ansetzten: Familien werden unterstützt und beim Aufbau und der Entwicklung einer eigenen tragfähigen wirtschaftlichen Existenz und stabiler Familienverhältnisse begleitet. So wurden sie über jeweils rund drei Jahre hinweg in die Lage versetzt, genügend Einkommen aus der Arbeit der Eltern zu erzielen, sodass die Kinder nicht mehr zum Familieneinkommen beitragen müssen. Gleichzeitig wurden die Kinder, die aufgrund von familiären Krisen nicht mehr bei den eigenen Eltern bleiben konnten, in einer familienähnlichen dörflichen Gemeinschaft aufgefangen. Diese Maßnahmen finden unmittelbar in der Einflussphäre des Kerngeschäfts des Unternehmens statt. Das Unternehmen ließ nicht nur seine dortigen Zulieferer nach Maßstäben der Social Accountability[5] zertifizieren, um Kinderarbeit zu vermeiden, sondern arbeitete mit einer NGO auch an der Bekämpfung einer der Ursachen – der Not der Familien, alle verfügbare Zeit der Kinder für bezahlte Arbeit statt für die Schule und für das Spielen zu nutzen.

Schließlich illustriert auch das Beispiel eines deutschen Lebensmittel-Handelsriesen eine der Ebenen des Handlungsmodells. Das Unternehmen nutzte die umweltbezogene Fachkompetenz und die sozialen Bildungsprojekte von zwei NGOs, um bei Gemüse und Obst den Anbau sowohl umweltgerecht zu gestalten als auch die sozialen Mißstände auf den Farmen der Zulieferer zu verringern. Diese Partnerschaft setzte direkt in der Lieferkette an.

Das bedeutet in der Konsequenz vor allem: weder (pure) philantropische Angebote einer NGO noch solche Projekte, die tatsächlich die Lieferkette des Unternehmenspartners einbeziehen, sind per se besser oder schlechter. Was notwendig ist, ist eine aktive Entscheidung für einen strategischen Schwerpunkt innerhalb der genannten Ebenen des CSR-Managements. Sie führt zur

---

5 Neben einer vergleichsweise allgemeinen Verwendung dieses Begriffs für „faire Arbeitsbedingungen" gibt es auch internationale Standards, beispielsweise den „SA 8000". Wesentlicher Anbieter dieser Zertifikate ist die Social Accountability International (SAI), vgl. hierzu www.sa-intl.org.

Auseinandersetzung mit der Frage, wie Partnerschaften mit dem eigenen Auftrag in Zusammenhang stehen.
Der Maßstab ist die eigene Glaubwürdigkeit. Die NGO hat die Verantwortung, den möglichen Reputationstransfer auf den Unternehmenspartner, das „Siegel für verantwortliches Handeln" nur dann zu vergeben, wenn die Aussagen, das partnerschaftliche Handeln und vor allem die Wirkung der gemeinsamen Anstrengung „relevant und wahr" sind.

Win-win, Gegenleistung, Wirkung? Glaubwürdige Ziele von Partnerschaften

Partnerschaften, die die Spannung zwischen den entwicklungspolitischen Forderungen der NGO und den notwendigen Verbesserungen in einem Unternehmen akzeptieren, thematisieren und daraus Projekte entwickeln, haben große Chancen, drei wesentliche Ziele zu erreichen:

(1) einen gemeinsamen Beitrag zur Lösung eines zentralen gesellschaftlichen Problems zu leisten (und damit auch die finanzielle Förderung durch das Unternehmen nachhaltig einzusetzen),
(2) durch den gemeinsamen Prozess im Unternehmen tatsächliche Veränderungen hin zu nachhaltigem und ethischem Wirtschaften zu befördern
(3) und die eigene Glaubwürdigkeit und auch die des Partners „wahrhaftig" und wirksam zu steigern.

Aus Sicht des Fundraising kommt hinzu: Partnerschaften, die sich an diesen Zielen orientieren, haben ein hohes Potenzial, längere verbindliche Vereinbarungen zu schaffen und höhere Förderbeiträge zu erlösen.[6]

NGOs und Unternehmen, die sich in dieser Form bewusst als Partner zusammenfinden, sind nicht von der so oft zitierten Win-win-Situation getrieben, zumindest nicht von dem bisherigen Verständnis „Gutes Geld gegen guten Ruf". Dennoch kann man weiter von Win-win sprechen.

Das wichtigste „Win" wird sein, mit vereinten Kräften eine größere gesellschaftliche Wirkung erzielen zu können. Die NGO wird den Sachverstand und die Umsetzungskompetenz mitbringen, das Unternehmen die finanziellen Mittel

---

6 Ein Beispiel dafür sind die Erfahrungen des Autors als Verantwortlicher für das Thema bei den SOS-Kinderdörfern weltweit. Die Entwicklung dieser NGO entlang dieser Ziele führte innerhalb von vier Jahren (2004 bis 2008) zu sehr relevanten Steigerungen von Förderbeiträgen und Vertragslaufzeiten.

und die konstruktive Kritik, die ein wichtiges Feedback für die Arbeit entwicklungspolitischer Organisation ist (vgl. Beck 2007). Wenn das geschafft ist, kann das zweite „Win" wahr werden: die Steigerung der Reputation beider Partner. Es ist nichts dagegen einzuwenden, wenn mit den Partnerschaften auch eine positive öffentliche Wirkung verbunden ist, solange ein bedeutsamer Beitrag geleistet wird und die Lautstärke der PR im Verhältnis zur tatsächlichen Wirkung der Partnerschaft steht.

Inhalte und Effekte in einer Partnerschaft

Wer aber prüft kritisch, wann ein Beitrag tatsächlich von Bedeutung ist und welche Lautstärke angemessen ist? Dies ist aktuell vor allem die Aufgabe der NGOs. Aufgrund der oben genannten Rollen tragen sie die Verantwortung dafür, dass das Siegel „Wir handeln verantwortlich" wirksame Aktivitäten widerspiegelt. Unabdingbares Kernelement dafür ist ein gemeinsames Projekt, das eine (entwicklungspolitische) Problematik wirksam löst oder wesentlich dazu beiträgt. Die glaubwürdige Dimension des Beitrags (und auch der finanziellen Förderung) hängt natürlich vor allem davon ab, was man erreichen will und was man (bei kommunikativen Maßnahmen) öffentlich verspricht. Sie hängt aber auch von der Leistungsfähigkeit der Partner ab. Kleinere Projekte sind sicher auch wirksam, nur können diese dann nicht Grundlage „lautstarker" Kommunikation von zwei großen Partnern sein.

Die Glaubwürdigkeit hängt neben dem Kernprojekt auch von weiteren Inhalten, Wirkungen und Formen der Zusammenarbeit ab. Eine Möglichkeit, Partnerschaften bewusst zu gestalten kann sein, Schwerpunkte bei Inhalt, Wirkung und Form zu setzen und daraus dann Partnerschaftsleitlinien für die eigene Organisation zu entwickeln.

Beispielsweise können NGOs und Unternehmen in einen *Leistungsaustausch* treten, der das finanzielle Kernengagement des Unternehmens ergänzt, und weitere Inhalte vereinbaren. Der Leistungsaustausch kann eine Partnerschaft lebendig gestalten, die Beziehung vertiefen und ist für die NGO eine Möglichkeit, Mitarbeiter und Kunden für die eigenen Themen zu sensibilisieren. Der Leistungsaustausch tritt an die Stelle der oft so benannten „Gegenleistung" der NGO, die vor allem werblicher Art ist (beispielsweise beim Sponsoring im Sinne des Steuerrechts) und einseitig (eine Gegenleistung für eine erhaltene finanzielle Leistung des Unternehmens). Die Weiterentwicklung weg von der Gegenleistung und hin zu Leistungen und Leistungsaustausch kann zu einem partnerschaftlichen Verhältnis „auf Augenhöhe" führen, stärkt die Wahrnehmung der tatsächlichen Leistungen der NGO (worunter auch das

Liefern von Information und Reports zu den gemeinsamen Projekten zu verstehen ist) und eröffnet Möglichkeiten, sich inhaltlich zu verbinden (als Angebote für NGOs bieten sich hier beispielsweise Mentoren- und Traineeprogramme an).

Als angestrebte Wirkung können die beiden Partner füreinander *Innovationstreiber* sein: Schon allein das Aufeinander-Einlassen wird dazu führen, dass jeder Akteur seine Arbeit und Projekte reflektiert, um den Partner dafür begeistern zu können. So kann eine Partnerschaft Grundlagen und Rahmenbedinungen schaffen für Innovationen, vor allem aber Auslöser sein, gemeinsam erfolgreiche Lösungen (weiter-) zu entwickeln. Wenn beide Partner offen miteinander umgehen und gemeinsam ein gesellschaftliches Problem bearbeiten wollen, wird eine Nähe notwendig sein, die über das bisher gekannte Maß hinausgeht. Das bedeutet auch, dass die NGO selbstbewusst das Unternehmen bis hin zur Projektentwicklung mitreden lassen muss, jedoch ohne die eigene Kompetenz infrage zu stellen und ohne sich „vom Geldgeber" Maßnahmen vorschreiben zu lassen. Der konstruktive Diskurs kann Programme und Projekte qualitativ weiterentwickeln – was übrigens auch schon geschehen kann, wenn man allein Partner für seine Programme und Projekte begeistern muss und enstsprechend dabei die eigenen Projekte neu reflektiert. Dabei können oder müssen die NGO-Bereiche „Programm" und „Fundraising" eng zusammenarbeiten, was auch eine gute Grundage für mögliche Innovationen sein kann.

Das Ergebnis kann sein: neue Wege und Maßnahmen, die in den Projekten die Wirksamkeit erhöhen. Einer dieser neuen Wege ist beispielsweise die Etablierung eines Social Business. Das Versandhaus Otto und die Grameen Bank haben das im Herbst 2009 getan und eine Textilfabrik gegründet, die anerkannte Sozial- und Umweltstandards einhält. Die Gewinne werden in gesamter Höhe reinvestiert und über eine Stiftung zur Verbesserung der Lebensumstände der Angestellten, ihrer Familien und der geförderten Gemeinden eingesetzt.

Als eine spezifische Form können Partnerschaften eine Basis sein, um im lokalen Kontext Lösungen nah am Bedarf und mit *lokalen Unternehmenspartnern* zu entwickeln. Dieser Ansatz ist an dieser Stelle von Bedeutung, weil er die besonderen Chancen der Zusammenarbeit mit Unternehmen verdeutlicht, inbesondere auch im Hinblick auf die Weiterentwicklung der Arbeit von NGOs im Bereich der Entwicklungszusammenarbeit (im Sinne der besseren und auch kleinteiligeren Identifizierung von tatsächlichem Hilfebedarf). Das Einbinden kleiner und mittelständischer Unternehmen in den betroffenen Regionen als Partner ist nicht nur eine Möglichkeit, Projekte mit Finanzen und Kompetenzen zu fördern, auch die Entwicklung von wirtschaftlicher Eigenständigkeit wird damit gestärkt. Darüber hinaus können NGOs auch mit den großen Spielern lokal aktiv werden, denn sie sind vielfach mit kleinen und lokal integrierten Niederlassungen präsent. In beiden Fällen kann man als NGO in einer Partnerschaft zweierlei erreichen: zum einen eine manchmal auch kleinteilige, lösungsorientierte Suche nach der richtigen Unterstützungsform in den Regionen, zum anderen wird durch die Einbindung lokaler Akteure die lokale wirtschaftliche Entwicklung gefördert (vgl. Steets 2005).

Dem liegt der Gedanke des lokalen Suchens zugrunde. Er findet sich unter anderem bei William Easterly 2006 in seinem Buch „The White Man's Burden". Seine Kritik an der klassischen Entwicklungszusammenarbeit (so kontrovers sie in Teilen sein mag), kann auch ein neues Licht auf Unternehmenpartnerschaften werfen. Der Blick auf entwicklungspolitische Masterpläne der Vergangenheit habe gezeigt, dass diese oft nicht die gewünschten Lösungen gebracht haben, so Easterly. Auch wenn es wie eine einfache Rechnung erscheint, dass mit einem Moskitonetz für nur vier Dollar ein Kind vor Malaria bewahrt werden kann – die in den letzten vier Jahrzehnten für Entwickungshilfe ausgegebenen Mittel – rund 2,3 Billionen Dollar – haben die Probleme nicht geringer werden lassen. Easterly stellt den Sinn von (allwissenden) Masterplänen in Frage. Er plädiert stattdessen dafür, dass der wirkliche Bedarf immer wieder neu und konkret vor Ort identifiziert wird und die Hilfen dem angepaßt werden. Er spricht dabei von „Searchern" und „Agents", die nah am Bedarf arbeiten – anstelle der bisherigen Kultur der „Planner", die große Mengen Geld in 5-Jahres-Plänen logistisch verteilen wollen. Sein Fazit: Mein Plan ist, dass ich keinen Plan habe und ständig suchen muss (vgl. Easterly 2006, Seitz 2009).

Für Unternehmenspartnerschaften kann das bedeuten: Unternehmen können helfen, auch kleinteilige Lösungen in der Entwicklungspolitik anzubieten. Dabei geht es auch um das „Bottom-of-the-Pyramid"-Prinzip – relevante Hilfe und Lösungen für kleinste und damit für die Bevölkerung leistbare Preise anzubieten.

Die Firma Osram ist hier einer der Pioniere. Sie stellte in Kooperation mit Gemeinden in Kenia im „Off Grid" benannten Projekt einen "Energy Hub" zur Verfügung, einen Lichtträger zum Laden kleiner langlebiger elektrischer Lichter. Mithilfe dieses Lichtträgers brauchen die Menschen keine gesundheitsgefährdenden Petroleumlampen mehr in ihren Hütten – und das elektrische Licht und das Aufladen kosten weniger als bisher das Petroleum.

Das Beispiel kann Unternehmen und NGOs ermutigen, die Wirksamkeit solcher Maßnahmen als gemeinsame Projektform zu prüfen. Die Leistungsfähigkeit von NGOs in der lokalen Projektarbeit verbindet sich mit der technischen und ökonomischen Innovationsfähigkeit von Unternehmen.

Mehr Partnerschaft, weniger Sponsoring: Gemeinsam verändern!

Sicherlich sind nicht alle gemachten Ausführungen selbstverständlich und schnell umsetzbar. Zu sehr sind noch auf beiden Seiten bestehende Muster verankert. So werden Instrumente unreflektiert verwendet, die sich nicht immer als beste Lösung erwiesen haben wie z. B. das Sponsoring. Ursprünglich meint der Begriff den Einsatz finanzieller Mittel eines Unternehmens zur Unterstützung beispielsweise einer Veranstaltung gegen eine klar benannte Werbeleistung vonseiten der NGO. In Bezug auf NGOs der Entwicklungszusammenarbeit ist dieser Ansatz begrenzt sinnvoll. Dennoch findet er vielfach Verwendung. Die Folge: Das Unternehmen erwartet zuallererst werbliche statt inhaltlicher Leistungen. Die NGO reagiert dienstbeflissen und bietet dieses an. Dazu gesellt sich bei NGOs auch die Sorge der zu großen Nähe, die eine „Bitte-nicht-zu-nah-ans-Projekt"-Haltung gegenüber Unternehmen auslöst.

Begriffe wie der der „Partnerschaft" können zu einem stärker inhaltlich geprägten Verständnis beitragen. Generell können NGOs ihre tatsächlichen Ziele von Unternehmenspartnerschaften deutlicher reflektieren: Warum wollen sie Unternehmen als Partner? Brauchen sie nur das Geld oder lassen sich die genannten Ziele damit verbinden? In welchem Verhältnis stehen Aufwand und Nutzen zueinander, beispielsweise beim tatsächlichen „Sponsoring" von Events oder Publikationen? Wenn sich aus diesen und weiteren Fragen eine klare Haltung entwickelt und eine bessere Integration der Partnerschaften mit den Programmabteilungen der NGOs, können die Formen der Zusammenarbeit hilfreich und sehr wirksam sein.

In der Unternehmens-Welt ist noch vielfach kurzfristig und verkaufsorientiertes Marketing treibendes Ziel einer Zusammenarbeit mit einer NGO. Wirkung und Relevanz werden daran gemessen, Involvierung und Leistungsaustausch sind nur insofern gefragt, als prominente NGO-Botschafter die Kampagne im Sinne eines großen PR-Effekts bereichern sollen. Die tatsächliche Wirkung des finanzierten Projekts steht erst an nachrangiger Stelle, von einer Verhandlung auf Augenhöhe ist dabei selten die Rede.

Glaubwürdiges Engagement jedoch braucht vor allem eine klare Orientierung an den gesellschaftlichen Zielen der Zusammenarbeit. CSR ist nicht eine nur nach außen gerichtete Maßnahme, sondern gewinnt dann an Wert, wenn es in enger Verbindung mit einer nachvollziehbaren Übernahme von Verantwortung für alle Bereiche des Unternehmens steht. Das „Wie verdienen wir unser Geld" muss sich daran orientieren und Kooperationen mit NGOs können dabei mithelfen.

So ist auf beiden Seiten eines hilfreich: die Zusammenarbeit nicht in abgetrennten Bereichen wie „Fundraising" (in einer NGO) und „Corporate Citizenship" (im Unternehmen) zu isolieren, sondern in den Gesamtkontext des Unternehmens und der NGO zu integrieren. Das gilt zumindest für die Kooperationen, denen nicht eine schnelle und einmalige Geldspende zugrunde liegt, sondern eine engere Form der Zusammenarbeit.

Es gibt auf beiden Seiten gute Beispiele für eine gelungene und wirksame Zusammenarbeit. Mehr Partnerschaft, weniger Marketing, das könnte eine Grundlage für Partnerschaften sein, die eines wirklich wollen: Gemeinsam etwas zu verändern und gemeinsam Glaubwürdigkeit zu gewinnen!

Literatur

Bailly, Olivier/Caudron, Jean Marc/Lambert, Denis (2007): Alle lieben Billy. In: Die Globalisierungsmacher, Edition Le Monde diplomatique, Nr. 2/2007, S.16–21. Berlin/Paris: Le Monde diplomatique.
Beck, Ulrich (2007): Was ist Globalisierung? Frankfurt am Main: Suhrkamp.
Easterly, William (2006): The White Man's Burden. Oxford/New York: Oxford University Press.
Heuer, Steffan (2006): Ein bisschen bio und gar nicht böse. In: Brand Eins 01/2006, S. 18–28. Hamburg: brand eins Verlag.
Klawitter, Nils (2006): Meister der Verdrehung. In: Der Spiegel, 31/2006, S. 72. Hamburg: Spiegel Verlag.
Marschall, Thomas (2008): Gemeinsam verändern. In: Glocalist Magazine, Oktober 2008, S. 22–23. Wien, Berlin: Glocalist Medien.
Palazzo, Guido (2006): Leserbrief. In: Brand Eins 09/2006, S. 158f. Hamburg: brand eins Verlag.
Seitz, Volker (2009): Afrika wird armregiert oder Wie man Afrika wirklich helfen kann. München: dtv, 3. Auflage.
Steets, Julia (2005): Waltz, Jazz, or Samba? The Contribution of Locally-Driven Partnerships to Sustainable Development. Discussion Paper presented at SEED Partnerships for Sustainable Development Workshop, 14. April 2005.

Ideologische Diskussion und pragmatische „Lösung" – *Corporate Fundraising* bei Ärzte ohne Grenzen e. V.

Thomas Kurmann

Nicht lange ist es her, da standen der Wirtschaftssektor und Ärzte ohne Grenzen in einem Verhältnis wie „der Teufel zum Weihwasser". Eine Annäherung schien schwierig, eine enge Zusammenarbeit lange Zeit gar ausgeschlossen. Der Weg hin zur Wahrnehmung des Wirtschaftssektors als Chance war für Ärzte ohne Grenzen lang und beschwerlich, aber lohnenswert. Er führte – überspitzt formuliert – von einer überwiegend destruktiv-ideologischen Grundhaltung hin zu einer konstruktiven und pragmatischen Auseinandersetzung mit konkreten Dilemmata und entsprechenden Lösungsansätzen. Voraussetzung für diesen positiven Veränderungsprozess waren langwierige Diskussionen, die ebenso kontrovers wie fruchtbar waren, und die daraus resultierende Enttabuisierung des Themas „Unternehmenskooperationen". Die offene und durchaus selbstkritische Auseinandersetzung mit diesem Thema spiegelt dabei eine Grundhaltung bei Ärzte ohne Grenzen, eigene Positionen immer wieder zu hinterfragen, gegebenenfalls zu ändern und dadurch einen kontinuierlichen Lernprozess zu leben.

Hintergrund

Ärzte ohne Grenzen[1] wurde 1971 von Ärzten und Journalisten in Paris gegründet und ist heute weltweit die größte unabhängige humanitäre Nothilfsorganisation mit medizinischem Schwerpunkt. Rund 25.000 lokale und internationale Mitarbeiter helfen Menschen in Not und Opfern von Naturkatastrophen oder kriegerischen Auseinandersetzungen in mehr als 60 Ländern. Ärzte ohne Grenzen ist überwiegend in Afrika tätig. Dort sind die Bedürfnisse für medizinische Hilfe und Notfallversorgung entsprechend den Kompetenzen und Handlungsprinzipien der Organisation am größten. Ärzte ohne Grenzen erhält Gesundheitssysteme und gewährleistet die Weiterbildung lokaler Mitarbeiter. Die Hilfsprojekte sind dabei unterschiedlicher Natur und reichen von medizinischer Versorgung in Kriegsgebieten, der Ernährungshilfe in Hungerzonen, von Mas-

---

1 Ärzte ohne Grenzen lautet im französischen Original *Médecins Sans Frontières*. Die humanitäre Arbeit von Ärzte ohne Grenzen für die Opfer von Not und Gewalt ist 1999 mit dem Friedensnobelpreis ausgezeichnet worden.

senimpfungen gegen Epidemien, der Notversorgung bei Naturkatastrophen, der medizinischen Betreuung von Flüchtlingen und Vertriebenen bis zum Aufbau der Gesundheitsversorgung.

Ärzte ohne Grenzen ist ein internationales Netzwerk von 19 nationalen Sektionen. Die jährlichen Einnahmen betragen knapp 600 Millionen Euro. Mehr als 80 Prozent der finanziellen Mittel sind privater Herkunft. Die deutsche Sektion von Ärzte ohne Grenzen wurde 1993 gegründet. Heute sind rund 60 Mitarbeiter am Hauptsitz in Berlin beschäftigt. Das Budget beträgt 2009 42 Millionen Euro. Rund 85 Prozent davon haben ihren Ursprung in privaten Quellen.

Ärzte ohne Grenzen und der Wirtschaftssektor

Unternehmensspenden haben in der Geschichte von Ärzte ohne Grenzen lange Zeit eine geringfügige Rolle gespielt. Noch 2008 war deren Anteil mit knapp fünf Prozent der Gesamteinnahmen marginal. In Deutschland sind es gar nur drei Prozent. Im Zuge der Professionalisierung der finanziellen Mittelbeschaffung haben die Ärzte ohne Grenzen-Fundraiser schon in den neunziger Jahren bei internen Diskussionen auf das wachsende Potenzial des *Corporate Fundraising* als effizientes Fundraising-Instrument hingewiesen.

Parallel dazu vollzog sich die Wende im Bewusstsein der Unternehmer, soziale Verantwortung nicht nur als philanthropischen Akt zu begreifen. Die Geldspende als Ausdruck sozialen Handelns und Besänftigung des unternehmerischen Gewissens wurde zusehends abgelöst durch meist mittel- bis langfristige Partnerschaften mit dem Dritten Sektor und entsprachen damit dem Wunsch der Unternehmen, selber etwas bewirken zu wollen. Insbesondere marktwirtschaftliche Überlegungen standen am Ursprung der Wende hin zur sozialen Unternehmensverantwortung. Der ethische und verantwortungsvolle Umgang mit Stakeholdern eines Unternehmens wurde in jener Zeit erstmals auch als unternehmerische Chance wahrgenommen, sich gegenüber Konkurrenten einen echten Marktvorteil zu verschaffen.[2] Der Glaube an das Potenzial von Partnerschaften mit Unternehmen hat sich bei Ärzte ohne Grenzen nicht zuletzt aufgrund dieses CSR-Paradigmenwechsels in den letzten Jahren deutlich verstärkt.

Im Jahr 2000 ist ein Versuch der damaligen Fundraising-Leiter aller 19 Ärzte ohne Grenzen-Sektionen fehlgeschlagen, einen weltweit einheitlichen *Corpo-*

---

2 Palazzi, M./Starcher, G. (1997/2006): Corporate social responsibility and business success. In: The European Baha'i Business Forum, 1997, revised 2006. http://www.ebbf.org/fileadmin/pdfs/publications/responsibility-success.pdf (Zugriff am 20.11.2009) oder Porter, M.E./Kramer, M.R. (2006): Strategy and Society: The Link Between Competitive Advantage and Corporate Social Responsibility. In: Harvard Business Review, December 2006, S. 78–92.

rate *Fundraising*-Kodex auf höchster Entscheidungsebene durchzusetzen, der minimale und praxisorientierte Verhaltensstandards beinhaltete. Schon damals entbrannte innerhalb von Ärzte ohne Grenzen eine heiße Debatte über Nutzen und Schaden von Firmenspenden, welche die Organisation in zwei Lager mit entsprechend gegensätzlichen Wertvorstellungen spaltete. Eine Minderheit stellte die neoliberal und marktwirtschaftlich geprägte Unternehmenswelt *in globo* als Mitverursacher für soziale Ungerechtigkeit, Marginalisierung und Armut an den Pranger und verlangte einen Ausschluss jeglicher Kooperation mit der freien Wirtschaft. Sie fand ihren Widersacher in einer Mehrheit, die im Licht des humanitären Gedankengutes eine differenzierte Betrachtungsweise forderte und dezidiert eine kontrollierte Öffnung zum Wirtschaftssektor proklamierte. Unter gewissen Bedingungen solle man ausgewählten Wirtschaftsbereichen doch ermöglichen, Gutes zu tun, hieß es, zumal man dringend auf finanzielle Mittel angewiesen sei.

Diese interne Debatte war gleichermaßen unverzichtbar und klärend für die Selbstbefreiung von den ideologischen Fesseln des prinzipiellen Ausschlusses des Wirtschaftssektors in Kooperationsfragen. Das Argument, eine humanitärmedizinische Organisation wie Ärzte ohne Grenzen habe sich erstinstanzlich um Symptome, aber nicht um deren tief greifende sozialwirtschaftliche Ursachen zu kümmern, setzte sich letztlich durch. Dies auch vor dem Hintergrund, dass die Vernetzung mit der Privatwirtschaft ohnehin schon seit Jahren fester Bestandteil der Arbeit von Ärzte ohne Grenzen ist, sei es durch Partnerschaften im kleineren Rahmen, Sachspenden[3] (z. B. Medikamente) direkt vor Ort in den Projekten, unentgeltliche Dienstleistungen von Unternehmen oder schlicht Spenden, die in einigen Sektionen – aufgrund einer fehlenden, länderübergreifenden Regelung – ungefiltert Eingang in die Bankkonti von Ärzte ohne Grenzen finden.

Auch heute wird zwar noch heftig diskutiert, doch liegt der Fokus nunmehr auf der praktischen Diskussion und Klärung konkreter, bisweilen ethischer Dilemmata. Eine der ebenso entscheidenden wie komplexen Fragestellungen für Ärzte ohne Grenzen muss sein - und ist es heute, ob und inwiefern bestimmte Industriezweige oder Firmen und deren Geschäftsgebaren mit den Grundwerten humanitärer Arbeit im Allgemeinen und mit denjenigen von Ärzte ohne Grenzen im Speziellen vereinbar sind. Grundsätzliche Fragen schließen sich an: Heiligt der Zweck manchmal die Mittel? Wie groß ist die Kompromissbereitschaft? Sind Spenden von Mitarbeitern eines Unternehmens anders zu werten, als wenn sie von offizieller Stelle kommen? Wie stellt Ärzte ohne Grenzen ihre Unabhängigkeit sicher? Damit seien nur einige Fragen erwähnt.

---

3. In den 19 Landeszentralen von Ärzte ohne Grenzen werden hingegen keine Sachspenden angenommen. Der logistische Aufwand wäre zu groß.

Wahrung der Identität: unabhängige medizinische Hilfe

Die humanitären Grundsätze von Ärzte ohne Grenzen sind in der Charta verankert: Ärzte ohne Grenzen ... *hilft Menschen in Not, Opfern von natürlich verursachten oder von Menschen geschaffenen Katastrophen sowie von bewaffneten Konflikten, ohne Diskriminierung und ungeachtet ihrer ethnischen Herkunft, religiösen oder politischen Überzeugung.*[4] Die grundlegenden humanitären Prinzipien Unabhängigkeit, Unparteilichkeit und Neutralität gehören zum Kern der weltweiten Ärzte ohne Grenzen-Identität.

Wahrung und Wahrnehmung der Identität von Ärzte ohne Grenzen sind hauptsächlich in Kriegs- und Krisengebieten von entscheidender Bedeutung und eine stete Herausforderung für die Handlungsfähigkeit der Organisation. Wird Ärzte ohne Grenzen nicht entsprechend ihrer humanitären Grundwerte (Unabhängigkeit, Neutralität, Unparteilichkeit) wahrgenommen, kann dies zu lebensbedrohlichen Situationen für unsere Mitarbeiter führen. Dies wurde unlängst durch die vorsätzliche Tötung von drei Mitarbeitern in Somalia einmal mehr auf schmerzhafte und traurige Weise bekräftigt. Speziell das Prinzip der Unabhängigkeit ist eine Art Lebensversicherung für lokale und internationale Mitarbeiter vor Ort: Dazu gehört neben der finanziellen Unabhängigkeit[5] auch, dass Ärzte ohne Grenzen die medizinische Hilfeleistung autonom, effizient und ohne Einmischung oder Druck von Regierungen, institutionellen Geldgebern, Unternehmen, anderen Hilfsorganisationen, Kriegsparteien oder der lokalen Bevölkerung organisieren kann.

Eine zentrale Aufgabe unserer Mitarbeiter in den Projekten ist es, die humanitären Prinzipien der Unabhängigkeit, Unparteilichkeit und Neutralität in unserer täglichen Arbeit nicht nur zu wahren, sondern auch bei den relevanten *Stakeholdern* in unserem direkten Arbeitsumfeld in unseren Projekten aktiv zu vermitteln. Die öffentliche Zeugenberichterstattung, sofern sie das Schicksal der medizinisch betreuten Bevölkerung verbessert, gehört ebenfalls zu den grundsätzlichen Prinzipien von Ärzte ohne Grenzen und ist Bestandteil ihres Verständnisses von humanitärer Verantwortung. Damit unterschied sich die Organisation, speziell in ihren Gründerjahren, von anderen humanitären Organisationen, nicht zuletzt vom traditionellerweise Ärzte ohne Grenzen sehr nahe stehenden Internationalen Komitee vom Roten Kreuz (IKRK).

---

4 Siehe http://www.aerzte-ohne-grenzen.de/kennenlernen/organisation/aufgaben-und-ziele/charta/index.html

5- Die finanzielle Unabhängigkeit verdankt Ärzte ohne Grenzen den mehrheitlich privaten Spenden.

Die zentralen humanitären Prinzipien bleiben nicht ohne Einfluss auf das Fundraising von Ärzte ohne Grenzen, namentlich dann, wenn es um Kooperationen mit Unternehmen geht.

Definition von Kooperationsstandards

Im Bewusstsein der Tatsache, über einen starken *Brand* im Markt zu verfügen, haben die Fundraising-Leiter aller Sektionen nach dem im Jahr 2000 gescheiterten Versuch, die Praktiken weltweit zu vereinheitlichen, 2008 nochmals konsequente und praktische Richtlinien für die Zusammenarbeit mit Firmen vorgeschlagen. Das daraus resultierende *Statement* befindet sich derzeit in einem formellen Prüfungs- und Beschlussverfahren. Es soll auf internationaler Ebene Widerspruchsfreiheit in der Zusammenarbeit mit Unternehmen, speziell *Global Players*, garantieren und mögliche Risiken für das Image minimieren. Grundsätzlich liegt die Herausforderung für Ärzte ohne Grenzen in erster Linie darin, Partner im Wirtschaftssektor zu identifizieren, die mit den humanitären Prinzipien von Ärzte ohne Grenzen zu vereinbaren sind und die Einsätze und die Sicherheit unserer Mitarbeiter in den Projektländern nicht kompromittieren.

Das Gefahrenpotenzial liegt hauptsächlich in der öffentlichen Wahrnehmung der Marke «Ärzte ohne Grenzen». Diese ist das Marketingkapital der Organisation. Ein Unternehmen, das in einen öffentlich wahrgenommenen Skandal verwickelt ist, überträgt diese negativen Werte unweigerlich auf die Organisation, mit der es in einem partnerschaftlichen Verhältnis steht. Dieser Wertetransfer hat für Ärzte ohne Grenzen im schlimmsten Fall allgemeinen Imageschaden, Verlust der Neutralität oder Unparteilichkeit und der Glaubwürdigkeit zur Folge. Zudem will Ärzte ohne Grenzen vermeiden, dass Kooperationen mit Unternehmen die Mission der Organisation, Patienten medizinisch zu versorgen, beeinträchtigen. Ärzte ohne Grenzen wird beispielsweise nicht mit multinationalen Pharmafirmen kooperieren. Partnerschaften mit diesem Industriesektor würden nämlich den wirksamen Weg versperren, mit öffentlichem Druck auf Pharmaunternehmen die Diagnose- und Medikamentenforschung voranzutreiben und den Zugang zu bezahlbaren Medikamenten sicherzustellen.[6]

---

6 Beispielsweise hat der oberste Gerichtshof Indiens am 6. August 2007 eine Klage des Pharmakonzerns Novartis abgelehnt, die den Zugang zu bezahlbaren Medikamenten in ärmeren Ländern gefährdet hätte. Weltweit hatten im Vorfeld Aktivisten – auch von Ärzte ohne Grenzen – gegen die Klage von Novartis protestiert.

Grundlegende Kriterien für die Zusammenarbeit mit Firmen

Die Rahmenbedingungen für die Zusammenarbeit mit Unternehmen lassen sich bei Ärzte ohne Grenzen auf einige wenige handlungsbestimmende Kriterien reduzieren, die im *Statement* folgendermaßen formuliert sind:

- Ärzte ohne Grenzen ist eine internationale medizinische Hilfsorganisation, deren Aktivitäten von drei humanitären Grundprinzipien gesteuert werden: Unabhängigkeit, Neutralität und Unparteilichkeit. Finanzielle Mittel von oder die Zusammenarbeit mit Unternehmen dürfen diese Prinzipien keinesfalls kompromittieren.
- Spenden von Unternehmen oder Kooperationen mit dem Wirtschaftssektor dürfen weder die Ziele unserer Projektarbeit noch die Sicherheit unserer Mitarbeiter in den Projekten beeinträchtigen. Dementsprechend wird Ärzte ohne Grenzen nicht mit Unternehmen zusammenarbeiten, deren Aktivitäten direkt oder indirekt zu kriegerischen Auseinandersetzungen und Katastrophen beitragen oder das Unternehmen als Konfliktpartei positionieren.
- Es gilt sicherzustellen, dass Name und Reputation von Ärzte ohne Grenzen weder beeinträchtigt noch geschädigt werden. Übertriebene oder unangemessene Verbindung des Unternehmens-Brands mit demjenigen von Ärzte ohne Grenzen sollte vermieden werden. Über die Verwendung des Ärzte ohne Grenzen-Logos wird von Fall zu Fall entschieden.
- Interessenskonflikte gilt es zu vermeiden. So wird sich Ärzte ohne Grenzen gegen eine Partnerschaft mit einem Unternehmen aussprechen, sofern die Möglichkeit besteht, durch gezielte Kampagnenarbeit (beispielsweise Lobbyarbeit und Advocacy) für die Menschen in Not noch größeren Nutzen zu erzielen.

Einschränkungen in der Zusammenarbeit mit Unternehmen

Ursprünglich haben sich die Fundraising-Verantwortlichen im Rahmen dieser Statement-Diskussion dazu durchgerungen, Wirtschaftszweige nach einem Ampelsystem zu definieren. Demnach würden bestimmte Industrien vollständig ausgeschlossen (Schwarze Liste) oder einer genaueren Prüfung unterzogen. Über die Ausschlüsse bestand Einhelligkeit. So kommen Unternehmen aus den Bereichen der Waffen- und der Tabakindustrie aus nachvollziehbaren Gründen für eine Partnerschaft mit einer medizinischen Hilfsorganisation, die sich um die Gesundheit von Opfern bewaffneter Konflikte kümmert, nicht in Frage. Die Diskussion über einige weitere Wirtschaftszweige war indes kontrovers und dauert auch heute noch an. Dies gilt für die Pharma-, Alkohol- und Rohstoffindustrie (speziell Öl, Diamanten und Gold). Derzeit findet sich allerdings eine deutliche Mehrheit, darunter auch die deutsche Sektion von Ärzte ohne Grenzen, die eine Zusammenarbeit mit diesen Wirtschaftszweigen als inakzeptabel befindet. Deren auf marktwirtschaftlichen Interessen basierenden Aktivitäten haben meistens eine Benachteiligung der Zielgruppen von Ärzte ohne Grenzen zur Folge oder sind mit den Werten einer medizinischen Hilfsorganisation unvereinbar.

Im Falle einer Kooperation mit einer Firma behält sich Ärzte ohne Grenzen indes stets das Recht vor, über die Nutzung der zur Verfügung gestellten finanziellen Mittel – basierend auf den Bedürfnissen und Projektprioritäten – selbst entscheiden zu können. Zudem sollen die Modalitäten der internen und externen Kommunikation von Fall zu Fall mit dem Unternehmen vereinbart werden.

Mit diesen minimalen Standards erhalten sämtliche Fundraiser von Ärzte ohne Grenzen ein Werkzeug an die Hand, um rasch und unkompliziert über die Spenden von Firmen zu entscheiden. Darüber hinaus begrenzen sie aber auch die Suche nach potentiellen Partnern in der Wirtschaft. Die Entscheidung über die Zusammenarbeit mit den verbleibenden Wirtschaftszweigen liegt letztlich im Ermessensspielraum jeder Sektion von Ärzte ohne Grenzen. In der deutschen Sektion steht die Debatte über die Verfeinerung des Kriterienkatalogs noch bevor.

Ausblick

Mit weniger als fünf Prozent repräsentieren die Unternehmensspenden derzeit (noch) einen sehr geringen Anteil im Vergleich zu den internationalen Gesamteinnahmen. Diese Einnahmen werden heute hauptsächlich durch spontane Spenden von Unternehmen und *Cause-Related-Marketing*-Maßnahmen[7] generiert. Diese derzeit limitierte Marktposition möchte Ärzte ohne Grenzen international mittel- bis langfristig ausbauen.

In den letzten Jahren sind die Anzahl der Firmenspenden und das finanzielle Volumen von Partnerschaften mit dem Zweiten Sektor massiv gestiegen. Der internationale strategische Plan von Ärzte ohne Grenzen weist für die kommenden Jahre eine massive Umsatzsteigerung im Bereich der Zuwendungen vom privatwirtschaftlichen Sektor aus. So sollen im Jahr 2011 die Unternehmensspenden international beinahe um 100 Prozent auf rund 66,6 Millionen Euro

---

7 Cause-Related-Marketing bezeichnet die prozentuale Beteiligung am Verkauf von Produkten (Bücher, Weihnachtskarten etc.).

ansteigen und damit 9,1 Prozent der geplanten Gesamteinnahmen betragen. Inwiefern die Finanzkrise diese Prognosen beinträchtigen, bleibt abzuwarten. Erste Anzeichen im Markt deuten darauf hin, dass der Unternehmenssektor wie erwartet den Fokus auf Überlebenssicherung und Rentabilität richtet. Im ersten Quartal dieses Jahres überschlugen sich in den Medien Meldungen, wonach NGOs, speziell in den USA, Budgets gekürzt und Aktivitäten gestrichen haben. Geplante Partnerschaften zwischen dem Wirtschaftssektor und NGOs wurden im Zuge der Finanzkrise bereits für nichtig erklärt oder aber auf Eis gelegt. Einige amerikanische NGOs, die ihr Einkommen mehrheitlich auf Unternehmensspenden ausgerichtet hatten, mussten Einsatzprogramme, Stellen und Aktivitäten kürzen.[8] Auch ohne Finanzkrise ist die Aussicht einer NGO auf eine Kooperation mit dem Wirtschaftssektor ohnehin dann am größten, wenn die Marke einer NGO die vorrangigen Ziele eines Unternehmens unterstützt. Und unabhängig von der Finanzkrise verlangt der verschärfte Konkurrenzdruck auf dem Spendenmarkt auch von Ärzte ohne Grenzen eine Strategie der Einnahmendiversifikation. Dass Ärzte ohne Grenzen den Schwerpunkt hauptsächlich auf Partnerschaften mit dem Wirtschaftssektor legt, die kurzfristige Ziele im Bereich der Spendenbeschaffung verfolgen, liegt in der Identität der Organisation begründet. Für eine Nothilfsorganisation ist es ungleich schwieriger, dienstleistungsbezogene Kooperationen in unseren Einsatzgebieten mit Unternehmen zu planen als für Organisationen der Entwicklungszusammenarbeit. Sie braucht hauptsächlich Reserven in Form von liquiden Mitteln, um rasch auf Notfälle in Krisen- und Konfliktgebieten reagieren zu können. Dennoch strebt Ärzte ohne Grenzen auch Partnerschaften an, die nicht ausschließlich finanzielle Ziele verfolgen. Die Positionierung der Marke von Ärzte ohne Grenzen eröffnet interessante Perspektiven für Firmen, die ihre soziale Verantwortung wahrnehmen wollen, und letztlich für die Patienten von Ärzte ohne Grenzen. Denn mit zusätzlichen Einnahmen kann Ärzte ohne Grenzen die weltweite medizinische Hilfe noch weiter verstärken.

---

8 Über die negativen Folgen der Finanzkrise auf Unternehmenskooperationen hat Tony Elischer, einer der führenden Fundraising-Strategen und Berater weltweit, schon Ende 2008 in seinem Artikel "Recession: Watching is not an option" hingewiesen. http://www.thinkcs.org/2009/06/recession-watching-is-not-an-option/.

Verantwortung im Kerngeschäft als Basis einer Zusammenarbeit – Die Forderungen von Greenpeace an Unternehmen

Brigitte Behrens

Am 3. Dezember 1984 wurde die Welt Zeuge des schlimmsten Chemieunfalls der Geschichte: Ausgetretenes Gas in der Anlage der Union Carbide im indischen Bhopal tötete in drei Tagen mindestens 8 000 Beschäftigte. Die Tragödie war vor allem den unzureichenden Sicherheitssystemen und kurzsichtigen Einsparungen der US-amerikanischen Betreiberfirma Union Carbide geschuldet. Mit dem Abwälzen der Folgelasten auf die indische Regierung gelang es Union Carbide, sich aus der Verantwortung zu stehlen.

Union Carbide ist das Negativbeispiel schlechthin für Unternehmen, sei es national oder international, die ihrer Verantwortung gegenüber Gesellschaft und Umwelt nicht gerecht werden. Auch solche Unternehmen gehen Partnerschaften mit Nichtregierungsorganisationen ein, um in der Öffentlichkeit als ökologisch oder sozial verantwortungsvoll wahrgenommen zu werden. Greenpeace lässt sich auf derartige Kooperationen nicht ein. Denn oft sind Partnerschaften unter dem Stichwort Corporate Social Responsibility (CSR) nur ein Feigenblatt und kein Beitrag zu mehr Unternehmensverantwortung.

Die Deutsche Bank lässt ihre Zwillingstürme in Frankfurt sanieren. Dabei plagt sie kaum das schlechte ökologische Gewissen. Das Image und die ohnehin notwendige Anpassung der veralteten Substanz an Brandschutzbestimmungen spielen die entscheidende Rolle. Der ökologische Effekt wird dankend mitgenommen und öffentlichkeitswirksam verbreitet: Greenpeace wurde zur Besichtigung der Baustelle samt Bewirtung nach Frankfurt eingeladen, sagte den Termin aber ab. Es mag zwar sein, dass nach modernen ökologischen Standards gebaut wird, aber das Kerngeschäft der Deutschen Bank ist alles andere als ökologisch. Zu ihren Firmenkunden zählt das Bergbauunternehmen Freeport, das als Umweltsünder par excellence gilt.[1] Freeport betreibt die Grasberg-Mine in West-Papua, fördert dort Gold und Kupfer und pumpt täglich 230 000 Tonnen toxische Minenabwässer in die umliegenden Flusssysteme. Mittlerweile sind weite Teile der Natur völlig zerstört. Tausende Einheimische wurden durch die

---

1 Vgl. Lotte Arndt (2008): Deutsche Bank, ein fragwürdiges Markenzeichen. In: Urgewald e. V. (Hrsg.) (2008), Mai 2008, S. 3.

Minenaktivität aus ihrem Stammesland vertrieben und sind vom indonesischen Militär getötet worden.[2]

Eine Einladung mag harmlos sein – aber Greenpeace geht deutlich auf Distanz zu Unternehmen wie der Deutschen Bank. Vor kurzem hat Greenpeace International (GPI) die „Policy zur Zusammenarbeit mit Dritten und Fundraising" überarbeitet und für alle Büros verbindlich neu beschlossen. Praktiziert werden die Prinzipien schon seit Gründung der Umweltorganisation: „Greenpeace bemüht sich weder um finanzielle Unterstützung, noch akzeptiert die Organisation Spenden von Regierungen, Unternehmen, politischen Parteien oder multinationalen Regierungsorganisationen wie z. B. den Vereinten Nationen oder der Europäischen Union."[3] Jede Spende, die uns verdächtig erscheint, wird auf ihre Herkunft überprüft – bei allen Spenden über 5 000 Euro ist dies die Regel. Außerdem nimmt Greenpeace keine projektbezogenen Spenden an. Das heißt auch, dass Greenpeace keine Kampagne durchführt, auf der das Logo eines Unternehmens haftet, weil es uns dafür gesponsert hat. Für Unternehmen muss es eine Selbstverständlichkeit sein, ihre Aktivitäten ökologisch und sozial zu gestalten – ohne spezielle Würdigung durch Greenpeace oder eine andere Organisation.

Von der Bild-Zeitung erhielt Greenpeace bereits zwei Mal die Anfrage, bei der Vergabe des Grünen Lenkrads in der Jury mitzuwirken: Die Stimme von Greenpeace für die Autoindustrie? Undenkbar! Während die Deutsche Umwelthilfe e. V. 2008 teilnahm, lehnte Greenpeace die Mitwirkung mit Hinweis auf unsere Policy ab. Jeder Autohersteller hätte sich über eine Auszeichnung von Greenpeace gefreut und dies vermutlich in seinem Nachhaltigkeitsbericht erwähnt. Automobilhersteller handeln aber nicht verantwortlich und produzieren nicht nachhaltig. CSR, mit der auch sie werben, ist für sie nur ein „Deckmäntelchen", denn mit dem Bau von mehrheitlich zu großen und wuchtigen Autos tragen sie zum zerstörerischen Klimawandel bei.

Greenpeace hat derweil schon vor vielen Jahren zusammen mit einem Schweizer Motorenbauer das SmILE-Prinzip[4] entwickelt: Small, Intelligent, Light, Efficient und es an einem Renault Twingo erfolgreich ausprobiert. So ist eine innovative Technik entstanden, die bei allen gängigen Serienautos – vom Kleinwagen bis zur Limousine – den Benzinverbrauch und den Kohlendioxid-Ausstoß halbiert. Dabei sind drei Elemente entscheidend: Erstens haben SmILE-Autos einen Motor mit deutlich kleinerem Hubraum, der aber die gleiche Leis-

---

2 Weitere Informationen dazu unter www.openpr.de/pdf/243061/West-Papua-Guerilla-greift-Freeport-Mine-an.pdf.
3 Vgl. Greenpeace (2009): Policy zur Zusammenarbeit mit Dritten und Fundraising Ethik, S. 1.
4 Mehr Informationen unter www.greenpeace.de/fileadmin/gpd/user_upload/themen/sonstige_themen/greenpeace_smile_broschuere.pdf (Zugriff am 26.10.2009)

tung erbringt wie ein herkömmlicher Motor. Durch Aufladung (Kompression) der Verbrennungsluft hat der Motor einen besseren Wirkungsgrad mit deutlich geringerem Spritverbrauch. Siebzig Prozent der Verbrauchsreduktion gehen auf das Konto des SmILE-Motors. Zweitens kann durch konsequente Maßnahmen zur Gewichtsreduzierung der Spritverbrauch weiter gesenkt werden, bei gleichem Komfort und vor allem gleicher Sicherheit. Durch Verringerung des Luftwiderstandes wird drittens ein noch geringerer Verbrauch vor allem bei höheren Geschwindigkeiten erzielt.

Autokonzerne, die spritfressende Riesenjeeps im Programm haben, haben nichts im Kampf gegen den Klimawandel beizutragen. Das SmILE-Prinzip ist dagegen eine bahnbrechende Lösung. Zum ersten Mal hat Greenpeace es 1996 in Luzern vorgestellt. Seitdem bietet Greenpeace diese Technik der Autoindustrie an. Vergeblich, obwohl Fachhochschulen und Ingenieure Greenpeace hoch gelobt haben und Greenpeace von der OECD im Jahr 2000 mit einem Preis für die beste nachhaltige Technik im Pkw-Bereich ausgezeichnet wurde. Gerade erst hat Greenpeace wieder einen Brief mit einer Anfrage an Opel geschrieben und wartet auf eine Antwort. Würde ein Autounternehmen mit uns zusammenarbeiten und die SmILE-Technik in voller Bandbreite übernehmen wollen, wäre Greenpeace zu einer Zusammenarbeit bereit.

Denn eine Partnerschaft ist nach der Greenpeace-Policy durchaus erlaubt: „Gemeinsame Initiativen mit Wirtschaftsunternehmen oder Regierungen – auch für uns ungewöhnliche – sind möglich, wenn die Aussicht besteht, dass sie maßgeblich zum Erfolg einer unserer wichtigen Kampagnen beitragen können (zum Beispiel um eine bahnbrechende Lösung zu fördern). Solche gemeinsamen Initiativen sind zeitlich begrenzt und dürfen unsere Werte und unsere Glaubwürdigkeit nicht gefährden. Sollte im Rahmen dieser Zusammenarbeit einem Dritten erlaubt werden, das Greenpeace-Logo zu verwenden, so ist die Erlaubnis hierfür auf das betreffende Gebiet, einen bestimmten Zeitraum und eine bestimmte Kampagne begrenzt. Wenn es sich um eine EU-weite oder sogar um eine globale Initiative handelt, muss die Internationale Geschäftsführung ihre Zustimmung geben. Im nationalen Rahmen kann die Geschäftsführung der nationalen Sektion hierüber entscheiden, muss sich aber vorab mit der internationalen Geschäftsführung abstimmen."[5]

Eine andere Technik hat Greenpeace durchgesetzt, mit einem Partner aus der Industrie. Greenpeace entdeckte 1992 in einem Labor des Dortmunder Hygiene-Instituts die Technik, mit der die Ablösung von FCKW/FKW möglich wurde, durch natürliche Kältemittel wie Propan und Butan. Das heißt: Nicht nur

---

5 Vgl. Greenpeace (2009): Richtlinie zur Zusammenarbeit mit Dritten & Fundraising Ethik, März 2009, S. 3.

vollständiger Verzicht auf alle FCKW, sondern auch auf die Ersatzstoffe der chemischen Industrie, die eng mit FCKW verwandt sind. Das FKW R134a wird zum Beispiel immer noch als Kältemittel im Kühlschrank und in Autoklimaanlagen, aber auch als Treibmittel in Sprays eingesetzt. Im Juni 1992 gab Greenpeace zehn Prototypen zu Testzwecken bei dem ostdeutschen Hersteller dkk Scharfenstein (heute Foron) in Auftrag. Greenpeace und Foron haben seitdem die Kältetechnik weltweit umgekrempelt. 1993 rollte der Greenfreeze, der weltweit erste Kühlschrank ohne die schädlichen Chemikalien FCKW und FKW, zum ersten Mal aus der Fertigungsanlage. Inzwischen wurden weltweit rund 350 Millionen Kühlschränke nach dem Greenfreeze-Standard hergestellt. Jedes Jahr werden inzwischen mehr als 15 Millionen Greenfreeze-Kühlschränke produziert, die in vielen unterschiedlichen Modellen erhältlich sind, und das nicht nur in Deutschland oder Europa. Der Anteil auf dem Markt beträgt rund 40 Prozent, in China ist bereits fast die Hälfte der produzierten Kühlschränke Greenfreeze-Geräte. Und die Technik hat der Atmosphäre Treibhausgas-Emissionen in der Größenordnung von etwa einer Milliarde Tonnen Kohlendioxid erspart – mehr als den gesamten jährlichen CO_2-Ausstoß Deutschlands.[6]

Partnerschaften zwischen NGOs und Unternehmen sind also möglich, aber für Greenpeace müssen sie einem echten Ziel dienen: dem Schutz der Umwelt. Leider hat Greenpeace nicht den Eindruck, dass alle Unternehmen von sich aus ihrer Verantwortung gegenüber Menschen und der Natur gerecht werden. Konzerne wie die Deutsche Bank, Union Carbide oder Automobilkonzerne bringen Nachhaltigkeitsberichte heraus, sprechen von Corporate Social Responsibility, üben sie aber in Wirklichkeit, wie an den Beispielen geschildert, nicht aus. Deshalb hat Greenpeace zusammen mit anderen NGOs das Netzwerk CorA[7] (Corporate Accountability – Netzwerk für Unternehmensverantwortung) gegründet. Gemeinsam werden verbindliche Instrumente gefordert, mit denen Unternehmen gesetzlich verpflichtet werden, Menschenrechte und international anerkannte soziale und ökologische Normen und Standards zu respektieren. Da dies auf freiwilliger Basis vermutlich nicht passieren wird, fordert CorA die Politik auf, folgende Punkte gesetzlich zu verankern:

---

6 Vgl. www.greenpeace.de/themen/sonstige_themen/greenfreeze/ (Zugriff am 26.10.2009)
7 Vgl. www.cora-netz.de.

1. Rechenschafts- und Publizitätspflichten für Unternehmen zu Umwelt, Soziales und Menschenrechte,
2. Kopplung der Vergabe öffentlicher Aufträge an gesellschaftliche Anforderungen,
3. Verankerung von Unternehmenspflichten in internationalen Wirtschaftsabkommen und bei der Wirtschaftsförderung,
4. Gerechte Unternehmensbesteuerung,
5. Wirksame Sanktionen und Haftungsregeln für Unternehmen und
6. Stärkung der Produktverantwortung und Förderung zukunftsfähiger Konsum- und Produktionsmuster.

Bhopal, Indien heute, 25 Jahre später: Die Gifte wirken immer noch. Tausende Überlebende und ihre seitdem geborenen Kinder haben mit schweren Gesundheitsproblemen zu kämpfen. Viele Menschen sind arbeitsunfähig. Die stillgelegte Chemieanlage ist ein Krisenherd mit giftigen Abfällen und Stoffen, die offen oder in maroden Säcken und verrosteten Fässern gelagert werden. Die verbliebenen Schadstoffe entweichen in die Umwelt und schaffen neue Probleme: Sie verseuchen das Grundwasser, das die Familien in der Nachbarschaft zum Trinken, Kochen und Waschen benötigen.

Solange Unternehmen ihr Kerngeschäft nicht ökologisch und sozial gestalten, sind Partnerschaften weder Herausforderung noch Chance – sondern für Greenpeace niemals eine Option.

Unternehmen als korporative Mitglieder bei Transparency International Deutschland e. V.

Peter von Blomberg

Transparency International und Transparency Deutschland

Transparency International (TI) ist ein gemeinnütziger Verein nach deutschem Recht, der 1993 von Peter Eigen in Berlin gegründet wurde. Seitdem hat der Verein als Nichtregierungsorganisation mit internationaler Bedeutung seinen Sitz in Deutschland. Das globale Netzwerk von TI besteht aus dem internationalen Büro mit rund 100 Beschäftigten sowie nationalen Chaptern in annähernd 100 Ländern. Diese werden nicht von der „Zentrale" gegründet, sondern müssen durch lokale Initiativen entstehen. Die Anerkennung als Teil von TI setzt eine Akkreditierung voraus, in der die lokalen Chapter sich auf die Werte[1] und Führungsprinzipien von TI verpflichten müssen. Besonders wichtig sind Unabhängigkeit und parteipolitische Neutralität. Auch die Finanzierung müssen die Chapter so gestalten, dass ihre Unabhängigkeit nicht infrage steht.[2] Ob überhaupt und in welcher Form die nationalen Chapter mit der privaten Wirtschaft kooperieren, ist ein Beispiel für die unvermeidliche Vielfalt der Organisation. Sie reicht an diesem Punkt von strikter Ablehnung[3] über unterschiedliche Varianten der Zusammenarbeit bis zur Möglichkeit einer korporativen Mitgliedschaft, die der in diesem Beitrag beschriebenen Form von Transparency Deutschland mehr oder weniger nahekommt.

Das deutsche Chapter wurde ebenfalls 1993 als gemeinnütziger Verein mit Sitz in Berlin gegründet und hat zurzeit ca. 1 000 individuelle und 43 korporative Mitglieder. Die inhaltliche Arbeit wird von den Vorstandsmitgliedern und einer großen Anzahl aktiver Mitglieder ehrenamtlich geleistet. Dafür gibt es 18 Arbeitsgruppen, die sich mit übergreifenden Themen oder Sektoren der Korruptionsbekämpfung befassen. Daneben existieren 12 Regionalgruppen, in denen

---

1 Transparency, Accountability, Integrity, Solidarity, Courage, Justice, Democracy.
2 Innerhalb dieser verbindlichen Grenzen können und müssen die Chapter selbstständig so arbeiten, wie die unterschiedlichen nationalen Rahmenbedingungen dies erfordern oder ermöglichen. Gesetze, Gesetzesvollzug, Rechtsprechung, Strafverfolgung, öffentliche Verwaltung oder Korruptionspraktiken, aber auch Struktur und Schlagkraft der einzelnen Chapter differieren in den einzelnen Ländern sehr stark, sodass eine global einheitliche Arbeitsweise nicht möglich ist.
3 Die Mehrzahl der Chapter praktiziert keine Zusammenarbeit mit der Privatwirtschaft.

sich die Mitglieder „vor Ort" mit allgemeinen oder lokal/regional relevanten Korruptionsproblemen beschäftigen können.

Korruptionsbekämpfung als Kernziel

Um Logik und Legitimation der korporativen Mitgliedschaft verständlich zu machen, bedarf es einiger Vorbemerkungen zum Korruptionsbegriff sowie zu den Zielen und Arbeitsprinzipien, die TI sich für die Korruptionsbekämpfung gesetzt hat.

Korruption ist kein gesetzlich definierter Tatbestand, sondern der Leitbegriff für ein bestimmtes Tatmuster. Dementsprechend groß ist das Angebot an Definitionen. Auf die Kernstruktur reduziert ist Korruption der Missbrauch einer Vertrauensstellung in Politik, Wirtschaft oder Verwaltung durch Geber und Nehmer, die sich oder Dritten einen ungerechtfertigten Vorteil verschaffen.[4]

Wichtigstes Merkmal der Korruptionsdelikte ist also das Handeln von mindestens zwei Personen, die auf der Basis von Interessenkonflikten zulasten Dritter Leistungen austauschen.

Schaut man sich die national und international relevanten Formen der strafbaren Korruption (Bestechung) an, so muss man feststellen, dass mindestens auf der einen (gebenden) Seite des korruptiven Deals regelmäßig Akteure aus der Wirtschaft[5] in Erscheinung treten. Die erst 1997 in das deutsche Kernstrafrecht übernommene *Bestechung und Bestechlichkeit im geschäftlichen Verkehr* (§ 299 StGB) geschieht sogar zwischen Vertretern der Wirtschaft auf beiden Seiten. Unternehmen und ihre Repräsentanten spielen bei der Entstehung von Korruption also eine überragende Rolle. Die Wirtschaft ist (nahezu) immer dabei – nur ihre Partner wechseln.

Koalitionen als Handlungsprinzip

Seit der Gründung bezeichnet Transparency International sich als *„Coalition against corruption"*. Dieser Zusatz zur „Marke" TI ist mehr als eine Formel. Er bringt vielmehr ein Kernziel der Arbeit von TI zum Ausdruck. TI strebt an, *mit den verantwortlichen Akteuren der korruptionsgefährdeten Bereiche Koalitionen zu bilden und Integritätssysteme zu schaffen.*

---

4 Definition von Transparency Deutschland, vgl. http://www.transparency.de/K.532.0.html.
5 Bei bestimmten Formen von Korruption können auch Privatpersonen die Akteure sein.

Gewünschte Koalitionspartner in diesem Sinn sind die Politik (als Akteur und als Gesetzgeber), Öffentliche Verwaltung, Dritter Sektor, Gesundheitswesen, Medien, Sport und – mit Abstand an der Spitze – die Wirtschaft, das heißt Unternehmen und ihre Interessenvertretungen. Tatsächlich bildet Transparency Deutschland mit Partnern aus diesen Bereichen Koalitionen, wenn sie über Ziele und Inhalte der Korruptionsbekämpfung mit TI im Wesentlichen einiggehen und sich aktiv engagieren wollen. Form und Dauer solcher Koalitionen können sehr unterschiedlich sein. Häufig sind es Projekte mit begrenzter Lebensdauer, die auf die Durchsetzung eines spezifischen Ziels gerichtet sind.

Beispielsweise wird TI Deutschland eingeladen, für den Aufbau oder die Reform eines Compliance[6]-Systems oder einzelner Compliance-Bausteine (Verhaltenskodex o. a.) eines Unternehmens oder eines Verbandes Verbesserungsvorschläge zu machen. Ein anderes Beispiel ist die Beratung und Unterstützung bei der Installation eines „Integritätspaktes"[7], der das Ziel verfolgt, bei Großprojekten durch privatrechtliche Verpflichtung aller Beteiligten von der Ausschreibung bis zur Abwicklung korruptive Handlungen zu unterbinden bzw. zu sanktionieren. Weiter sind hier die zahlreichen Vorträge zu nennen, zu denen Repräsentanten des Vereins bei Unternehmen, Verbänden, Handelskammern, Stiftungen, Universitäten, Akademien und kommerziellen Bildungsveranstaltungen eingeladen werden.

Koalitionen in Form einer Mitgliedschaft gehen über diese kurzfristigen Verbindungen hinaus und müssen deshalb an besondere Bedingungen geknüpft werden.

Prävention als Arbeitsschwerpunkt

Ein weiterer Gesichtspunkt für Koalitionen mit der privaten Wirtschaft ist der herausragende Stellenwert der *Prävention* in der Korruptionsbekämpfung.

Die Struktur der Korruptionsdelikte, insbesondere ihre „Heimlichkeit", führt zu einer extrem niedrigen Entdeckungsquote. Der weit überwiegende Teil bleibt unentdeckt. Aus der Sicht der Täter bedeutet dies ein geringes Entdeckungsrisiko. Dies erhöht den Tatanreiz weit stärker, als umgekehrt die Strafandrohung den Täter abschrecken kann. Erfolg versprechende Korruptionsbekämpfung basiert deshalb vorrangig auf Strategien und präventiven Maßnahmen, die darauf gerichtet sind, die Entstehung von Korruption zu verhindern oder einzudämmen.

---

6 *Compliance* bezeichnet das Befolgen oder die Einhaltung von Vorschriften oder Gesetzen.
7 Weitere Informationen vgl. http://www.transparency.de/Integritaetspakt.80.0.html.

Präventionskonzepte müssen dort entwickelt und umgesetzt werden, wo Korruption entstehen kann. Konkret müssen alle Geschäftsprozesse auf ihr Korruptionsrisiko analysiert und gegebenenfalls abgesichert werden. Dies kann nur am Ort des Geschehens, also in den Unternehmen selbst geschehen. Mithin liegt die Hauptverantwortung für diese Kernaufgabe der Korruptionsbekämpfung bei den Unternehmensleitungen.

Diese Verantwortung ist keine freiwillige. Nach heute nicht mehr bestrittener Auffassung ist es vielmehr eine Pflichtaufgabe der Unternehmensleitung, für eine Einhaltung der gesetzlichen Vorschriften und der darauf gerichteten internen Richtlinien zu sorgen. Dafür hat sich neuerdings der aus dem amerikanischen Recht übernommene Begriff *Compliance* eingebürgert. Verletzungen dieser Sorgfalts- und Aufsichtspflichten können für Management und Unternehmen zu schwerwiegenden zivil- und ordnungsrechtlichen Konsequenzen führen (Schadenersatz, Kosten der Aufklärung, Bußgeld, Verfall, Vergabeausschluss, Verlust von Wettbewerbsfähigkeit und Reputation)[8]. Korruptionsprävention bedeutet also mehr als den Schutz des fairen Wettbewerbs und der Opfer, die den Schaden am Ende bezahlen müssen. Sie ist auch Selbstschutz für das Unternehmen und entspringt insoweit ökonomischer Vernunft.

Für Unternehmen: Die korporative Mitgliedschaft

Die schon in der Gründungssatzung von Transparency Deutschland vorgesehene korporative Mitgliedschaft hat im Laufe der Jahre verschiedene Veränderungen erfahren. Bedingungen und Inhalte sind mehrfach neuen Erkenntnissen und Erfahrungen angepasst worden. Aus heutiger Sicht lassen sich drei Phasen unterscheiden:

In der Anfangsphase gab es für korporative Mitglieder keine Bedingungen, die über den für persönliche Mitglieder gültigen Rahmen hinausgingen.[9] Unternehmen mussten die Satzung anerkennen und sich den Zielen des Vereins verpflichtet fühlen. Implizit schloss dies die Pflicht, auf Bestechung und Bestechlichkeit im Geschäftsbetrieb zu verzichten, ebenso ein wie die Empfehlung, sich gegen korruptive Risiken angemessen zu schützen. TI ließ auch niemals Zweifel an seiner Erwartung, dass die Mitgliedschaft nicht als Etikett mit Alibicharakter missbraucht werden darf.

---

[8] §§ 93 AktG, 43 GmbHG, 130, 29a, 30 OWiG, 73 Abs.3 StGB und andere.
[9] Unternehmensbeiträge wurden damals in Form von frei vereinbarten Spenden geleistet.

Andererseits war es damals offenkundig, dass die Beiträge der korporativen Mitglieder für den Verein existenziell erforderlich waren, weil andere Quellen für die Finanzierung nicht zur Verfügung standen oder politisch nicht opportun waren.

Unternehmen und die erste Selbstverpflichtung

Eine zweite Phase begann 1997. Wichtigster Auslöser waren Verschärfungen der Korruptionsgesetze, namentlich die Übernahme der Bestechung „von privat zu privat" in das Kernstrafrecht (§§ 299 ff. StGB) und die Strafbarkeit der Auslandsbestechung, die mit der Streichung der steuerlichen Absetzbarkeit verbunden war. Diese neuen Rahmenbedingungen stellten besonders die exportorientierten Unternehmen vor beträchtliche Herausforderungen. Nicht alle haben sich dafür entschieden, künftig auf Auslandskorruption konsequent zu verzichten. Manch einer hat stattdessen die Bestechungsoperationen so perfektioniert und vertuscht, dass ihre Entdeckung im Inland extrem erschwert wurde. Allerdings wurde die letztgenannte Alternative durch den Umstand behindert, dass zugleich mit dem Verbot der Auslandsbestechung und ihrer steuerlichen Absetzbarkeit eine gesetzliche Verpflichtung der Betriebsprüfer eingeführt worden war, einen Korruptionsverdacht der Staatsanwaltschaft anzuzeigen.

Diese fundamental veränderte Rechtslage gab für Transparency Deutschland den Anstoß, erstmals eine schriftliche Selbstverpflichtung für neue korporative Mitglieder einzuführen und in einem längeren Prozess die „Altmitglieder" (ausnahmslos) dafür zu gewinnen, die Erklärung nachträglich zu akzeptieren. Sie hatte damals folgenden Wortlaut:

„Wir treten Transparency International – Deutschland bei, weil wir Korruption in jeder Form ablehnen. Wir unterstützen alle Bestrebungen um hohe ethische Standards im Geschäftsverkehr und wollen korruptives Verhalten weder in unseren Unternehmen tolerieren noch bei unseren Geschäftspartnern hinnehmen. Unser Unternehmen hat eine für alle Beschäftigten verbindliche Geschäftspolitik eingeführt, nach der Bestechung und andere Formen von Korruption weder eingesetzt noch toleriert werden dürfen. Wir haben auch ein Umsetzungsprogramm zur Schulung unserer Beschäftigten für eine aktive Korruptionsprävention. Wir setzen uns in unseren Interessenverbänden dafür ein, dass branchenspezifische Problembereiche erkannt und angemessene Maßnahmen ergriffen werden."

Das Forum als Austauschmöglichkeit

Die wachsende Anzahl der korporativen Mitglieder, aber auch die Suche nach einem Äquivalent für ihre finanzielle Unterstützung der Arbeit von Transparency Deutschland, waren in dieser Phase auch der Grund für das Angebot, einen systematischen Erfahrungsaustausch zu organisieren und dafür regelmäßige Treffen der korporativen Mitglieder zu veranstalten. Dieses *Forum der korporativen Mitglieder* findet seitdem zweimal jährlich statt und wird in der Regel in einer Mitgliedsfirma ausgerichtet. Thematisch steht das Antikorruptionssystem des jeweiligen Gastgebers im Mittelpunkt, das in aller Offenheit präsentiert und diskutiert wird. Daneben werden Fakten und Meinungen zu aktuellen Themen der Korruptionsbekämpfung ausgetauscht und es wird über die Arbeit von Transparency Deutschland informiert.

Diese Veranstaltung hat sich zu einer lebhaften und geschätzten Plattform entwickelt. Nicht nur die Mitgliedsfirmen ziehen großen Nutzen daraus, auch Transparency Deutschland profitiert davon erheblich. Eine Sonderstellung hatte das Forum, solange das Thema Korruptionsbekämpfung („Compliance") noch nicht das Maß an öffentlicher Aufmerksamkeit hatte, die der Siemens-Skandal ihm mittlerweile verschafft hat. Inzwischen ist das Tabu früherer Zeiten einer großen Fülle von Gelegenheiten gewichen, bei denen Unternehmen sich über Konzepte, Erfahrungen und Benchmarks anderer Firmen informieren können.

Neue Regeln für eine Mitgliedschaft

Schärfere gesetzliche Rahmenbedingungen und die Selbstverpflichtung für Unternehmen führten zu weiteren Konsequenzen. Diese wurden ab 2004 nach kritischen Diskussionen mit den Mitgliedern in den *„Regeln für korporative Mitgliedschaften (Unternehmen)"* formuliert. Sie befassen sich mit den Prozessabläufen bei Begründung, Störung und Beendigung der Mitgliedschaft.

Zunächst wurde das schon längere Zeit praktizierte Vorgehen festgeschrieben, zwischen Mitgliedsantrag und Aufnahmebeschluss des Vorstands ein förmliches *Gespräch mit der Geschäftsleitung* des antragstellenden Unternehmens zu führen. Darin erhält Transparency Deutschland Gelegenheit, das Compliance-Konzept des Unternehmens kennenzulernen und mit den Anforderungen der Selbstverpflichtung abzugleichen, notwendige Ergänzungen vorzuschlagen und für die Umsetzung offener Punkte inhaltliche und zeitliche Vereinbarungen zu treffen. Mit diesem Einblick in die relevante Geschäftspolitik und in die Mentalität der verantwortlichen Personen gewinnt Transparency Deutschland eine solide Basis sowohl für den Aufnahmebeschluss des Vorstands (ja/noch nicht/nein) als auch für die folgende Begleitung des Mitglieds.

Der Umgang mit Korruptionsvorwürfen

Ein weiterer Regelungspunkt ist der Umgang mit *Störungen der Mitgliedschaft*. Was geschieht, wenn Korruptionsvorwürfe gegen Repräsentanten, Mitarbeiter oder Beauftragte eines Mitgliedsunternehmens öffentlich bekannt werden?

Korruptionsvorgänge stellen die Mitgliedschaft auf den Prüfstand: Sind die Vorwürfe berechtigt? Wer ist betroffen? Hat das Unternehmen die vereinbarten Maßnahmen zur Vermeidung umgesetzt? Wie geht das Unternehmen mit dem Vorgang um? Welche Sanktionen werden angewendet? Werden entdeckte Schwachpunkte aufgearbeitet? Mitglieder und Medien fordern möglichst rasche Antworten auf die Frage, ob die Mitgliedschaft fortgesetzt oder beendet wird.

Einer raschen Antwort steht regelmäßig aber die Tatsache im Wege, dass die relevanten Prüfpunkte erst durch zeitaufwendige Ermittlungen hausintern und/oder behördlich aufgeklärt werden müssen. Insbesondere strafrechtliche Ermittlungen können langwierig sein und erschweren überdies den Informationsaustausch zwischen den Beteiligten. Deshalb hat sich der Vorstand von Transparency Deutschland zunächst in freier Vereinbarung, später durch die Satzung, die Möglichkeit einräumen lassen, für maximal 24 Monate das *Ruhen der Mitgliedschaft* zu beschließen. Währenddessen werden keine Beiträge erhoben, das Mitglied ist aber verpflichtet, Transparency Deutschland in gewissen Abständen über den Fortgang der Ermittlungen zu informieren. Nach deren Abschluss entscheidet der TI-Vorstand, ob die Mitgliedschaft wieder aufleben kann oder beendet werden muss. Eine Beendigung der Mitgliedschaft durch Ausschluss ist nur möglich, wenn die Voraussetzungen erfüllt sind, welche die Satzung für diesen Fall verlangt.[10]

Bisher hat Transparency Deutschland in zwei Fällen das Ruhen einer Mitgliedschaft beschlossen. In einem Fall (Daimler AG) wurde sie später fortgesetzt, im anderen (Siemens AG) musste sie beendet werden. Vorausgegangen waren diesen Entscheidungen zwei sehr unterschiedlich verlaufende Kommunikationsprozesse: Im einen Fall wurde Transparency Deutschland bei seinen Informationsbesuchen umfassend sowohl über die Ermittlungsergebnisse und ihre Konsequenzen als auch über den Neuaufbau des Compliance-Systems un-

---

10 Vgl. § 5 Absatz 4 Satz 1 der Satzung: Verletzt ein Mitglied vorsätzlich oder fahrlässig die Interessen des Vereins oder ist sein Verhalten geeignet, den Ruf des Vereins gravierend zu schädigen, kann es durch Beschluss des Vorstands aus dem Verein ausgeschlossen werden.

terrichtet. Im anderen Fall wurden mehrere veröffentlichte Korruptionsvorwürfe aufgrund (angeblicher?) eigener Ermittlungen als unbegründet bestritten und nur ein besonders schwerwiegender Fall zugestanden, zu seinen näheren Tatumständen (Geldfluss) aber unwahre Informationen gegeben. Nachdem weitere umfangreiche Korruptionsvorgänge bekannt geworden waren, wurde dem Unternehmen mit Erfolg nahegelegt, auf die Mitgliedschaft kurzfristig zu verzichten.[11]

Die zweite Selbstverpflichtung als Prozessergebnis

Eine dritte Phase des Umgangs mit den korporativen Mitgliedern wurde durch die Aufdeckung des Siemens-Skandals (2006) eingeleitet. Dieser Vorgang hat nicht nur in Medien und Öffentlichkeit ein beispielloses Echo erzeugt. Noch stärker hat das Versagen der Führung des deutschen „Vorzeigeunternehmens Nummer eins" weite Teile der deutschen (Export-)Wirtschaft beunruhigt und dort eine Sensibilisierung und Betriebsamkeit ausgelöst, die manche Kommentatoren von einer „neuen *Zeitrechnung"* sprechen lässt. *Ob* ein Unternehmen sich aktiv gegen Korruption schützen muss, hat sich seitdem geradezu schlagartig beantwortet; nun geht es nur noch darum, *wie* dies geschehen sollte. Dazu hat sich in den letzten drei Jahren ein großer Beratungs-, Erfahrungsaustausch- und Weiterbildungsmarkt aufgetan, wo Unternehmen sich unterrichten lassen und Anregungen holen können.

Unterstützt und verstärkt wurde der Prozess durch die Fortschreibung des *Deutschen Corporate Governance Kodex*[12], Beiträge der Betriebs- und der Rechtswissenschaft[13], Rechtsprechung, effektivere Strafverfolgung und durch Schadenersatzforderungen, die der Siemens-Aufsichtsrat gegen ehemalige Vorstandsmitglieder geltend macht. Jüngst wurden überdies Klagedrohungen von großen Investoren gemeldet.

Kritische Nachfragen und Kommentare der Medien zur korporativen Mitgliedschaft oder zum Verhalten von TI Deutschland gab es nur während der ersten drei Wochen nach der Aufdeckung. Diese Frist hatte TI Deutschland Siemens für die Entscheidung über einen freiwilligen Rücktritt eingeräumt. Nachdem die Beendigung der Mitgliedschaft mit sofortiger Wirkung erfolgt und bekannt gemacht war, wurde die rasche und entschiedene Reaktion von TI

---

11 Mit dem Verzicht konnte ein zeitaufwendiges Ausschlussverfahren vermieden werden.
12 http://www.corporate-governance-code.de/.
13 Seit 1/2008 erscheint die „Corporate Governance Zeitschrift CCZ zur Haftungsvermeidung im Unternehmen" in den Verlagen C.H. Beck und Franz Vahlen (beide München), herausgegeben von dem 2007 gegründeten „Netzwerk Compliance".

Deutschland von Mitgliedern und Medien als angemessen akzeptiert und kommentiert. Dem folgte eine außergewöhnliche Zunahme der Medienkontakte. Niemals vorher ist TI Deutschland so häufig von Medien des In- und des Auslandes um Interviews und Kommentare gebeten worden wie zur Zeit der Siemens-Affäre. Auch negative Auswirkungen im Verein (Rückgang der Mitglieder oder der Eintritte) waren nicht festzustellen. Dazu hat beigetragen, dass der Vorstand die Mitglieder laufend über den Stand der Fakten und der Überlegungen unterrichtet gehalten hat.

Gleichwohl hat der Vorstand es in diesem Kontext für zwingend notwendig erachtet, die Selbstverpflichtung für korporative Mitlieder zu überdenken und weiterzuentwickeln. Das Ergebnis von Diskussionen im Vorstand und im Forum der korporativen Mitglieder war die Entscheidung, die Grundstruktur und Aussagen der alten Fassung durch Konkretisierungen besser überprüfbar zu machen. Während die alte Version abstrakte Begriffe wie „Geschäftspolitik" und „Umsetzungsprogramm" verwendete, bildet die neue Version die wesentlichen Bausteine eines Compliance-Programms ab und macht sie zur Beitrittsbedingung. Substanziell hinzugekommen ist – auf Vorschlag aus dem Kreis der korporativen Mitglieder – die Vereinbarung, im Turnus von drei Jahren Einhaltung, Anpassung und Umsetzung der Verpflichtungen im Dialogweg zu überprüfen.[14]

Transparency Deutschland bringt damit zum Ausdruck, dass die für eine korporative Mitgliedschaft erforderliche Selbstverpflichtung weitgehend identisch mit den Komponenten ist, die ein den heutigen strategischen und organisatorischen Anforderungen entsprechendes Antikorruptionssystem im Regelfall erfüllen soll. Die erheblichen Größenunterschiede der Mitgliedsunternehmen legen es allerdings nahe, Vereinfachungen und Abweichungen für kleinere Unternehmen abzusprechen und zu akzeptieren.

Auch in diesem Fall soll die neue Version nicht nur für neue Mitglieder gelten, sondern möglichst auch von den „Altmitgliedern" freiwillig übernommen werden. Dieser Prozess ist zurzeit noch nicht abgeschlossen.

Finanzielles Engagement: Beiträge und Spenden

Ob korporative Mitgliedschaften in einer NGO von den persönlichen Mitgliedern und der interessierten Öffentlichkeit als legitim oder als mögliche Einschränkung der Unabhängigkeit und latente Interessenkollision bewertet werden, hängt stark vom Gewicht der finanziellen Beiträge ab, welche die korporativen Mitglieder zur Vereinsarbeit leisten. Transparency Deutschland hat

---

14 http://www.transparency.de/Grundsatzdokumente.1245.0.html.

in mehrfacher Weise dafür Sorge getragen, dass eine Abhängigkeit von einzelnen oder von der Gesamtheit der korporativen Mitglieder vermieden wird.

Zum einen beschränkt die Beitragsordnung den jährlichen Beitrag von Unternehmen auf eine umsatzabhängige Spanne zwischen 1 000 und 5 000 Euro. Bezogen auf das heutige Budget von ca. 250 000 Euro bedeutet der Maximalbeitrag eines einzelnen Unternehmens von 5 000 Euro einen Anteil von zwei Prozent. Den Verlust einzelner Mitglieder kann Transparency Deutschland also gefahrlos verkraften, zumal die Zahl der individuellen Mitglieder steigt.

Gewichtiger ist aber zum anderen das Argument, der Gesamtbetrag der Beiträge der korporativen Mitglieder gefährde die Unabhängigkeit von Transparency Deutschland. Ihr Anteil am Gesamtbudget liegt gegenwärtig leicht über 40 Prozent. Gäbe es also Gründe, die Institution der korporativen Mitgliedschaft gänzlich abzuschaffen, oder würden sämtliche Mitglieder gleichzeitig kündigen, stünde die Arbeitsfähigkeit von Transparency Deutschland in der Tat auf dem Spiel. Deshalb hat der Verein im Laufe der Jahre mit Überschüssen eine Rückstellung gebildet, die dem Zweck gewidmet ist, für einen solchen Fall zeitlichen Spielraum (1 bis 2 Jahre) für die Entwicklung eines neuen Finanzierungskonzepts zu gewinnen.

Auch bei der Entgegennahme von Spenden achtet Transparency Deutschland sorgfältig auf die Wahrung seiner Unabhängigkeit als Verein. Jede Spende ab 1 000 Euro muss vom Vorstand genehmigt werden und wird namentlich auf der Website veröffentlicht. Überhaupt kann jedermann das gesamte finanzielle Verhalten des Vereins auf der Website[15] nachvollziehen und bewerten.

Fazit

Die korporative Mitgliedschaft hat sich in ihrer bisherigen und in Zeitabständen angepassten Form als tragfähiges und ausgewogenes Konzept bewährt. Das Modell bietet beiden Seiten, den Unternehmen und TI Deutschland, Chancen und Risiken. Ein funktionierendes Miteinander bei der Korruptionsbekämpfung nützt den gemeinsamen Zielen, Störungen gefährden die Reputation beider Seiten. Diese „Symbiose" verlangt einen vertrauensvollen Umgang und eine sensible Grenzziehung zwischen Transparenz und Vertraulichkeit. Die „Grundrechte" des Vereinsrechtes gelten auch in einem Verein, der die Verbesserung der Transparenz zum Kernziel erhoben und zu seinem Namen gemacht hat.

Zu einem positiven Gesamturteil trägt die zurückhaltende Aufnahmepolitik bei. Die Zahl der korporativen Mitglieder steigt nur langsam. Transparency

---

15 http://www.transparency.de/Finanzen.51.0.html.

Deutschland betreibt keine aktive Akquisition, sondern wartet auf die Initiative der interessierten Unternehmen und macht sich vor der Aufnahme ein möglichst verlässliches Bild von der Qualität der installierten Präventionssysteme und der Vertrauenswürdigkeit der handelnden Personen. Diese Sorgfalt ist auch den anderen korporativen Mitgliedern geschuldet. Sie wollen neben sich keine Unternehmen sehen, die ihre Mitgliedschaft bei Transparency Deutschland nicht ernst nehmen oder missbrauchen. Vor diesem Hintergrund war der Umgang von Transparency Deutschland mit den oben erwähnten „kritischen Fällen" eine ernste Bewährungsprobe für das System.

Selbstverständlich hat die korporative Mitgliedschaft aber auch ihre Grenzen und kann nicht allen Wünschen gerecht werden. Zunächst vermag sie nicht zu garantieren, dass im Kreis der Mitglieder Korruption unter allen Umständen vermieden wird. Ein lückenloses Regelwerk und eine flächendeckende Organisation reichen dafür nicht aus. Aber selbst wenn die Unternehmensleitung ihre Compliance-Politik mit einem professionell und glaubwürdig implementierten Werte-Management verknüpft und sie als Teil der Führungskultur versteht und praktiziert, können durch das Versagen einzelner Akteure Verstöße auftreten. Weiter gehende Erwartungen sind nicht realistisch.

Aus der Sicht von Transparency Deutschland sind die Grenzen noch enger definiert. Die Mitgliedschaft schließt bewusst kein *Monitoring* ein. Transparency Deutschland kann sich vor Beginn der Mitgliedschaft und aufgrund der neuen Selbstverpflichtung künftig alle drei Jahre anhand schriftlicher Unterlagen und mündlicher Erklärungen informieren, welche Compliance-Systeme das Mitglied einsetzt. Wie ernsthaft und nachhaltig das geschieht, kann Transparency Deutschland weder mit eigenen Augen beobachten noch durch gezielte Befragungen o. ä. ermitteln, sondern muss dem vertrauen, was die Partner ihm mitteilen. Dieses Vertrauen kann enttäuscht werden und potenziell zu nachhaltigen Konsequenzen (Ruhen oder Beenden der Mitgliedschaft) führen.

Bedauerlicherweise ist es bisher nicht gelungen, eine größere Anzahl von Unternehmen des Mittelstandes für eine Mitgliedschaft zu interessieren.[16] Dies bestätigt die Beobachtung, dass in diesem Sektor, unabhängig von der Branche, das Problembewusstsein für den Stellenwert von Compliance noch großen Entwicklungsbedarf hat. Andere Hinweise darauf ergeben sich aus regelmäßig erscheinenden Studien internationaler Prüfungsgesellschaften, und aus einem gewachsenen Veranstaltungsprogramm kommerzieller Bildungsträger. Auch der jährlich erscheinende Lagebericht „Bundeslagebild Korruption" des Bundes-

---

16 Diese Aussage gilt auch für öffentlich-rechtliche Anstalten und Körperschaften (Kommunen), die seit einigen Jahren ebenfalls korporative Mitglieder werden können.

kriminalamtes[17] lässt ein hinreichend ausgeprägtes Problembewusstsein in der mittelständischen Wirtschaft nicht erkennen.

Trotz eines positiven Gesamturteils[18] wird die korporative Mitgliedschaft weiterhin ein „Stein des Anstoßes" bleiben. Der Vorstand muss jederzeit darauf gefasst sein, die Institution gegenüber den eigenen Mitgliedern und der Öffentlichkeit (Medien) zu erklären und zu rechtfertigen. Außerdem muss er weiterhin auf Veränderungsbedarf und Verbesserungschancen achten.

---

17 http://www.bka.de/lageberichte/ko.html.
18 In der internationalen Bewegung von Transparency International trifft das Modell auf verbreitetes Interesse und hat „Vorbildcharakter".

Von der Nische in den Mainstream – Der gemeinsame Weg der Rainforest Alliance und Kraft Foods

Nicola Oppermann (Kraft Foods) und Bernward Geier (Rainforest Alliance) im Gespräch mit den Herausgeberinnen

Seit 2003 arbeiten die Rainforest Alliance und Kraft Foods auf internationaler Ebene zusammen. Mittlerweile kauft das Unternehmen rund 30 000 Tonnen Kaffee von Rainforest Alliance Certified™-Farmen ein. Damit ist Kraft Foods der größte Partner der unabhängigen Umweltschutzorganisation im Kaffeesektor. Die Rainforest Alliance mit Sitz in New York, USA, und San José, Costa Rica, wurde 1987 als unabhängige Nichtregierungsorganisation (NGO) gegründet. Mit rund 40 000 Mitgliedern und einem jährlichen Budget von 16 Millionen Euro aus Spenden, öffentlichen Fonds und Sponsorenmitteln zählt sie zu den weltweit führenden Umweltschutz-Initiativen. Sie engagiert sich für den Schutz der sensiblen Ökosysteme, den Erhalt der Biodiversität und für die nachhaltige Sicherung der gemeinsamen Lebensräume von Mensch, Tier und Pflanze. Damit all dies Realität wird und bleibt, setzt sich die Rainforest Alliance ein für ökologische Landnutzung, sozial verantwortungsvolles unternehmerisches Handeln und werteorientiertes Verbraucherverhalten.

Wie schätzen Sie allgemein Partnerschaften zwischen Unternehmen und Nichtregierungsorganisationen (NGOs) ein?

Bernward Geier (BG): Ich sehe eine sehr positive Entwicklung. Man hat mehr und mehr den Weg von der Konfrontation hin zur Kooperation gefunden. Vor ein paar Jahrzehnten war kaum denkbar, dass engagierte Umwelt- oder politische NGOs mit einem großen Unternehmen zusammenarbeiten. Das ist heute nicht nur möglich, sondern wird zunehmend praktiziert. Dies bedeutet jedoch nicht, dass wir keine NGOs als sogenannte „Pressure-Groups" brauchen, denn gerade deren Druck ermöglicht oft erst eine Bereitschaft zur Zusammenarbeit. Aber man sollte nicht bei der Konfrontation stehen bleiben, sondern bereit sein, gemeinsam an Lösungen zu arbeiten.

Nicola Oppermann (NO): Wir stellen immer wieder fest, dass der Rainforest Alliance in der Medienberichterstattung oft der Vorwurf der Industrienähe gemacht wird. Es ist für eine NGO sehr wichtig, dass sie autonom bleibt und sich auch nicht vereinnahmen lässt. Es ist wichtig, dass Unternehmen den NGOs gut zuhören und nicht nur daran interessiert sind, was sie hineingeben, sondern auch aufnehmen, was draußen „an der Front" passiert.

Wo würde sich die Rainforest Alliance positionieren – eher kooperativ oder konfrontativ?

BG: Die Alliance hat schon sehr früh auf Kooperation gesetzt, durchaus auch mit Schwierigkeiten in der Kommunikation. Der Vorwurf, „eingekauft" zu sein, kommt sehr schnell. Die Rainforest Alliance hat zu Zeiten angefangen, in denen solche Kooperationen kaum verbreitet waren. Wir haben hier auch eine Bresche für andere geschlagen. Es war klar: Der Regenwald ist bedroht und muss gerettet werden, und da sind vor allem auch Unternehmen, die das direkt oder indirekt mit verursachen. Diese kann man entweder attackieren, oder man kann versuchen, Veränderungen bei und mit ihnen zu bewirken. Das war von Anfang an unsere Strategie. Die Rainforest Alliance ist damit gut gefahren und sie ist damit auch einflussreich geworden. Wir stehen natürlich vor der Herausforderung, deutlich zu kommunizieren, dass wir nicht ein Anhängsel von irgendwelchen Konzernen sind, sondern unsere eigenen Strategien haben und unabhängig sind. Das erreichen wir unter anderem auch dadurch, dass wir ein Zertifizierungssystem anbieten, das völlig unabhängig ist – eine sogenannte Third-Party-Zertifizierung –, auf die die Unternehmen keinen Einfluss nehmen können.

I: Von wem kommt die angesprochene Kritik?

BG: Von den Medien und auch aus der NGO-Community selbst. Da gibt es pragmatisch orientierte NGOs, aber auch eher dogmatisch agierende Organisationen. Darüber hinaus herrscht gerade im Bereich der Zertifizierung auch ein Wettbewerb. Dann kann es passieren, dass Kritik von NGOs kommt, mit denen man eigentlich eher eine Partnerschaft eingehen möchte, aber die vor allem den Faktor Konkurrenz sieht.

NO: Wir sehen uns häufig der Medienkritik ausgesetzt. Wir liefern zum Beispiel unseren nachhaltig zertifizierten Kaffee (der Kaffee selbst ist nicht zertifiziert, aber die Anbaumethode) an McDonald's. Wenn Sie zu McDonald's gehen, trinken Sie unseren Kaffee, der zu 100 Prozent aus nachhaltigem Anbau kommt. Dies ist ein Weg, um aus der Nische in den sogenannten Mainstream zu kommen, also etwas in der Breite zu verändern. Aber dies wird häufig negativ beurteilt, weil hier zwei große amerikanische Konzerne dahinterstehen. Das „färbt" dann auch auf die NGO ab, die daran beteiligt ist, in diesem Fall die Rainforest Alliance – und das ist einfach schade.

BG: Mir ist nur ein Fall bekannt, dass einem Unternehmen der Vorwurf gemacht wurde, es sei zu NGO-nah. Als Unilever und der WWF, begannen bei der Gründung vom Marine Stewardship Council (MSC) zusammenzuarbeiten, wurde unter anderem der Vorwurf erhoben, „wie könnt ihr mit so einer NGO zusammen ins Bett gehen". In der Regel ist aber für Unternehmen eine Partnerschaft mit einer NGO immer positiv, wenn diese transparent ist und die Organisation einen guten Ruf hat. Unternehmen haben da kaum Kommunikationsprobleme, sondern viel eher die NGOs.

Arbeiten Sie beispielsweise bei der Pressearbeit zusammen, um solchen Vorwürfen zu begegnen, oder ignorieren Sie diese?

BG: Wir können das nicht ignorieren, und es wäre auch strategisch falsch. Wir versuchen das aber nicht über die Medien auszutragen. Wenn zum Beispiel eine neue „Vergleichsstudie" herausgekommen ist, die nicht korrekt ist, dann argumentieren wir nicht über die Öffentlichkeit, sondern versuchen dies in einem direkten Austausch mit den anderen Parteien zu klären. Dabei begegnet man sich konstruktiv und löst Konflikte über den Dialog. Es hat niemand etwas davon, Differenzen in der Öffentlichkeit auszutragen – am allerwenigsten die Bauern, die diese Märkte mit ihren Siegeln brauchen.

NO: Wenn Vorwürfe in Bezug auf unser Unternehmen auftauchen würden, dann antworten wir adäquat. Wir haben viele Rainforest-Alliance-zertifizierte Produkte im sogenannten Außer-Haus-Bereich, also das, was Sie in der Gastronomie essen und trinken, bei der Bundeswehr, oder im Krankenhaus zum Beispiel. Für diesen Bereich machen wir viel Pressearbeit. Zusätzlich machen wir, sowohl zusammen mit der Rainforest Alliance als auch separat, Gespräche mit den sogenannten Stakeholdern. Im Dialog mit der Politik und anderen NGOs kann man dieses Thema diskutieren. Das Erstaunliche ist, dass es in den Medien oft und gern kritisch beleuchtet wird, aber hinter den Kulissen wird es in den Foren oftmals unisono diskutiert. Vielleicht stehen die NGOs auch untereinander im Wettbewerb, vielleicht haben sie den gleichen Druck wie die Unternehmen und müssen die Presse nutzen, um solche Diskussionen zu führen.

Sehen Sie eine Tendenz bei NGOs hin zu Kooperationen mit Unternehmen?

BG: Für mich ist der Trend eindeutig, ja.

NO: Ich sehe das genauso, weil man ja nur gemeinsam etwas bewegen kann. Der eine hat eine Sicht und der andere eine andere, aber nur über die Diskussion kommt man zusammen und kann etwas erreichen. Großunternehmen wie Kraft Foods haben eine gewisse Expertise, und die sollte gehört werden. NGOs wissen auch viel und gerade in der Mischung ist es dann interessant.

Wie haben Kraft Foods und die Rainforest Alliance zueinandergefunden? War die Rainforest Alliance die erste Wahl?

NO: Auch wenn ich bei den Gesprächen auf internationaler Ebene nicht dabei war, kann ich Ihnen sagen, warum man sich für die Rainforest Alliance entschieden hat. Sie ist eine internationale Umweltorganisation, das war ein ausschlaggebendes Kriterium. Für ein großes amerikanisches Unternehmen ist die Internationalität sehr wichtig, und die Rainforest Alliance ist bereits seit 20 Jahren am Markt und behauptet sich dort erfolgreich. Eine NGO wie die Rainforest Alliance ist schon lange anerkannt und kann auf viel Erfahrung zurückgreifen. Dann hat uns gefallen, dass sie immer in dem Dreiklang von Ökologie, Ökonomie und Sozialem arbeitet. Wir sind ein amerikanisches börsennotiertes Unternehmen und daher hat uns der Marktansatz gefallen. Mit Organisationen wie der Rainforest Alliance werden die Leute vor Ort in die Lage versetzt, bessere Qualität herzustellen und über diese bessere Qualität der Rohware, also von Kaffee oder Kakao, sind sie dann in der Lage mehr Geld zu erzielen. Das ist ein marktwirtschaftlicher Ansatz. Was wir als Großunternehmen nicht machen würden, ist, vorab „Premiums", sprich Gelder zu zahlen. Das ist der entscheidende Unterschied zu anderen Zertifizierern. Und der letzte Aspekt ist, dass sie mit anderen großen Unternehmen zusammenarbeiten. Die Rainforest Alliance hat schon sehr viel Erfahrung mit Chiquita gesammelt, das hat uns überzeugt. Wir waren nicht das erste Unternehmen, mit denen sie zusammenarbeiten. Die Denkweise ist ähnlich. Auf der anderen Seite fasziniert uns an der Rainforest Alliance, dass sie auch mit kleinen Kollektiven vor Ort arbeitet, also die Bandbreite der Möglichkeiten abdeckt. Dieser gesamte Maßnahmenkatalog hat dann die Entscheidung für die Rainforest Alliance bestimmt.

BG: Grundsätzlich gibt es uns nicht exklusiv. Insbesondere im Bereich Zertifizierung sind wir offen für alle, die sich für uns entscheiden. Es ist bekannt, dass wir mit großen und auch in der öffentlichen Kritik stehenden Unternehmen zusammenarbeiten. So haben wir bei der Zertifizierung mit Chiquita viele „anklagende" Diskussionen gehabt. Wir haben sowohl auf der Produzentenseite eine große Bandbreite an Partnern, wie zum Beispiel Kleinbauern oder Kooperativen, als auch auf der Unternehmerseite. In Deutschland sind das neben großen Unternehmen wie Kraft Foods auch eine ganze Reihe von kleinen Kaffeeröstereien, die nur regionale Märkte abdecken oder nur eine Herkunft aus

Lateinamerika vermarkten. Wir sind mit strategischer Absicht sehr breit aufgestellt. Wir sehen in Partnerschaften mit großen Unternehmen die Chance, im Mainstream etwas zu verändern. Auch wenn Bio-Produkte allmählich aus der Nische herausgekommen sind und Fair Trade sehr dynamisch wächst sind sie auch nach 30 Jahren letztlich noch marginal am Markt positioniert. Die Strategie der Rainforest Alliance ist eine andere, wir wollen Veränderungen im Mainstream erreichen. Dort sind der soziale und ökologische Einfluss und damit die positive Veränderung viel größer.

Positionieren Sie sich auch ganz offensiv gegen andere Siegel?

BG: Absolut nicht. Es gibt einen Bedarf für verschiedene Schwerpunkte und Programme und demnach auch für verschiedene Angebote. Dem einen Konsumenten ist der soziale Aspekt wie die Vermeidung von Kinderarbeit wichtig, dem anderen ist vielleicht der ökologische Aspekt wichtiger, wie zum Beispiel die Erhaltung des Regenwaldes, von Flora und Fauna. Deshalb ist auch Platz für Wettbewerb. Wir haben ein gewisses Selbstbewusstsein mit dem Alleinstellungsmerkmal, das wir haben. Wir bieten nämlich die drei Säulen der Nachhaltigkeit in einem Zertifizierungsprogramm an und das unterscheidet uns von anderen. Unser Schwerpunkt liegt dabei auf Ökologie und besonders auf der Biodiversität.

Was war der Anlass für Kraft Foods, nach Projekten zu suchen und sich im CSR-Bereich zu engagieren?

NO: Der Anlass war im Jahr 2000, die Kaffeekrise. Der Kaffeepreis, den die Erzeuger in den Ursprungsländern für ihren Kaffee bekamen, war sehr stark gesunken. Aber was passiert, wenn die Leute vor Ort kaum mehr ein Auskommen haben? Sie geben den Anbau auf und gehen in andere Bereiche. Ein Großunternehmen wie Kraft Foods ist darauf angewiesen, eine gute und gleichbleibende Rohware zu bekommen. Es hat kein Interesse daran, dass der Preis so sehr sinkt, dass die Leute vor Ort damit kein Auskommen mehr haben. Hinzu kommt Ihre Funktion als Markenartikler: Sie haben gegenüber dem Konsumenten ein Produktversprechen abgegeben. Dadurch ist der Konsument an eine bestimmte Qualität gewöhnt. Diese Qualität müssen Sie halten, und das ist bei einer Rohware relativ schwer. Deshalb hat man gesagt: So kann es nicht weitergehen. Es kann aber auch nicht so weitergehen, dass immer nur einzelne Unternehmen aktiv sind, sondern zum einen muss die Branche etwas tun und zum anderen natürlich die jeweiligen Unternehmen. Das war der Zeitpunkt für uns, um mit der Rainforest Alliance eine Partnerschaft zu beginnen und darüber hinaus auch über den Deutschen Kaffeeverband im Rahmen des „Common Code for the Coffee Community" tätig zu werden. Für die Zukunft der Branche war es wichtig, alle Parteien an einen Tisch zu bekommen, und daraus wurde dieser Kodex entwickelt. Anfang 2000 war also die Initialzündung, um mit Organisationen wie der Rainforest Alliance und der GTZ (Deutsche Gesellschaft für Technische Zusammenarbeit) zusammenzuarbeiten oder eben den Standard 4C für die gesamte Branche festzulegen.

War es also vorrangig ein ökonomischer Anlass?

NO: Ich denke, es ist der Dreiklang. Der finanzielle Aspekt spielt genauso mit wie der soziale oder der ökologische. Dieser Dreiklang ist sehr wichtig, weil das eine das andere bedingt, und ohne einen der drei kommt man nicht weiter. Und je mehr „Business Impact" das alles hat, umso schneller geht es voran, denn wir sind schon seit 100 Jahren im Kaffeegeschäft, wir wollen auch noch 100 Jahre im Kaffeegeschäft bleiben.

BG. Es ist natürlich oft so, dass der ökonomische Impuls zuerst da ist. Es setzt sich aber auch immer mehr die Erkenntnis durch, dass Profit nur sinnvoll ist, wenn er nachhaltig ist. Was nützt mir heute der schnelle Euro, wenn ich morgen die Grundlage dafür verloren habe, überhaupt Geld zu verdienen. Die Erkenntnis setzt sich auch immer mehr durch, dass die Nachhaltigkeit in ihrer positiven Auswirkung auf ökologische und soziale Aspekte erst die Grundlage für ein profitables Unternehmen schafft. Es ist mehr als das Business-Interesse. Dahinter steckt eine persönliche Offenheit gegenüber diesen Themen und auch eine Verbundenheit und gemeinsame Mission der Unternehmen mit der NGO-Community: Das Ziel, aus dieser Welt eine bessere zu machen.

Was ist das „gewisse Etwas" Ihrer Beziehung, die gemeinsame Mission?

BG: Es ist erfreulich, dass ich mit Menschen, mit denen ich mich vor 25 Jahren schwergetan hätte zu reden, gemeinsam die Sorge um den Zustand dieser Erde trage. Sie haben zumindest ähnliche Ideen und Vorstellungen, wo die Lösungsmöglichkeiten liegen und sind offen, diese ganz pragmatisch und lösungsorientiert in einer Partnerschaft anzugehen.

NO: Bei größeren Meetings auf europäischer und amerikanischer Ebene bemerke ich, dass man die Vielfältigkeit und die Fähigkeit des anderen schätzt und sich auch daran reibt. Sicherlich musste die Rainforest Alliance einiges darüber lernen, wie ein amerikanischer Großkonzern „tickt", aber wir haben ein gemeinsames Ziel vor Augen.

BG: Die Grundlage einer guten Beziehung ist aber nicht nur das gemeinsame Ziel, sondern auch die spezielle Form von Partnerschaft zwischen Unternehmen und NGOs. Wir treten beide am Markt auf, die Rainforest Alliance als Siegelgeber und Kraft Foods als Siegelnutzer. Dies ist qualitativ etwas ganz anderes als eine Partnerschaft, die etwa als Hauptziel den wohltätigen Geldtransfer hat, das heißt im Charity-Bereich angesiedelt ist. Diese Partnerschaften gibt es auch und sie sind sehr sinnvoll, aber es bestehen doch gewaltige Unterschiede zu einer konkreten Partnerschaft, die sich um ein Zertifizierungsprogramm bildet.

Was sind für Sie wichtige Bedingungen in der Zusammenarbeit?

BG: Eine transparente Partnerschaft ist für mich die Grundlage für eine gute Kooperation. Eine solche Partnerschaft ist von einer gemeinsamen Vision, von Offenheit und von Fairness geprägt. Aus Sicht der Rainforest Alliance kann ich sagen, dass wir auf Partnerschaften hinarbeiten. Wenn man es qualitativ gegenüberstellen will, ist für mich Partnerschaft viel mehr als Kooperation. Eine Kooperation kann punktuell bzw. auch aus einer gewissen Distanz möglich sein. Partnerschaft braucht letztendlich die Nähe, aber auch wie Frau Oppermann erwähnt hat, durchaus auch den Freiraum, Differenzen auszutragen.

NO: Ich denke Respekt, Expertise, das Wertschätzen, das sind Dinge, die wichtig sind. Und dass man sich auch reibt, um weiterzukommen. Die gemeinsame Vision ist definitiv etwas anderes als die Variante „Ich gebe euch Geld und ihr macht etwas". Ich halte es für sehr wichtig, den anderen zu verstehen, zu sehen, sich zu justieren, neu zu überdenken.

Wo liegen die Herausforderungen, gibt es unvereinbare Gegensätze und wo haben Sie sich im Laufe der Jahre angenähert?

NO: Auf nationaler Ebene gibt es ein Spannungsfeld. Die Rainforest Alliance sagt ganz klar, dass wir als Unternehmen die Kommunikation/Werbung machen müssen. Hier würden wir uns mehr Aktivität wünschen. Dies hängt aber von der jeweiligen NGO ab. Es gibt NGOs, die haben ganz andere Möglichkeiten der Kommunikation als die Rainforest Alliance.

Würde der vorhin angesprochene Vorwurf der Industrienähe schneller auftauchen, wenn sich die Rainforest Alliance stärker öffentlich äußern würde?

BG: Nein im Gegenteil. Aber unsere Ressourcen sind in der Tat beschränkt. Es ist letztendlich eine etwas ungleiche Partnerschaft, weil ein großes Wirtschaftsunternehmen mit entsprechenden Budgets und Personal ganz andere Möglichkeiten als eine NGO hat. Die Rainforest Alliance ist in einem Punkt anders als die meisten anderen zertifizierenden NGOs, denn das Siegel der Rainforest Alliance kann man nicht kaufen bzw. gegen eine Lizenzgebühr erwerben. Mit dem Siegel sind also keine Einnahmen verbunden. Bei anderen Programmen ist dies zum Teil signifikant anders. Natürlich gibt es auch die Möglichkeit, die allgemeine Arbeit der Rainforest Alliance durch direkte Zuwendungen zu unterstützen. Dies ist wiederum kritisch, da dann immer schnell der Vorwurf laut wird, dass man direkt von den Unternehmen bezahlt würde. Bei einer Siegelvergabe mit Lizenzgebühr wäre das anders und es wäre eine sichere Einnahmequelle. Allerdings schafft das Abhängigkeiten. Die Siegel vermarktende Organisation baut dann ihre ganze Infrastruktur und ihr Personal auf diese Einnahmequellen auf und dann werden diese Einnahmen schnell zu einer existenziellen Frage. Die NGOs brauchen in jedem Fall finanzielle Mittel für ihre Arbeit. Die Rainforest Alliance bekommt hier in Deutschland nicht einen Euro aus öffentlichen Geldern während Bundesprogramme für den ökologischen Landbau Dimensionen von 20 Millionen Euro/Jahr hatten. Auch wurde die Einführung des neuen Siegels für Fairtrade mit drei bis vier Millionen Euro aus dem Entwicklungsministerium bedacht. Hier haben wir ungleiche Bedingungen. Daher müssen wir versuchen, unsere Ressourcen durch Kreativität möglichst wettzumachen. Dabei stößt man aber schnell an Grenzen. Die Rainforest Alliance wird aber nicht umschwenken und das Geld über eine Siegellizenzgebühr hereinholen.

Gibt es inhaltliche Differenzen, auf die Sie immer wieder stoßen?

BG: Aus unserer Sicht kaum. Es gibt einen gewissen Grundkonsens. Kraft Foods hat sich ja aus einer Angebotspalette bewusst für die Rainforest Alliance entschieden. Manchmal sind die Unternehmen geneigt, mehr in das Rainforest-Alliance-Programm hineinzuinterpretieren, als es ist und sein will. Hier müssen wir aufpassen, dass zum Beispiel nicht der Eindruck erweckt wird, wir sind ein Fair-Trade-Programm. Probleme werden auf der Arbeitsebene immer schnell gelöst. Letztlich gibt es aber keine richtig großen Konflikte.

Sie kommunizieren, dass Kraft Foods der größte Partner der Rainforest Alliance im Kaffeebereich in Deutschland ist. Ist das ein Problem für Mitbewerber wie Tchibo, die ebenfalls mit der Rainforest Alliance zusammenarbeiten?

BG: Dies ist ein gutes Beispiel für unsere Unabhängigkeit. Die beiden Unternehmen stehen im Wettbewerb um die Führungsposition und haben sich beide für eine Partnerschaft mit der Rainforest Alliance entschieden. Tchibo ist ein überwiegend am deutschen Markt agierendes Kaffeeunternehmen und verkauft auch Bio- und Fair-Trade-Kaffee. Mit Kraft Foods arbeiten wir auch auf weltweiter Ebene zusammen. Der nachhaltige Kaffee von Kraft Foods ist unter anderem auch ein Bio-Kaffee, was in der Kommunikation aber nicht hervorgehoben wird, weil Kraft Foods es für sinnvoller hält, über die Kooperation mit der Rainforest Alliance und unser Siegel das Engagement für die drei Säulen der Nachhaltigkeit zu kommunizieren.

War es für Kraft Foods ein Problem, dass ein Mitbewerber dazukam?

NO: Es sind ja auch noch andere Kaffeeröster mit dabei.

BG. Wir kooperieren ja „querbeet", das heißt wir arbeiten mit Großunternehmen, aber auch mit kleinen Unternehmen zusammen. Unsere Partner wissen das von Anfang an und lassen sich darauf ein, dass es uns nicht exklusiv gibt. Das ist letztendlich für den Partner auch ein Gewinn, weil sonst leicht eine Abhängigkeit entstehen würde, die kritisiert werden könnte. Wir sind mit vielen, auch internationalen Unternehmen in einer Partnerschaft. Das zeigt unsere Unabhängigkeit und verhilft uns natürlich zu einer besseren Position.

Sind manche Aspekte des Wettbewerbs außer Kraft gesetzt, weil alles dem gemeinsamen großen Ziel untergeordnet wird?

NO: Das ist nicht der Fall, das wäre nicht gesetzlich.

BG: Eine Kooperation oder Partnerschaft mit der Rainforest Alliance bietet die Möglichkeit, sich auf einer neutralen Ebene zu begegnen und gemeinsame Auftritte zu planen. Wir hatten beispielsweise eine internationale Nachhaltigkeitskonferenz, auf der sich sowohl Kraft Foods als auch Tchibo mit ihrem Rainforest-Alliance-Engagement präsentiert haben. Genau das ist das Spannende für Unternehmen, wenn sie einen nicht-exklusiven Partner haben. Das ist ein sehr positiver Nebeneffekt von Partnerschaften. Wir diskutieren mit unseren Partnern aus verschiedenen Rohwaren-Bereichen, (zum Beispiel Bananen, Kaffee, Kakao oder Tee), wie wir ausbauen können, dass die Partner die Rainforest Alliance gemeinsam unterstützen, stärker und unabhängiger auftreten zu können.

Macht sich Ihr Engagement ökonomisch bemerkbar?

NO: Das Kaffeegeschäft ist im Grunde kein gutes Beispiel. Zwei Faktoren sind für den deutschen Markt ganz wichtig. Zum einen sind die Lebensmittelkosten, die ein Durchschnittsbürger für seine Waren im Bereich Lebensmittel ausgibt, sehr niedrig im europäischen Vergleich. Zweitens: Wenn Sie sich die Anzeigen in den Zeitungen anschauen, ist Kaffee ein sogenanntes „Lockmittel" für den Lebensmittelhandel. Das heißt der Konsument ist bei Kaffee sehr preissensibel. Eine Erhöhung ist deshalb nur sehr schwer durchzusetzen. Wir sprechen hier immer noch über eine Nische im Lebensmitteleinzelhandel. Es gibt aber einige Erfolgsgeschichten, wenn zum Beispiel Handelspartner wie der Europapark Rust oder das Weserstadion in Bremen damit werben, dass sie Kaffee aus nachhaltigem Anbau, Jacobs Nachhaltige Entwicklung zum Beispiel, ausschenken. Beide Partner haben auf nachhaltigen Kaffee umgestellt und differenzieren sich damit im Wettbewerb. Aber der Konsument im Handel steht circa sechs Sekunden vor dem Regal und greift zu einer Packung. Es ist sehr schwer, eine nachhaltige Botschaft – die wir gerne platzieren würden – in diesen sechs Sekunden zu kommunizieren. Bei Kaffee ist das sehr schwierig. Wir sind in einer Nische, diese Nische wächst, aber sie wächst im Verhältnis zum gesamten Markt sehr langsam. Das ist in anderen Ländern oftmals anders.

BG: In England ist das anders, in der Schweiz ebenfalls. Insgesamt ist ein Trend erkennbar, dass die Verbraucher die Produzenten und die Hintergründe kennen wollen und es eine Präferenz für zertifizierte Produkte mit Siegel gibt.

Für die Rainforest Alliance läuft alles sehr positiv, weil immer mehr zertifizierter Kaffee vertrieben wird. Für Kraft Foods hingegen hat sich dies ökonomisch noch gar nicht gerechnet oder wird sich vielleicht nie rechnen.

NO: Rechnen kann nicht immer nur heißen, es zählt nur, was der Endkonsument tatsächlich nimmt. Rechnen heißt auch, dass die Qualität langfristig stimmt. Wir müssen uns zusammen mit der Rainforest Alliance um die Rohware im Ursprung kümmern, aber es rechnet sich nicht im Sinne von: "Wir haben ein Produkt mit einem Siegel im Markt, und sofort steigen die Abverkaufszahlen." Man misst es nicht eins zu eins am Endkunden, sondern es geht um die langfristigen Prozesse.

BG: Es rechnet sich letztendlich auch für das Unternehmen. Wenn die Verbraucher wegen des Siegels Vertrauen in das Produkt entwickeln, dann hat man eben seinen Fuß in diesem Markt. Es ist nicht nur eine Frage der Steigerung der Absatzzahlen, sondern es könnte passieren, dass ich den Markt verliere, weil ich kein Angebot machen kann. Es rechnet sich letztendlich auch ganz direkt, weil man in einem wachsenden Markt steckt. Und hier ist man meiner Meinung als Unternehmen besser dabei, denn sonst brechen diese Margen langfristig weg.

Man spricht im CSR-Bereich auch davon, dass es eine Win-win-Situation geben muss. Wie stehen Sie dazu?

BG: Das ist für mich eine Kondition, die unabdinglich mit Partnerschaft verbunden ist. Es kann kaum etwas nachhaltig gestaltet werden, wenn nur einer einen Nutzen hat und der andere nicht. Win-win muss nicht immer exakt gleicher Nutzen bedeuten, aber es muss für beide so viel Nutzen bringen, dass die Partnerschaft sich weiter entwickeln kann. Der ökonomische Win-win ist für die Rainforest Alliance gar nicht so entscheidend. Unser Gewinn liegt vor allem auf der Ebene der Produzenten, des Naturschutzes und der sozialen Aspekte. Unser Streben ist nicht der Eigennutz der Rainforest Alliance, denn wir sind eigentlich nur eine Schaltstelle und letztendlich ein Serviceunternehmen für die Campesinos und für die Umwelt.

Wie finden sich denn in Zukunft NGOs und Unternehmen?

BG: Konferenzen und auch Fachmessen sind nach wie vor eine gute Möglichkeit der Begegnung. Ich habe die Erfahrung gemacht, dass diese Begegnungen immer sehr fruchtbar, sehr kreativ und sehr konstruktiv sind. Sowohl Unternehmen als auch NGO wissen voneinander und finden den direkten Weg.

NO: Alle großen Unternehmen führen ein Stakeholder-Mapping durch. Sie überlegen sich genau, mit wem sie sprechen möchten. Die Schwarz-Weiß-Malerei ist passé. Eher sucht man nach NGOs, die eine „graue" Position haben, mit denen man in Dialog treten kann. Dies sind genauso strategische Implikationen wie in anderen Bereichen, wie man sie auch aus dem Marketing kennt.

Macht Kraft Foods das so professionell, weil es kein deutsches Unternehmen ist?

NO: Das glaube ich nicht. Ich würde behaupten, alle großen Unternehmen arbeiten ähnlich.

BG: In meiner Wahrnehmung gibt es schon Unterschiede. So ist ein international aufgestelltes Unternehmen eher proaktiv, während kleine und auch familiengeführte große Unternehmen vielleicht mehr über ihre nationalen oder lokalen Verbände agieren.

Wohin geht es mit der Rainforest Alliance und Kraft Foods?

NO: Der Weg ist ein sehr langer, steiniger. Aber wenn man so einen Partner wie die Rainforest Alliance hat, dann kann man diesen Weg sehr gut beschreiten. Ein Unternehmen wie Kraft Foods hat sehr viele Rohwaren. Wir haben beim Kaffee angefangen, es geht weiter über den Kakao, vielleicht kommen noch andere Rohwaren hinzu, und ich denke, wir werden gemeinsam wachsen.

BG: Ich denke, dass wir inzwischen eine gute Basis geschaffen haben, auch im Hinblick auf das Marktvolumen. Kraft Foods ist der größte Partner im Kaffeesektor, was wir weiter ausbauen wollen und auch werden. Ich wünsche mir, dass wir auch bei neuen Rohwaren, allen voran Kakao, zusammenarbeiten und die Partnerschaft sich so über den Kaffee hinausentwickelt. Und da sehe ich mit viel Zuversicht in die Zukunft.

Vielen Dank für das Gespräch.

IV. Fokus – Internationale Zusammenarbeit und Wettbewerb

Erfolg und Verantwortung als untrennbares Paar – Vorreiterrolle und Meilensteine des Engagements von IKEA

Sabine Nold

Die Unternehmensphilosophie von IKEA ist es, möglichst vielen Menschen einen besseren Alltag zu ermöglichen. Das bezieht sich auf die Kunden, denen IKEA designorientierte, qualitativ hochwertige Produkte zu erschwinglichen Preisen anbieten will. Es gilt aber auch für die IKEA-Mitarbeiter und natürlich für die Menschen, die bei den rund 1 200 Lieferanten in 55 Ländern weltweit vor Ort arbeiten. Der Grundsatz des Unternehmens besagt: IKEA-Produkte müssen unter akzeptablen Arbeitsbedingungen bei Lieferanten hergestellt werden, die bereit sind, Verantwortung für Menschen und Umwelt zu übernehmen. Niedrige Preise sind die Eckpfeiler der Vision und Geschäftsidee von IKEA – doch nicht um jeden Preis. Für IKEA ist die Übernahme von Verantwortung für Gesellschaft und Umwelt eine Voraussetzung dafür, guten Handel zu treiben. Damit ist das Unternehmen durch seine Geschäftstätigkeit in vielen Fällen Teil von gesellschaftlichen Veränderungsprozessen und hat sogar die Möglichkeit, solche zu initiieren. Hierbei setzt IKEA in großem Maße auf die Kooperation mit Nichtregierungsorganisationen wie Save the Children, UNICEF oder auch dem WWF. Denn diese Organisationen unterstützen IKEA mit ihrem Know-how und machen es möglich, mit dem Schaffen von Arbeitsplätzen auch soziale Veränderungen oder Umweltprojekte auf den Weg zu bringen.

Der Verhaltenskodex als Ausgangspunkt

Analog zur Geschäftstätigkeit hat IKEA mehrere Bereiche definiert, in denen sie in den letzten Jahren sehr eng und erfolgreich mit NGOs zusammengearbeitet hat. So engagiert sich IKEA beispielsweise aktiv gegen Kinderarbeit. Der Beginn dieser Entwicklung lag Mitte der 1990er-Jahre, als IKEA und vielen anderen Unternehmen das Ausmaß der Kinderarbeit in Südasien bekannt wurde. Dies war der Anlass für IKEA, gegen Kinderarbeit in der eigenen Lieferkette vorzugehen. Das Unternehmen wandte sich an die Kinderrechtsorganisation Save the Children, um mit ihrer Unterstützung eine klare vertragliche Grundlage für seine Lieferanten zu formulieren. Das Ergebnis dieser Zusammenarbeit war der Verhaltenskodex zu Kinderarbeit, „Vorbeugende Maßnahmen gegen Kinderarbeit – The IKEA Way"[1]. Dieser definiert klar alle Maßnahmen zum Wohle des Kindes. Bei der Formulierung des Verhaltenskodex leistete Save the Children mit seiner Kompetenz einen wesentlichen Beitrag.

Heute basiert die Zusammenarbeit mit den IKEA-Lieferanten auf dem Verhaltenskodex „Einkauf von Einrichtungsprodukten – The IKEA Way" (IWAY)[2]. Er legt neben anderen Themen auch zum Thema Kinderarbeit grundsätzlich fest, was Lieferanten von IKEA erwarten können und was IKEA im Gegenzug von den Lieferanten fordert. Er basiert auf internationalen Konventionen wie der Menschenrechtserklärung der Vereinten Nationen (1948), der „Erklärung über die grundlegenden Prinzipien und Rechte bei der Arbeit" der Internationalen Arbeitsorganisation ILO (1998) sowie der Rio-Deklaration für eine nachhaltige Entwicklung (1992). Der Kodex umfasst die Arbeitsbedingungen, die Vorbeugung von Kinderarbeit, Umwelt, verantwortungsvolle Forstwirtschaft und weitere Aspekte. Die Lieferanten sind dafür verantwortlich, den Inhalt des IKEA-Verhaltenskodex an ihre Mitarbeiter und Subunternehmer weiterzuleiten und sicherzustellen, dass alle erforderlichen Maßnahmen in ihren Tätigkeiten umgesetzt werden.

Die Lieferkette im Fokus

Eine enge, lang anhaltende Geschäftsbeziehung zu den Lieferanten ist die beste Möglichkeit, Einfluss zu nehmen und zu einer positiven Entwicklung beizutragen. IKEA steht seinen Lieferanten mit eigenen Erfahrungen und Kenntnissen zur Seite und möchte sie motivieren, sich für Gesellschaft und Umwelt zu engagieren. Designer, Produktentwickler und Einkäufer arbeiten mit den Lieferanten direkt vor Ort in den Fabriken zusammen, um die Produktionsbedingungen besser zu verstehen. Das erleichtert den Design- und Produktionsprozess und ermöglicht es von Anfang an, auch grundlegende ethische Werte in der Zusammenarbeit zu verdeutlichen. Dies bietet IKEA die Möglichkeit, die Arbeit der Lieferanten positiv zu beeinflussen. Mit Kompetenz, Fähigkeiten und Kenntnissen unterstützt IKEA die Lieferanten dabei, eigene soziale Initiativen und Umweltmaßnahmen ins Leben zu rufen.

Ein großer Vorteil ist, dass IKEA mit eigenen Einkaufsbüros selbst vor Ort ist. Die IKEA-Einkaufsbüros sind für die Umsetzung und die Nachprüfung der Einhaltung des Verhaltenskodex verantwortlich. Außerdem verfügt IKEA über speziell geschulte Kontrolleure, die die Lieferanten überprüfen. Die IKEA

---

1 Mehr zu dieser Entwicklung unter http://www.ikea.com/ms/de_DE/about_ikea/our_responsibility/index.html.
2 http://www.ikea.com/ms/de_DE/about_ikea/our_responsibility/iway/index.html.

Compliance and Monitoring Group sorgt dafür, dass überall auf der Welt die gleichen Kontrollkriterien eingehalten werden. Drittfirmen wie KPMG, Intertek Testing Services und PricewaterhouseCoopers fungieren als zusätzliche Prüfer, um die Arbeitsbedingungen bei IKEA und die Kontrollergebnisse nachzuprüfen. Diese Drittfirmen führen außerdem eigene Kontrollen bei IKEA-Lieferanten durch.

Impulse zur Selbsthilfe

Doch die Erarbeitung des IWAY und die damit verbundene Überwachung der Lieferanten war IKEA nicht genug. Die Verantwortung sollte weit über die Fabrikhallen hinaus in die Gemeinschaften getragen werden. Im Jahr 2000 begann IKEA damit, eine UNICEF-Initiative zu unterstützen, die das Leben von Kindern verbessern sollte. Dafür wurden Selbsthilfegruppen für Frauen in 500 Dörfern im indischen Uttar Pradesh gegründet, einem Gebiet, in dem Kinderarbeit weitverbreitet ist. Das Projekt ermöglichte den Frauen, Geld in einem gemeinsamen Fonds zurückzulegen. Mit Darlehen aus dem Fonds konnten sie z. B. kleine Unternehmen gründen und Nutztiere kaufen und so vermeiden, dass ihre Kinder arbeiten müssen, damit sie ihre Schulden abzahlen können. Auch heute noch verändern die Gruppen das Leben vieler Menschen in Uttar Pradesh und haben Tausenden von Kindern den Schulbesuch ermöglicht. 2005 startete IKEA eine Initiative, in der Frauen in Selbsthilfegruppen Kissenbezüge für IKEA besticken. Damit wird ihnen ein verlässliches Einkommen geboten sodass ihre Kinder statt arbeiten zu müssen in die Schule gehen können.

Diese Zusammenarbeit rief die niederländische Designerin Hella Jongerius auf den Plan. Sie sagte: „Als ich von dem Projekt in Indien hörte, Arbeit für Frauen in Workshops zu schaffen, war ich total begeistert. Es bot mir die Möglichkeit nicht nur meiner eigenen Faszination bei der Arbeit zu folgen, sondern auch einen Beitrag zu einer besseren Welt zu leisten." IKEA und Hella Jongerius beschlossen, ein innovatives Projekt zu starten: eine Handwerksproduktion im kleinen Umfang und eine industrielle Produktion im großen Stil. Das Ergebnis sind drei Wanddekorationen – IKEA *PS Mikkel*, IKEA *PS Gullspira* und IKEA *PS Pelle*. Hella und ihr Designer-Team unterrichteten die Frauen in den Workshops, sodass diese alle notwendigen Techniken beherrschten und unabhängige Unternehmerinnen wurden. Die Kleinunternehmen, die die Frauen gründeten, helfen auch ihren Kindern, eine gesunde, sichere Kindheit zu verleben und bieten ihnen die Möglichkeit einer guten Ausbildung und damit Aussicht auf eine bessere Zukunft.

Die IKEA Sozialinitiative als Gesamtprogramm

Der nächste Schritt war die Gründung der IKEA Sozialinitiative im Jahr 2005,[3] um das gesellschaftliche Engagement des Konzerns und die Finanzierung entsprechender Programme auf globaler Ebene zu fördern. Was einst als Kampf gegen Kinderarbeit in der Lieferkette von IKEA begann, hat sich zu einer breit gefächerten Verpflichtung entwickelt, Kindern einen besseren Alltag zu schaffen und ihre Lebensbedingungen dahingehend zu beeinflussen, dass Kinderarbeit von vornherein verhindert wird. Die Mission der IKEA Sozialinitiative liegt darin, die Rechte und Überlebenschancen der vielen Kinder zu verbessern – nachhaltig und dauerhaft. Sie engagiert sich für das Recht von Kindern auf eine gesunde und sichere Kindheit sowie den Zugang zu guter Ausbildung. Auch bei diesem Schritt sichert die Kooperation mit weltweit führenden Kinderrechtsorganisationen wie Save the Children und UNICEF nicht nur die Qualität der Projekte, sondern auch die Weiterentwicklung der gesellschaftlich verträglichen Arbeitsweisen von IKEA.

Die IKEA Sozialinitiative unterstützt verschiedene Partnerprogramme, die einen ganzheitlichen Ansatz zum Schutz von Kindern verfolgen. Ziel ist es, Kindern eine dauerhafte Verbesserung ihres Lebens durch eine bessere Gesundheit und eine gute Schulbildung zu ermöglichen und die Frauen dabei zu unterstützen, sich selbst und ihren Dorfgemeinschaften eine bessere Zukunft zu ermöglichen. Denn die Frauen sind in vielen Fällen der Schlüssel zu einer gesellschaftlichen Veränderung und davon profitieren in ganz besonderer Weise die Kinder. Langfristig engagiert sich die IKEA Sozialinitiative in Südasien und vor allem in Indien – dort, wo Kinder und Frauen am nötigsten Hilfe brauchen, und wo IKEA bereits langjährige Erfahrungen im geschäftlichen Bereich und in der Hilfe für die Region hat und erfolgreich helfen kann.

Die IKEA Sozialinitiative zeigt, dass viele kleine Schritte zu etwas Großem führen können. Im Einklang mit der Grundidee von IKEA, möglichst vielen Menschen einen besseren Alltag zu schaffen, werden einfache und kostenbewusste Projekte unterstützt, die nachhaltig zur Verbesserung der Lebensbedingungen der Menschen in den benachteiligten Regionen beitragen.

---

3 http://www.ikea.com/ms/de_DE/about_ikea/our_responsibility/ikea_social_initiative/index.html.

Erfahrungen einer gewachsenen Partnerschaft – C&A und terre des hommes gegen Kinderarbeit in der Textilindustrie

Jochen Jütte-Overmeyer

"Paul Basker from the South Asian Coalition on Child Servitude said last week: What we have in Tirupur is a tragedy. It is a town run by garment makers and for garment makers. The systematic use of child labor is a terrible waste of human potential, children living in enforced poverty and few places are worse than Tirupur. (...) C&A insists that every supplier signs a form certifying that children will not be used to produce its clothes."[1]

Meldungen wie diese schrecken Mitte der 90er-Jahre nicht nur C&A, sondern auch andere Einzelhändler auf. Hat es doch bis dato kaum jemanden interessiert, unter welchen Bedingungen die preiswerte Ware in den Kaufhäusern produziert wird. Irgendwie ist die Ware plötzlich da, wer weiß woher. Bunt, sauber, gebügelt und vor allem so schön preiswert soll die Ware sein, wie man es vom deutschen Einzelhandel gewöhnt ist. Auch C&A selbst weiß zu dieser Zeit eigentlich nicht, wo die eingekaufte Bekleidung genau produziert wurde, meistens liegen die Produktionsstandorte in Indien oder Bangladesch. Man kennt noch die Adresse des Lieferanten oder Produzenten, manchmal auch nur die des Importeurs, aber meistens häufig nicht die der weiteren Sub-Produzenten in der Lieferkette.

Irgendwann melden sich dann die ersten unbequemen Fragesteller von niederländischen NGOs und wollen wissen, wo denn genau die Ware produziert wurde. Sie behaupten, dass dabei massiv Kinder ausgebeutet würden. Das britische Skandalblatt „The Mail on Sunday" legt nach (wenn auch mit zweifelhaften Fakten) und wirft C&A im Januar 1995 vor, in den Fabriken in Tirupur, Indien, würden im Wesentlichen Kinder die C&A-Kollektionen nähen. Das ist ein Schock für das Unternehmen, zumal Kinderarbeit den eigenen ethischen und kaufmännischen Grundüberzeugungen absolut widerspricht. Zudem sind die Lieferanten schriftlich auf die Einhaltung von grundlegenden Arbeits- und Sozialrechten, insbesondere auf das Verbot von Kinderarbeit verpflichtet worden. C&A geht deshalb auch zunächst von Einzelfällen aus. Nach eigenen Recherchen wird bestritten, dass die in dem Zeitungsbericht benannten Lieferanten

---

1 Vgl. Khaleej Times, Dubai, 19. Januar 1995.

tatsächlich Kinder in der Produktion einsetzen. Das geht so weit, dass selbst medizinische Gutachten herangezogen werden, um den Gegenbeweis zu erbringen, dass es sich in Wirklichkeit nicht um Kinder, sondern um Erwachsene handelt.

C&A zieht Konsequenzen

C&A zieht sofort Konsequenzen und errichtet ein Vertrags- und Compliancesystem, das bis dato in dieser Form nahezu einmalig im Textileinzelhandel ist. C&A überarbeitet seinen Verhaltenskodex aus dem Jahr 1991 und schafft mit dem sogenannten „Code of Conduct for the Supply of Merchandise", ein grundlegendes Regelwerk, das als verbindliche Vertragsgrundlage für jede Lieferbeziehung dient. Zwar gab es bereits zuvor vertragliche Verpflichtungen von Lieferanten, aber in dieser Klarheit und Verbindlichkeit als Geschäftsgrundlage jeglicher Warenverträge und vor allem in der darin verankerten individuellen Durchsetzbarkeit, ist der Kodex ein Meilenstein. Darin werden ethische Regeln für die Produktion aufgestellt, die Einhaltung sozialer Mindeststandards festgeschrieben und vor allem wird auch ein klares Verbot von Kinderarbeit ausgesprochen. Damit dieses nicht bloßes Papierwerk bleibt, wird bereits im Jahr 1996 die Audit-Gesellschaft SOCAM (Service Organisation Compliance Audit Management) gegründet. Diese hat die alleinige Aufgabe, unabhängig von der C&A-Einkaufsabteilung die Einhaltung des Code of Conduct vor Ort zu überprüfen. SOCAM will von Anfang an die Namen und Adressen der Produktionsstätten wissen – was zunächst zu erheblichen Widerständen der Lieferanten und Importeure führt, zumal es sich vielfach um Geschäftsgeheimnisse handelt, die man C&A nicht mitteilen möchte – und lässt die Inspektoren dort unangemeldet vorstellig werden. Die ersten Inspektionen bringen oftmals Ergebnisse, die man sich vorher so nicht vorgestellt hat. In Indien, aber auch in anderen Ländern, heißt dieses tatsächlich immer wieder: Kinderarbeit.

terre des hommes und der „gute Kapitalist"

Das Kinderhilfswerk terre des hommes setzt sich seit den 70er-Jahren für Kinderarbeiter und die Beendigung von Ausbeutung ein. In Tirupur – damals wie heute einer der wichtigsten Textilstandorte weltweit – unterstützt terre des hommes die indische Nichtregierungsorganisation CSED (Centre for Social Education and Development), die gegen Kinderarbeit vorgeht. CSED kämpft mit Abendschulen und Einschulungsprogrammen gegen Kinderarbeit und macht die Öffentlichkeit des Ortes auf die Problematik aufmerksam. Damals arbeiteten etwa 40 000 Kinder unter 14 Jahren in den Textilbetrieben Tirupurs – das waren etwa 40 Prozent der gesamten Arbeiterschaft. Im Sommer 1997 bittet terre des hommes C&A um ein Interview, in der terre des hommes-Zeitung erscheint daraufhin der Artikel „Der gute Kapitalist".[2] Die Autorin Barbara Küppers wirft darin die Frage auf, welche Verantwortung Unternehmen für die Situation vor Ort tragen und kommt zu einer bestürzenden Erkenntnis: Selbst ein gutes Inspektionssystem wird nicht viel am Ausmaß der Kinderarbeit ändern, solange die Kinder und ihre Familien keine Alternative haben. An einem Ort wie Tirupur schuften Kinder im Betrieb auf der anderen Straßenseite weiter, wenn sie in einem Unternehmen entlassen werden, denn die Nachfrage nach billigen und willigen Arbeitskräften ist groß. Handelsunternehmen, so Küppers, stünden auch über die Fabriktür hinaus in der Verantwortung.

Dieser Artikel unterscheidet sich von vielen anderen, die zu diesem Zeitpunkt erscheinen, denn es wird klar und unmissverständlich geschildert, wer an der Ausbeutung von Kindern beteiligt ist – endet aber nicht mit der üblichen Schelte oder der Aufforderung, C&A möge die Welt schnell allein verändern. Vielmehr benennt terre des hommes, was Unternehmen und andere Beteiligte wie etwa die lokale Politik tun sollen, wenn sie Kinderarbeit tatsächlich für nicht akzeptabel halten. C&A wird aufgefordert sich zu engagieren, um Kinderarbeit nicht nur in der eigenen Produktion zu verhindern, sondern auch mit anderen Akteuren vor Ort konkrete Alternativen zu schaffen und die Koalition gegen ausbeuterische Kinderarbeit zu stärken.

Ein schwieriger Anfang

Im November 1997 diskutieren eine Wissenschaftlerin von der FU Berlin, eine Vertreterin von terre des hommes und ein Vertreter von C&A im Fernsehen[3] über „Kinderarbeit – Eine gestohlene Jugend." Darin wird, trotz Unterschieden in der Art und Weise des Herangehens an die Thematik, schnell klar, dass man ein gemeinsames Ziel teilt. terre des hommes und C&A vereinbaren ein Treffen, um nicht nur zu diskutieren, sondern um auch zu ergründen, ob man eine gemeinsame Linie findet und tatsächlich etwas gegen die Missstände unternimmt. Dieses endet mit einer vorsichtigen Zusage seitens C&A, dieses Vorhaben zu prüfen und intern zu diskutieren.

---

2 terre des hommes, Die Zeitung, August 1997, S. 5.
3 Die Diskussionsrunde wurde über Phoenix ausgestrahlt.

Der Weg zu einem gemeinsamen Engagement ist dennoch lang: Fast zwei Jahre lang diskutieren terre des hommes und C&A. Die Idee eines gemeinsam getragenen Projektes in Tirupur nimmt sehr langsam Gestalt an – denn sowohl bei C&A als auch bei terre des hommes gibt es Vorbehalte und Ängste: In welches Fahrwasser begibt sich eine Nichtregierungsorganisation mit einem Unternehmen? Wird man vereinnahmt, für Werbezwecke missbraucht, für ein paar Mark zum Feigenblatt gemacht? Wie seriös ist die Inspektionsarbeit? C&A fragt sich, warum man sich mit einer NGO mit womöglich ungewisser politischer Agenda einlassen solle. Würde man am Ende öffentlich vorgeführt? Was konnte C&A als einzelnes Unternehmen tatsächlich bewirken? Zudem engagierte man sich doch bereits im Rahmen von Charity-Projekten zusammen mit ausgewählten Vertragspartnern vor Ort in Tirupur, aber auch an anderen Produktionsschwerpunkten im Rahmen des MISD[4]. Dort werden bereits unter der Einbindung von Lieferanten und Geschäftspartnern vor Ort soziale und schulische Einrichtungen unterstützt oder aufgebaut. In Tirupur unterstützt MISD zu dieser Zeit bereits ein Waisenhaus und eine Grundschule. Also warum jetzt mit einer NGO?

Die Frage, warum man sich mit Außenstehenden – in diesem Fall mit einer NGO – gemeinsam engagieren soll, stellt sich intern schnell als eines der schwerwiegendsten Hindernisse heraus. Inzwischen gehen die Gespräche weiter: ein wichtiger Schritt ist sicher ein Besuch von terre des hommes bei SOCAM. Es geht C&A vor allem darum, Vertrauen zu schaffen und deshalb terre des hommes die Arbeits- und Vorgehensweise darzulegen und unter Vorlage von Dokumenten zu belegen. Nach diesem Besuch schildert terre des hommes C&A umfassend den grundsätzlich positiven Eindruck, den man gewonnen hat, wenn auch mit kritischen Kommentaren insbesondere zur Unabhängigkeit und Transparenz nicht hinter dem Berg gehalten wird.

Gemeinsam besucht man Tirupur, C&A öffnet Türen zu Zulieferbetrieben und lädt zu Gesprächen, terre des hommes zeigt die Projektarbeit der Partner von CSED. Um direkte Eindrücke vor Ort zu sammeln fährt man gemeinsam in die Slums und Dörfer. Dort lernen die Kinder nach langen Arbeitstagen lesen und schreiben, um sich den Traum vom Schulbesuch zu erfüllen.

terre des hommes legt C&A im Februar 1998 einen Projektantrag vor. Darin wird das Unternehmen aufgefordert, bei der Abschaffung von Kinderarbeit in Tirupur mitzuhelfen, „(…) indem man eine Modellprojekt ins Leben ruft, das am konkreten Fall der Kinderarbeit in Tirupur zeigt, wie Unternehmen und unabhängige Organisationen gemeinsam dafür sorgen können, dass ausbeuteri-

---

4 MISD ist das Mondial Institute of Social Development, eine interne Hilfsstruktur zur Unterstützung von Sozial- und Hilfsprojekten im Ausland.

sche Kinderarbeit abgeschafft wird und die betroffenen Kinder eine Chance bekommen, den Teufelskreis der Armut zu durchbrechen."

Konkret wird der Aufbau eines Berufsbildungszentrums vorgeschlagen, in dem pro Jahr bis zu 120 ehemalige Kinderarbeiter eine Ausbildung erhalten sollen. Das Berufsschulzentrum soll eine wirkliche Lücke in Tirupur schließen: Die Mädchen und Jungen, die bereits arbeiten und älter als 12 Jahre sind, können aufgrund der damaligen Gesetzeslage in Indien nicht in öffentliche Schulen aufgenommen werden. Eine Berufsschule, die Grundbildung und eine qualifizierte Berufsbildung anbietet, ist dazu die einzige Alternative. Projektpartner sollen die Salesianer Don Bosco[5] sein – ein Glücksgriff, denn die Salesianer sind nicht nur professionell und hervorragend ausgebildet, sondern genießen auch das Vertrauen von C&A.

Skepsis im eigenen Unternehmen

Und dennoch: Das damals für derartige internationale Projekte bei C&A zuständige MISD-Komitee sieht dieses von „außen" herangetragene Projekt mit erheblicher Skepsis. Zudem wird ausgerechnet das Thema angesprochen, dessentwegen C&A in den vorangegangenen Jahren erheblich öffentlich zugesetzt wurde und das man am liebsten sehr zurückhaltend behandeln würde. Der Vorstoß wird zunächst sehr reserviert und vorsichtig aufgenommen und nach der internen Diskussion erst einmal abgelehnt. Es wird schnell deutlich, wo die Vorbehalte liegen. Die Zusammenarbeit mit terre des hommes wird nicht als Chance, sondern eher als Bedrohung aufgefasst. Man befürchtet zum Spielball der ideologischen Interessen einer NGO zu werden. Zudem würde die Firma konstant mit Kinderarbeit in Verbindung gebracht werden. Schließlich sieht man die Bemühungen auch als Konkurrenz zu den eigenen Investitionen in dieses Thema in der Region. Die Überwindung der internen Widerstände erfordert erheblichen Einsatz und Zeit sowie die Schaffung eines Vertrauensvorschusses. C&A informiert terre des hommes nicht über die heftige interne Diskussion, in der Für und Wider einer Projektpartnerschaft abgewogen werden. Die Leitung von C&A Deutschland ist vom Projekt überzeugt und beabsichtigt, es auch zu realisieren. Schließlich fällt in Erwartung der Potenziale, die eine derartige Partnerschaft zu bieten hat, die Entscheidung, das Projekt außerhalb der MISD-Strukturen in alleiniger Verantwortung von C&A Deutschland durchzuführen. Die erste entscheidende Hürde ist damit genommen.

---

5 Mehr Informationen unter http://www.donboscoindia.com/english/defaultbosco.php.

Die beiden sehr professionell und pragmatisch agierenden Parteien erzielen schnell eine Übereinstimmung hinsichtlich der weiteren Vorgehensweise. Es werden zwei Projektverantwortliche benannt, die in regelmäßigen Treffen, aber auch telefonisch kurzfristig Entscheidungen treffen können. So können die Entscheidungswege erheblich verkürzt werden.

Schließlich können terre des hommes und C&A im Juni 1999 in einer gemeinsamen Pressekonferenz in Berlin ihre Zusammenarbeit verkünden: „Das entwicklungspolitische Hilfswerk terre des hommes und das Modehaus C&A Mode Deutschland werden gemeinsam gegen Kinderarbeit in der Textilindustrie vorgehen." C&A unterstützt mit 80 000 Mark pro Jahr den Betrieb des Berufsschulzentrums für ehemalige Kinderarbeiter in Tirupur. Die Kooperation wird auch in der firmeneigenen Mitarbeiterzeitung ausführlich vorgestellt und erhält große Zustimmung von den C&A-Mitarbeitern.

Im Verein terre des hommes wird rege über die Kooperation diskutiert, einige Mitglieder stehen der Sache ablehnend gegenüber. In einem Workshop mit ehrenamtlichen Mitarbeitern von terre des hommes im Jahr 2003 stellt das Unternehmen C&A seine Arbeit vor. Dabei geht es insbesondere um die Glaubwürdigkeit des Engagements und die Ziele des Unternehmens in Bezug auf diese Kooperation. Bis heute trägt die Mehrheit des Vereins die Kooperation, und viele Arbeitsgruppen nehmen regen Anteil an der Entwicklung der Kooperation und an den Fortschritten in den Projekten.

Ende Oktober 1999 wird das Berufsschulungszentrum, damals noch in einer angemieteten „Marriage Hall" untergebracht, feierlich eröffnet. Insgesamt können 40 Kinder aufgenommen werden, die meisten von ihnen „Ersterlerner", also die ersten der Familie, die eine Schule besuchen. Anfänglich muss die Schule um ihre Schüler werben – denn immerhin müssen sich Eltern entscheiden, einige Zeit ohne den Verdienst der Kinder auszukommen, in der Hoffnung auf bessere Zeiten. Das war und ist keine leichte Entscheidung für Familien, die oft von der Hand in den Mund leben. Die Leiter der Schule, die Salesianer Don Bosco, gehen die Probleme aktiv an, zehn Monate später sind es bereits 66 neue Schüler.

Entstehung lokaler Netzwerke

Schnell spricht sich bei den örtlichen Produzenten und der Administration herum, dass es eine neue Zusammenarbeit gibt. Dass ein Hilfswerk und seine Projektpartner Unterstützung von C&A – einem der wichtigsten Auftraggeber vor Ort – findet, ist neu und ein Signal in Tirupur.

Im Mai 2001 reisen Vertreter von terre des hommes und C&A Deutschland erneut nach Tirupur. Der Brückenschlag, den diese Schule für die Zusammenarbeit aller Beteiligten bereits bewirkt hat, soll weiter ausgebaut werden. Es geht darum, das Vertrauen in die Partner weiter zu stärken. Durch Vermittlung von C&A und terre des hommes kommt es zu einem bis dato einmaligen Zusammentreffen der Organisation der Exporteure in Tirupur (TEA) und Vertretern der wichtigsten NGOs gegen Kinderarbeit. Was können die Verantwortlichen auf allen Seiten tun, um die Situation zu verändern? Wie können terre des hommes und C&A Unterstützung leisten? In Tirupur bestimmt heftige Anklage den Ton zwischen beiden Lagern – hier die „Ausbeuter", dort die, „die die Wirtschaft ruinieren wollen". Das mehrstündige Treffen bricht das Eis und ist schließlich der Anfang vielfältiger lokaler Kontakte: Einige Arbeitgeber unterstützen das Berufsschulzentrum und andere Projekte, zum Beispiel durch Material- und Geldspenden. Sie sprechen sich in ihren Verbänden und gegenüber der Politik für wirksames Eingreifen zugunsten von Kindern aus. Man ist bereit, aufeinander zuzugehen und zur Verhinderung von Kinderarbeit zusammenzuarbeiten. Bis heute nehmen Vertreter der TEA und einzelne Arbeitgeber demonstrativ an den Abschlussfeiern und anderen Veranstaltungen des Berufschulzentrums teil. In einem internen tdh-Report zu den positiven öffentlichen Reaktionen in Tirupur heißt es dazu: „(…) Die örtlichen Kinderschutzorganisationen schöpfen erstmals tatsächlich Hoffnung, dass sich etwas bewegt."

Die Salesianer knüpfen gemeinsam mit CSED und anderen NGOs ein Hilfsnetz für Kinder, sprechen Eltern an und beziehen die Arbeitgeber ein. Das Verhältnis zu den MISD-Projekten entspannt sich in der täglichen Zusammenarbeit. Im September 2001 besuchen 89 Kinder das Berufsschulzentrum.

Erfolge für Kinder

Nachdem das Unternehmen C&A bereits in der Vergangenheit auch seine Kunden über die Kooperation informiert hat, führen C&A und terre des hommes anlässlich der Währungsumstellung Ende 2001 die „Restmünzen-Aktion" durch: In allen 184 damaligen Häusern bittet C&A die Kunden um DM-Restgeld für den Kampf gegen Kinderarbeit. Insgesamt werden mehr als 9 Tonnen Kleingeld von den C&A Kunden eingesammelt. Es kommen über 600 000 DM zusammen. Das Geld wird in die Förderung weiterer terre-des-hommes-Projekte für Kinderarbeiter und in den Neubau für das Berufsschulzentrum investiert. Die „Marriage Hall" ist längst zu klein geworden. Am 28. November 2003 wird das neue Schulgebäude offiziell in Anwesenheit aller wichtigen Organisationen der Arbeitgeber, Arbeitnehmer und NGOs sowie von C&A und terre des hommes eröffnet.

Das Projekt in Tirupur entwickelt sich in der Folgezeit rasant. Bis heute absolvierten über 1 200 Mädchen und Jungen eine Ausbildung im Berufsschulzentrum. 80 Prozent der Absolventen finden besser bezahlte und abgesicherte Arbeitsplätze, 20 Prozent machen sich selbstständig. Die ehemaligen Schüler fühlen sich dem Zentrum verbunden: Sie besuchen Feste, berichten über ihren Werdegang, suchen Rat bei Problemen – und einige spenden sogar kleine Beträge für die, die heute zur Schule gehen. In Familien, die ein Kind im Berufsschulzentrum hatten, verändert sich vieles zum Besseren. Mit ihrem höheren Lohn sorgen die Jugendlichen und jungen Erwachsenen vor allem für eines: Die kleinen Geschwister besuchen öffentliche Schulen.

Das Berufsschulzentrum und die gemeinsame Lobbyarbeit von Projektpartnern, C&A und terre des hommes haben dazu beigetragen, dass die Zahl der Kinderarbeiter in Tirupur von 40 000 auf heute unter 5 000 gesunken ist – und das, obwohl die Stadt weiter rasant wächst und inzwischen 500 000 Menschen in der Textilindustrie arbeiten. SOCAM und andere stellen in den folgenden Jahren fest, dass die Kinderarbeit in der Exportwirtschaft in Tirupur nahezu völlig verschwunden ist. Es ist ein Umfeld entstanden, in dem die Ausbeutung von Kindern nicht mehr möglich ist.

Leider sieht die Situation in der heimischen Industrie, bei den Produzenten die in kleinen Betrieben für den heimischen Markt produzieren, auch heute noch anders aus. Diese sind nicht organisiert und unterliegen keiner Kontrolle. Hier können nur die Behörden und die Exporteure wirklich etwas bewirken. Allerdings führen die Aufklärung der Eltern sowie das Vorhandensein einer tatsächlichen Alternative für die Familien zu Verbesserungen. Hinzu kommen flankierende Maßnahmen wie die Modernisierung und Professionalisierung des öffentlichen Schulwesens, und die Mobilisierung der zuständigen Behörden führt auch hier dazu, dass Kinder nicht mehr in die Arbeit, sondern eher zur Schule geschickt werden.

Inzwischen kooperieren C&A und terre des hommes bei weiteren Projekten gegen Kinderarbeit, etwa mit Brückenschulen, in denen Kinder Grundwissen nachholen, um dann Regelschulen besuchen zu können. Weitere Maßnahmen sind Einschulungskampagnen in Bellary in Karnataka/Indien oder Einschulungsprogramme und der Aufbau von Mikrokreditgruppen in Indiens ärmstem Bundesstaat Bihar.

Resümee

Zehn Jahre nach dem nicht immer einfachen Start der Kooperation von terre des hommes und C&A für das Ende ausbeuterischer Kinderarbeit in Tirupur ist dieses Ziel durch die Bündelung der Kräfte in einer Kooperation weitgehend erreicht. Seitdem haben über 1 200 Kinder im Berufsschulzentrum die Chance auf einen Ausweg aus dem Teufelskreis von Armut und Ausbeutung bekommen – sie geben diese Chance aktiv an kleinere Geschwister und sicher auch an ihre eigenen Kinder weiter. Die Ausbeutung von Kindern in Tirupur ist zumindest im Exportsektor nahezu abgeschafft und strahlt auch in den lokalen Sektor aus. Die maßgeblichen lokalen Organisationen und Meinungsführer haben den Kooperationsgedanken aufgenommen – ein unglaublicher Erfolg einer zunächst ungewöhnlichen Partnerschaft. Dieser wäre trotz allen guten Willens nicht erreicht worden, wenn es nicht zudem eine Vielzahl wohlmeinender Unterstützer gegeben hätte. Zu den wichtigsten zählen die Dritten im Bunde, die Don Bosco Organisation der Salesianer in Indien.

Voraussetzung dafür war für beide Seiten, für C&A wie für terre des hommes, dass man bereit war, aufeinander zuzugehen und ein gemeinsames klares Ziel formuliert hat. Ehrlicher Umgang miteinander und das Kennen und Verstehen der Position und der Zwänge der anderen Seite sind eine wichtige Basis, ebenso ein Blick für das, was tatsächlich machbar ist. Wichtig ist im Miteinander ein pragmatischer Ansatz, ohne ideologische Scheuklappen und vorgefertigte Patentlösungen. Firmen müssen erkennen, dass sie Teil der Zivilgesellschaft sind und jenseits von juristischen Festlegungen Verantwortung sowohl für diejenigen tragen, die ihre Produkte fertigen, als auch für diejenigen, die diese kaufen. Sicher muss manches Unternehmen auch lernen, dass NGOs über spezifisches Know-how verfügen, was die Realitäten einer Gesellschaft angeht, und man – trotz des eigenen wirtschaftlichen Erfolgs – diese Bündnispartner braucht. NGOs müssen hingegen über die Gesetzmäßigkeiten und Potenziale des Marktes, aber auch über dessen Grenzen bei der Lösung von gesellschaftlichen Problemen und über die Einflussnahme in der spezifischen Branche Bescheid wissen und erkennen, wo sie die erheblichen Kräfte von Unternehmen für ihre Anliegen nutzen können. Gelingt dieses, potenzieren sich diese Kräfte, und man bewegt tatsächlich etwas.

Natürlich hat jede Seite ihr sehr eigenes Interesse an einem Gelingen, das sich nicht immer mit dem Interesse der anderen Seite deckt. Aber das ist vollkommen legitim, soweit dieses offen und ehrlich ohne Ausnutzung der anderen Seite erfolgt und transparent gemacht wird. Selbstverständlich haben Unternehmen ein Interesse daran, mit Kooperationen ihr Image positiv zu beeinflussen. Selbstverständlich haben NGOs die Erwartung, die Öffentlichkeit auf die eigenen Erfolge aufmerksam zu machen, um weitere Spenden- und Fördergelder zu erhalten. Aber all dies ist, solange es nicht zum Selbstzweck der Kooperation wird, in Ordnung.

Was letztlich in der Bewertung einer Kooperation zählt ist das, was tatsächlich für die Menschen bewirkt wird. Mehr nicht.

Risikoaufklärung mit Bollywood –
Die Mikroversicherungen von Allianz und CARE in Indien

Michael Anthony

Die Mitglieder der Allianz-Vorstandsrunde in München schauten sich zunächst erstaunt und dann betreten an, als der Asienchef die Schadensmeldungen des Tsunami verkündete. Die Tsunami-Welle hatte nur wenige Wochen zuvor, am 26. Dezember 2004, weite Küstenstreifen am Südpazifischen Ozean zerstört. Die Anteilnahme war damals riesig, nicht zuletzt, weil das Unglück am zweiten Weihnachtstag als mediale Bilderwelle der Zerstörung in die Wohnzimmer von Augsburg bis Auckland getragen wurde.

Normalerweise nehmen Management und Aktionäre eines Versicherungskonzerns es mit gewisser Erleichterung zur Kenntnis, wenn sich die Katastrophe auf die Bilanzen der Konkurrenz entlädt oder die Versicherungsindustrie ganz und gar ungeschoren davonkommt. Dann bleiben der Aktienkurs stabil, die Rücklagen unangetastet und die Boni bestehen. Im Januar 2005 war das anders. Es war eine Situation, für die man sich nahezu entschuldigen wollte, denn die oberste Pflicht und Verantwortung eines Versicherers ist es, im Schadensfall zu zahlen. Allerdings gab es bei dieser Katastrophe kaum „Schadensfälle" für das Versicherungsunternehmen – die Opfer des Tsunamis waren nicht versichert. Die Umweltkatastrophe traf nur die Menschen am unteren Ende der Armutspyramide – mit Ausnahme der Touristen an den Stränden von Thailand. Auf deren Rettung hatte sich in den Wochen zuvor auch die Maschinerie des Unternehmens fokussiert: Ärzte der Allianz flogen zur medizinischen Unterstützung nach Asien, und Krisenstäbe organisierten den Rücktransport von betroffenen Kunden.

Die Masse der Menschen an den endlos langen Küstenstreifen Indiens, Indonesiens und von Sri Lanka aber musste lange auf Hilfe warten. Diese kam dann vor allem von den Regierungen und internationalen Hilfsorganisationen, Leistungen von Versicherungsunternehmen blieben hingegen aus. An den Küstenstreifen von Tamil Nadu und Sumatra besaß niemand einen Versicherungsschutz.

Die Diskussion der Allianz-Manager rankte sich bald um die Frage, wie man auch jenen Menschen Versicherungsschutz ermöglichen kann, die mit nur zwei Dollar pro Tag für ihren Lebensunterhalt auskommen müssen. Dabei taten sich viele Fragen auf: Wie erreicht man diese Menschen physisch, angesichts schlechter Infrastruktur, fehlender Straßenverbindungen und schlechter Telefon-

oder Internetverbindungen, über welche dann die Versicherungspolicen ausgestellt oder die Auszahlungen abgewickelt werden könnten? Würden die Menschen Vertrauen in ein fremdes großes Unternehmen haben und mehr noch, würden sie das Prinzip der Versicherung überhaupt verstehen?

Besser auf das Schlimmste vorbereiten

Im Büro von CARE Indien in Chennai, der Hauptstadt des indischen Bundesstaates Tamil Nadu, stellte man sich unabhängig von der Diskussion im Münchner Hauptquartier der Allianz ähnliche Fragen. Der Leiter des Büros, RN Mohanty, engagierte sich schon lange in der Katastrophenhilfe. Er hatte bereits mehrere Hurrikane und Überschwemmungen erlebt. Jedes Mal hat er unermüdlich von Neuem die Lage sondiert, Lkws bestellt, Hilfsgüter organisiert und seine Mannschaften in die Katastrophengebiete geschickt, um Hilfe zu leisten. Nach dem Tsunami tat er das Gleiche und koordinierte das Tsunami Response Programme von CARE Indien. Nach den ersten Wochen, als das Ausmaß der Katastrophe deutlich wurde, war auch RN Mohanty klar, dass der Aktionismus der Aufräum- und Aufbauarbeiten allein den Menschen auf Dauer nur bedingt helfen würde. Ein Paradigmenwechsel stand an und man begann bei CARE das Prinzip der Versicherung zu diskutieren: Könnte man nicht den Menschen helfen, besser mit Katastrophen und Risiken umzugehen, wenn man sie finanziell besser gegen eine solche Katastrophe absichert? Wie könnte sich die Arbeit einer Hilfsorganisation von dem Schwerpunkt „Post-disaster relief" zu „Pre-disaster risk mitigation" verlagern?

Mit einer einfachen und günstigen aber doch marktfähigen Versicherung könnte man arme Menschen in die Lage versetzen, sich besser gegen die vielen Gefahren im ländlichen Indien zu schützen, so die Berechnung von Allianz und CARE. Es gab zwei einfache Bedingungen: CARE wollte damit die finanziellen Auswirkungen von Unfällen, Naturkatastrophen und Todesfällen auf die Menschen abschwächen („mitigieren"). Allianz wollte untersuchen, ob sich Versicherungen über so geringe Beitragszahlungen wirtschaftlich anbieten ließen und sich davon sogar ein Markt ableiten ließe.

Es vergingen noch einige Monate, bis sich die Überlegungen konkretisierten, denn zu intensiv waren die Aufräumarbeiten nach dem Tsunami. In den folgenden Monaten gab es dann erste Gespräche mit der Allianz in München und im indischen Pune über die Errichtung eines Mikroversicherungsprojektes[1] in den vom Tsunami betroffenen indischen Landstrichen.

Innovation aus der Frauengruppe

CARE nahm zunächst eine ausführliche Bedarfsanalyse vor. Dazu wurden in Fokusgruppen mit einigen lokalen Partnerorganisationen von CARE Indien die Risiken der lokalen Bevölkerung einerseits und deren Zahlungsvermögen andererseits eruiert. Im Ergebnis wünschten sich die meisten Menschen einen Schutz vor Krankheiten. An zweiter Stelle wurde der Schutz vor Naturkatastrophen und vor dem Tod des Ernährers genannt. An dritter Stelle stand der Wunsch nach einer Versicherung, welche die finanziellen Vorraussetzungen für die Erziehung und Schulbildung der Kinder schafft – also eine Art Lebensversicherung mit Sparanteil. Der Bedarf nach einer Versicherung gegen Naturkatastrophen war dabei auch stark vom erlebten Tsunami geprägt.

Die aktuarische Berechnung der Produkte war ein langwieriger Prozess der Verhandlung zwischen CARE Indien, die sich wie eine Verbraucherschutzorganisation für die Belange ihrer Hilfsempfänger einsetzte, und der Allianz-Tochtergesellschaft im indischen Pune, die darauf achten musste, dass die geplante Versicherung mittelfristig profitabel ist. Die ausgehandelten Versicherungsbeiträge lagen schließlich umgerechnet zwischen einem und fünf Euro im Jahr. Im Todesfall oder für eine Operation im Krankenhaus werden Leistungen zwischen 50 und 150 Euro ausgezahlt. Den Menschen, die sonst von einem Euro pro Tag leben, sollte dies zumindest helfen, den Absturz in die Armutsfalle zu verhindern, so die Kalkulation von CARE.

In der Umsetzung der Idee sah sich die Allianz bald vor drei wesentlichen Herausforderungen:

1. Wie kann man die Kunden am unteren Ende der wirtschaftlichen Pyramide erreichen – ihre Bedürfnisse verstehen und die Versicherungsprodukte physisch zu ihnen bringen?
2. Wie lassen sich schnell die notwendigen Skaleneffekte erreichen, um aus dem Geschäft mit Mikroversicherungen mit geringen Beiträgen und noch geringeren Margen kein finanzielles Verlustgeschäft zu machen?

---

1 Die Mikroversicherung ist ein Versicherungsschutz für Menschen am unteren Ende der Armutspyramide, d. h. mit einem Einkommen von etwa einem bis drei Euro pro Tag. Dabei kann es sich um eine Lebensversicherung oder auch eine Sach- oder Gesundheitsversicherung handeln.

3. Wie lässt sich das Prinzip der Versicherung so verständlich erklären, dass die Kunden verstehen, welche Leistungen sie erwerben?

Der Lösungsbaukasten aus dem weltweiten Versicherungsgeschäft der Allianz bot darauf keine Antworten. Bislang hatte man keine Kunden in verarmten Landstrichen Asiens. Das allgemeine Verständnis war, dass diesen Menschen eher durch Regierungszuwendungen geholfen werden kann als mit den Mechanismen des Marktes. Erfahrungswerte fehlten und sogar die großen internationalen Unternehmensberatungen hatten nur wenige brauchbare Ratschläge.

Die Lösungsansätze für diese neuartigen Herausforderungen im Versicherungsgeschäft fanden sich schließlich in den sozialen Strukturen rund um Nagapattinam und Cuddalore, den beiden Provinzen im südindischen Tamil Nadu, an denen später das Pilotprojekt starten sollte.

Es war eine Art Innovation von unten, die in den folgenden Monaten das Projekt vorantrieb. Für den schweren Tanker Allianz mit seinen 70 Millionen Kunden in der ganzen Welt war das Thema Mikroversicherungen eine Innovation, die zwar von ihrem finanziellen Umfang her verhältnismäßig unbedeutend war, aber bald ihren Abdruck auf der DNA des Unternehmens hinterlassen sollte. So sind nach einigen wenigen Jahren bereits fünf Prozent der Kunden der Allianz weltweit arme Menschen, die zuvor mit dem Thema Versicherungen nicht in Berührung gekommen waren.

Der Schlüssel zum Erfolg lag darin, sich die lokalen Strukturen in Indien zunutze zu machen: Etwa 80 Prozent der Frauen in Indien sind in Frauengruppen organisiert. Jeweils 15 Frauen treffen sich einmal oder mehrmals wöchentlich, um die wesentlichen Fragen des täglichen Lebens mit ihresgleichen zu organisieren. Dazu gehören Fragen nach der medizinischen Versorgung im Dorf, die Suche nach dem Markt, der die besten Preise für den Fischfang des Mannes auf See bietet, die Organisation des Transports von Trinkwasser und die Abholung der Kinder aus der Schule aus dem Nachbardorf. Auch finanzielle Dinge werden in den „Women's Self-Help Groups" (SHGs), besprochen – etwa die Frage, wer die besten Konditionen für Mikrokredite bietet oder wo es die beste Absicherung gegen den Tod des Ehemanns oder den Verlust von Hab und Gut gibt.

CARE Indien pflegte enge Kontakte und Kooperationen mit mehreren lokalen NGOs im ländlichen Tamil Nadu, welche wiederum als Dachorganisation von Frauengruppen fungieren oder diese mit entsprechenden Dienstleistungen versorgen. Diese engmaschige soziale Infrastruktur mit einem Netz von Organisationen und Gruppen als eine Art sozialer Aggregator bildete bald die Grundlage für den Verkauf von Mikroversicherungen in den ländlichen Gebieten Indiens.

Das Prinzip Vertrauen

CARE präsentierte seinem Gesprächspartner der Bajaj Allianz, dem Tochterunternehmen der Allianz in Indien, einen detaillierten Distributionsplan, an dessen Spitze das Train-the-Trainer-Konzept von CARE stand. CARE trainierte zunächst die von ihr ausgewählten NGOs, welche dann wiederum ein Training auf lokaler Ebene mit den „Women's Self-Help Group Coordinators" organisierten. Diese trugen die Idee der Versicherung und das Produkt der Allianz schließlich in die Selbsthilfegruppen.

Die Vertriebskaskade, wie man sie in der deutschen Versicherungssprache nennen würde, erstreckt sich vom Regionalbüro der Allianz (verantwortlich für Tamil Nadu mit einer Bevölkerung von knapp 70 Millionen Menschen) zu den 30 NGOs, die von CARE als Anbieter von Versicherungsleistungen ausgebildet wurden.

Die NGOs, einige von ihnen firmieren auch als eine Mikrofinanzorganisation, haben einen sogenannten „Microinsurance Coordinator". Dieser hat zwei Aufgaben: Zum einen wirbt er bei den „Panchayts", den Dorfältesten und damit einer wichtigen Institution in ländlichen Regionen, für die Idee der Mikroversicherung. Hintergrund hierfür ist die Tatsache, dass mit Zustimmung der Dorfältesten die Chancen steigen, dass sich das ganze Dorf bei der Allianz versichert. Zum anderen veranstalten die Microinsurance Coordinators Treffen mit etwa 30 „Women's Self-Help Group Leaders", den Vorsteherinnen der Frauengruppen. Diese entscheiden, ob die 15 bis 20 Frauen in ihrer Gruppe den Versicherungsschutz in Anspruch nehmen. Das Prinzip Vertrauen ist das Elixier der Kaskade: Die Frauen der Gruppe vertrauen auf die Empfehlung der Vorsteherin der Gruppe, diese vertraut auf die lokale NGO, der sie angehört, diese vertraut auf CARE und CARE vertraut der Allianz.[2]

Im Herbst 2007 wurde die Kaskade aktiviert: CARE begann mit den Trainings der NGOs, die wiederum die Unterstützung der Panchayts suchten und die Vorsteherinnen der Frauengruppen ausbildeten. Im November 2007 stand das Vertriebssystem. CARE begann jetzt auch mit seinen Aufklärungskampagnen zum Prinzip der Versicherung. An einem der ersten sogenannten „Mikroversicherungfeste" in Vanigri, einer kleinen Ortschaft in Tamil Nadu, nahmen 700 Frauen teil. 150 von ihnen wollten danach eine Versicherung kaufen, allerdings fehlte damals noch die Genehmigung der indischen Aufsichtsbehörde für das Produkt. Nach weiteren drei Monaten lag diese vor, und so fiel im Februar 2008

---

2   Im internationalen Management-Jargon nennt man das „Net Promoter Score" – man trifft eine Kaufentscheidung auf Grundlage einer Empfehlung eines Vertrauten.

der Startschuss für das Projekt. Bis zum November 2009 wurden 150 000 Versicherungspolicen verkauft.

Vom Selbsthilfeverein zum Sozialunternehmen

Finanziell profitieren von dem Projekt insbesondere die NGOs und die Mikrofinanzinstitute. Sie erhalten Kommissionen von etwa zehn bis fünfzehn Prozent der eingesammelten Prämiensumme. Damit wird die Mikroversicherung zu einer wichtigen und stabilen Einkommensquelle für diese Organisationen, die sonst meist gänzlich auf Gelder der Regierung oder Spenden aus dem Ausland angewiesen sind. Viele Tätigkeiten der NGOs sind saisonabhängig, gerade bei jenen, die sich um die Belange der Bauern kümmern. Deshalb sind häufig auch die damit verbundenen Zahlungseingänge saisonabhängig und gefährden dadurch sehr schnell die Finanzbasis kleinerer Organisationen. Durch die Kommissionseinnahmen aus dem Mikroversicherungsgeschäft haben die NGOs und Mikrofinanzinstitute regelmäßige Zahlungseingänge und somit ein gesichertes Einkommen. Mehr noch: Das Mikroversicherungsgeschäft verwandelt die rein spendengetriebenen Vereine in kleine Sozialunternehmen.

Natürlich will auch die Allianz etwas dabei verdienen, und dies gelingt beim Verkauf von Mikrolebensversicherungen durchaus. Hier sind der Verwaltungsaufwand niedriger und die Risiken kontrollierbarer als bei der Versicherung von Gesundheit oder Haus gegen Naturkatastrophen. Bei der Gesundheitsversicherung ist die Anzahl der Betrugsfälle hoch, ebenso wie die Auswahl von negativen Risiken – denn versichern will sich nur, wer alt und schwach ist. Bei der Versicherung gegen Naturkatastrophen gibt es eine große Unsicherheit, wie sich Extremereignisse aufgrund des Klimawandels zuverlässig berechnen lassen. Allianz und CARE gelang es zwar, eine finanziell ausgeglichene Gesundheitsversicherung für Arme in Indien anzubieten. In der Sachversicherung jedoch wird die Profitabilität erst in zwei bis drei Jahren erreicht sein, denn ein Hurrikan vernichtete schon im ersten Jahr des Projektes rund 16 000 Hütten der Mikroversicherungskunden.

Partytime: Bollywood hält Einzug in die Versicherungsbranche

Zurück zu den anfangs genannten Herausforderungen: Wie kann es gelingen, die Kunden physisch, aber auch mental mit einem Versicherungsprodukt zu erreichen?

Dazu hatte CARE einen umfassenden Trainingsplan entwickelt, der neben schriftlichen Erklärungen auch Zeichnungen für das Training von Mitgliedern der Frauengruppen enthielt, die weder lesen noch schreiben konnten. Der Höhepunkt aber waren die "Mass Awareness-raising Campaigns", eine Art Mikroversicherungsparty. Dazu wurde an einem zentralen Ort eine große Bühne auf freiem Feld aufgebaut oder während der Regenzeit eine große Halle angemietet. Für die Veranstaltung wurde mit Plakaten, aber vor allem über Mund-zu-Mund-Propaganda geworben. Die lokalen NGOs, die die Veranstaltung ausrichteten, wollten darüber informieren, wie man sich besser vor Risiken schützen kann.

Knapp zwei Stunden dauert so eine Veranstaltung, die meist am späten Nachmittag abgehalten wird, zu einer Uhrzeit, die sich für die Frauen am besten mit ihren anderen Pflichten unter einen Hut bringen lässt. Die Halle ist mit Frauen in bunten Saris gefüllt. Alle sitzen auf dem Steinboden und viele haben ihre Kinder dabei. Die Temperatur beträgt etwa 40 Grad Celsius. Der Dieselgenerator für den Betrieb der Ventilatoren stottert und fällt alle Viertelstunde aus, aber irgendwie geht es dann doch immer weiter. Das Programm dieser Mikroversicherungspartys beginnt mit einem Bollywood-Sketch aus dem Alltagsleben einer armen indischen Familie in einer niedrigen Kaste. Beispielsweise wird eine Situation wie folgt geschildert: Ein Paar wacht morgens auf, die Frau macht Tee und arbeitet im Haushalt. Der Mann steht später auf und geht dann zu seiner Tätigkeit als Tagelöhner aus dem Haus. Seine Frau nimmt derweil an einer wöchentlichen Sitzung der Selbsthilfegruppe zum Thema Mikroversicherung teil. Die Vorsteherin der Gruppe rät zum Kauf und diskutiert mit den anderen Frauen, ob und wie sie es ihren Männern sagen sollen. Die Frau aus diesem Sketch erzählt ihrem Mann nichts von dem Kauf, da alle finanziellen Dinge des Haushalts von den Frauen geregelt werden. Im weiteren Filmverlauf kommt der Mann betrunken nach Hause und schreit seine Frau an, warum sie so viel Zeit mit ihrer Frauengruppe verbracht hat. Am Ende der Geschichte hat der Ehemann einen Unfall, verliert ein Bein und kann vorerst nicht für den Unterhalt der Familie sorgen. Die Frau zeigt nun stolz ihre Versicherungspolice. Am Ende der Schilderung sind beide über die damalige Entscheidung der Frau sehr glücklich, ein Happy End.

Fazit

Das Prinzip der Versicherung war für Inder am unteren Ende der Armutspyramide neu. Die meisten hatten zuvor noch nie etwas von Versicherungen gehört. Beide Partner, CARE und die Allianz, waren davon überzeugt, dass Mikroversicherungen armen Menschen eine soziale Absicherung bieten, die von anderer Stelle wie dem Staat oder der Familie nicht erbracht werden kann. Zuvor war allerdings eine große Aufklärungskampagne in den Regionen notwendig.

Für Allianz und CARE war die Lernkurve enorm. Mehrmals wäre die Kooperation fast gescheitert: Die Allianz zweifelte an der finanziellen Nachhaltigkeit des Projektes und CARE fragte sich, wie ernst es dem privaten Partner mit dem Projekt wirklich war. Kaum dass das Projekt stand, stellte Hurrikan Nisha im November 2008 das Projekt vor eine Zerreißprobe. Die Schäden waren hoch und das Produkt zu billig. Es musste nachgebessert werden. Auch drängte die Allianz jetzt darauf, das Projekt unverzüglich auf Gebiete mit niedrigerem Risiko auszuweiten. Andernfalls ließe sich die finanzielle Nachhaltigkeit nicht gewährleisten.

Aber es waren insbesondere die täglichen Kleinigkeiten im Betrieb, welche die Lernkurve für beide Seiten anfeuerten. Anfangs wollte die Allianz noch einen Bericht der Feuerwehr, der das Abbrennen des Hauses eines Mikroversicherungskunden dokumentiert, erinnert sich Jamuna Bhaskhar, die Allianz-Chefin in Chennai. Als sie und Mitglieder des Allianz-Vorstands in Indien den Kunden einen Besuch abstatteten, war allen klar, dass es keine Feuerwehr und auch keine Ambulanz kommt, wenn etwas passiert. Im besten Fall bringt die Rikscha den Eimer Wasser oder fährt den Unfallverletzten ins Krankenhaus.

Die Spannungen zwischen den nicht-kommerziellen Absichten von CARE und der auf Gewinn ausgerichteten Allianz waren hingegen durchaus gesund, denn der gemeinsame Nenner war beiden Parteien klar: Die Mikroversicherung muss den armen Menschen helfen und es muss für die Allianz finanziell ausgeglichen sein.

Ausblick

Ermutigt durch die Erfolge in Indien hat die Allianz auch in anderen Regionen der Welt begonnen Mikroversicherungen anzubieten. Dabei konzentriert man sich jedoch auf den Bereich der Lebensversicherungen, da hier die Kosten und Risiken besser kontrollierbar sind. Derzeit bieten Allianz-Gesellschaften in Indien, Indonesien, Kamerun, dem Senegal, der Elfenbeinküste und in Kolumbien Mikroversicherungen an, jeweils in Kooperation mit lokalen Genossenschaften oder Vereinen. Am erfolgreichsten ist die Allianz in der Kooperation mit der weltweit am schnellsten wachsenden Mikrofinanzorganisation SKS in Indien. Bis zum Jahresende 2009 haben über 2,5 Millionen Frauen eine Lebensversicherung abgeschlossen. Wenngleich das Mikroversicherungsgeschäft aus privatwirtschaftlicher Sicht noch viele Hürden und Risiken überwinden muss, kann man davon ausgehen, dass langfristig ein wesentlicher Teil der globalen Kundenbasis der Allianz aus diesem Kundensegment kommen wird.

Das Projekt in Südindien hat einen wichtigen Grundstein gelegt. Es ist zuallererst eine gigantische Aufklärungskampagne zum Wert der Versicherung. So repliziert die Mikroversicherung gewissermaßen die Entstehungsgeschichte von Versicherungen in Europa im 19. Jahrhundert. Damals waren es genossenschaftliche Versicherungsvereine, die den Menschen halfen, Risiken finanziell leichter zu schultern, in dem sie sich zusammentaten. Durch Allianz und CARE kommt dieses Prinzip jetzt den Menschen in Südindien zugute.

Gemeinsamer Einsatz in der Katastrophenhilfe – Deutsche Post DHL und die Vereinten Nationen formen ein Hilfsbündnis

Kathrin Mohr und Chris Weeks

Einleitung

Nachrichten und Bilder von Erdbeben, Wirbelstürmen oder Überschwemmungen begleiten die Menschen in aller Welt Jahr um Jahr. Bilder von Menschen in Not, zerstörten Häusern, zusammengebrochenen Leitungen, Notunterkünften mit frierenden und hungernden Menschen. Niemand kann eine Naturkatastrophe aufhalten, ihre Ausmaße sind schwer vorhersehbar.

In zahlreichen Regionen dieser Erde sind Nichtregierungsorganisationen (NGOs) und freiwillige Hilfskräfte in stetiger Alarmbereitschaft. In Asien oder Lateinamerika – diese Regionen sind am häufigsten betroffen – können die Naturgewalten jederzeit über eine Region hereinbrechen, und dann ist schnelle Hilfe lebensrettend. Das hat die Welt ganz aktuell wieder im Oktober 2009 erfahren, als innerhalb weniger Stunden in Indonesien, auf den Philippinen und Samoa Erdbeben und Überflutungen über die Regionen hereinbrachen.

Die Flughäfen in den betroffenen Regionen haben dann eine zentrale Rolle. Dort treffen in der Regel als Erstes Hilfsgüter ein, wenn Straßen zerstört sind und der Seeweg zu langsam ist. Oft genug sind diese Flughäfen jedoch nur dafür ausgestattet, wenige Flüge am Tag und kaum Frachtmaschinen abzufertigen. Ein Problem, dem sich die Deutsche Post DHL seit 2003 stellt. Nach dem Erdbeben von Bam, Iran, hat das Unternehmen begonnen, eigene Teams in Alarmbereitschaft zu halten und zur Unterstützung der NGOs an die Flughäfen in betroffene Regionen zu schicken. Die Idee dahinter: Der Konzern will vor Ort helfen, die erfahrenen Organisationen bei ihrer Arbeit unterstützen und das tun, was er gut kann – und das ist die Logistik. Die Deutsche Post DHL bringt ihr logistisches Know-how ein und schickt ihre sogenannten Disaster Response Teams (DRT) an die Flughäfen betroffener Regionen. Dort arbeiten sie eng mit den Vereinten Nationen (UNO) und lokalen Organisationen zusammen, koordinieren die Lagerung und den Weiterversand der Hilfsgüter, die aus aller Welt eintreffen.

Drei zentrale Standorte hat die Deutsche Post DHL für die Teams ausgewählt: Singapur, Dubai und Panama. Je nachdem, wo eine Naturkatastrophe geschieht, wird von einem der Standorte aus ein notwendiger Hilfseinsatz koordiniert. Partner bei diesen Aktivitäten sind die Vereinten Nationen mit ihrem

Büro für die Koordination Humanitärer Angelegenheiten OCHA, denen der Konzern seine Leistung kostenlos zur Verfügung stellt. Die Zusammenarbeit ist im Laufe der letzten sechs Jahre gewachsen. Und auch die Deutsche Post DHL selbst profitiert von den Erfahrungen zahlreicher Einsätze. Das oberste Ziel ist stets klar: die Hilfsleistungen aus aller Welt effizienter zu machen.

Unser Verständnis von unternehmerischer Verantwortung

Wie viele andere Organisationen hat der weltweit tätige Konzern durch Geld- und Sachspenden über viele Jahre hinweg Menschen geholfen – von Armut und Hunger gebeutelten Regionen in Afrika, von Erdbeben zerstörten Gebieten in Asien-Pazifik, von Hochwasser betroffenen Gebieten vor der „Haustür" seines Hauptsitzes, also in Deutschland, wie etwa beim Jahrhunderthochwasser der Elbe 2003. Vor einigen Jahren hat ein Umdenkungsprozess begonnen: Das Unternehmen wollte nicht mehr nur Geld für Hilfsorganisationen spenden, sondern selbst helfen. Dahinter steckt die Idee, dass ein internationales Logistikunternehmen noch viel mehr mit seinen Mitteln bewegen kann, wenn es sie zielgerichtet einsetzt. Die Mittel sind in diesem Fall nicht nur finanzieller Art, sondern umfassen auch den Einsatz von Mitarbeiterinnen und Mitarbeitern und ihres Know-hows.

Die Idee, sich im Bereich der Katastrophenhilfe zu engagieren, entstand in Gesprächen zwischen dem Vorstand und Mitarbeitern, die in den betroffenen Regionen leben und arbeiten. Insgesamt ist das Thema „gesellschaftliche Verantwortung" im Unternehmen kontinuierlich gewachsen, nicht zuletzt durch persönliches Engagement von Mitarbeiterinnen und Mitarbeitern sowie der Vorstandsvorsitzenden. Die Deutsche Post DHL weiß, dass sie eine besondere Verantwortung dafür trägt, ihre Kernkompetenzen zum Wohle der Gesellschaft einzusetzen und die Auswirkungen ihres Handelns auf die Umwelt zu minimieren. Aus diesem Grund ist die Corporate Responsibility (CR) ein integraler Bestandteil der langfristigen Unternehmensstrategie. Unter dem Motto „Living Responsibility" hat der Konzern seine CR-Aktivitäten in drei Kernbereichen zusammengeführt: GoGreen – Umwelt schützen; GoTeach – Bildung fördern; GoHelp – Menschen helfen.[1]

---

1 Das CR-Programm gehört zur Strategie 2015 der Deutschen Post DHL. Bei der Umsetzung setzt der Konzern auf das freiwillige Engagement, die besonderen Fähigkeiten und die Begeisterung seiner rund 500 000 Mitarbeiterinnen und Mitarbeiter in aller Welt. Weitere Informationen unter www.dp-dhl.de/verantwortung.

Die Deutsche Post DHL will Maßstäbe setzen – im Brief- und Logistikgeschäft und in der Nachhaltigkeit. Mit dem Klimaschutzprogramm GoGreen hat sie sich als erstes Unternehmen in der Logistikbranche ein konkretes CO_2-Ziel gesetzt: seine CO_2 Effizienz bis 2020 um 30 Prozent zu verbessern. Als Gründungspartner von Teach First Deutschland will das Unternehmen unter dem Projektnamen GoTeach mehr Bildungsgerechtigkeit an Schulen erzielen und die Startchancen von Kindern und Jugendlichen verbessern. Und im Rahmen einer Partnerschaft mit den Vereinten Nationen unterstützt die Deutsche Post DHL mit ihren sogenannten Disaster Response Teams (DRT) bei Naturkatastrophen kostenlos die Hilfskräfte vor Ort. Diese Arbeit soll hier näher betrachtet werden.

GoHelp

Mit Mitarbeiterinnen und Mitarbeitern in aller Welt, deren Logistik-Know-how und einer genauen Kenntnis der lokalen Gegebenheiten ist die Deutsche Post DHL für effiziente Hilfe in Katastrophengebieten gut gerüstet. Diese Gegebenheiten reichten natürlich nicht aus, um einfach mit Hilfsaktivitäten zu beginnen. Die Koordination fing bereits viel früher an. In Gesprächen mit Hilfsorganisationen und Behörden in betroffenen Regionen wurde das genaue Vorgehen entwickelt und festgelegt, wie der Konzern am besten helfen könnte. Für die Deutsche Post DHL sind die Vereinten Nationen der richtige Partner – eine Partnerschaft, die sich entwickelt hat. Eine Vereinbarung für das Gebiet des Katastrophenmanagements besteht seit Ende 2005 und ist nur ein Teil der Zusammenarbeit. Das Bekenntnis der Deutschen Post DHL zum Global Compact sowie die seit 2006 bestehende Partnerschaft mit dem Kinderhilfswerk UNICEF sind weitere Beispiele.

Die UNO ist mit ihrem Büro für die Koordination Humanitärer Angelegenheiten (OCHA) in den meisten Ländern dieser Welt vor Ort. Sie ist deshalb in der Regel beteiligt, wenn es um konkrete Hilfsleistungen geht. Die Vereinbarung mit der UNO regelt ganz generell, was die Disaster Response Teams im Falle eines Katastropheneinsatzes tun werden. Die Erfahrung hat gezeigt, dass es sehr wichtig ist, die Aufgaben und Leistungen festzuschreiben, um keine falschen Erwartungen zu wecken. In der Vereinbarung ist festgehalten, warum und wie lange die DRTs dort sind. Kurz gesagt: Die Deutsche Post DHL ist für einen begrenzten Zeitraum – in der Regel rund drei Wochen – mit ihren Teams im Einsatz, und zwar am Flughafen und dem zugehörigen Lager. Die Mitarbeiter sind nicht an der „Frontline", d. h. sie transportieren keine Hilfsgüter dorthin und versorgen keine Verletzten. Die DRTs haben eine klar umrissene Aufgabe und bringen ihre Kernkompetenz Logistik ein.

Mittlerweile hat die Deutsche Post DHL für einige Regionen der Erde vorab Vereinbarungen mit der UNO und direkt mit den Länderregierungen getroffen. Die Teams können so noch schneller eingreifen, denn die betroffenen Länder kennen das Hilfsangebot bereits. Dazu gehören China, die Philippinen, Sri Lanka, Peru und Guatemala. Außer der UNO sind viele andere Stellen vor Ort in einen Hilfseinsatz einzubeziehen – Regierungsstellen, lokale Behörden, Flughafenbehörden, eventuell Militärs –, und es ist eine große Erleichterung, wenn die Zusammenarbeit mit allen Beteiligten vorher geregelt ist.

Die Disaster Response Teams – Vorbereitung und Einsatz

Etwa 200 Mitarbeiterinnen und Mitarbeiter von der Deutschen Post DHL gehören zu den Disaster Response Teams und sind auf drei DRTs aufgeteilt, die regional auf Abruf bereitstehen. Alle sind freiwillige Helfer, die für die Zeit eines Einsatzes vom Unternehmen freigestellt werden. Über die drei zentralen Standorte versucht die Deutsche Post DHL, nah an den besonders gefährdeten Regionen zu sein: in Singapur für die Region Asien-Pazifik, in Dubai für den Nahen/Mittleren Osten und Afrika, in Panama für Lateinamerika und Karibik. Mit diesen Standorten decken die DRTs bereits rund 80 Prozent der Länder ab, die ein erhöhtes Risiko für Naturkatastrophen tragen.

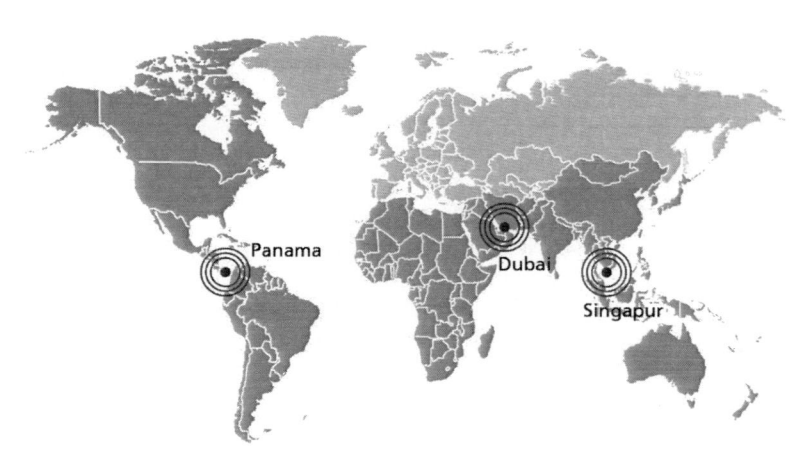

Abbildung 1: Die DRTs sind an drei räumlich wichtigen Standorten zu Hause (Quelle: Deutsche Post DHL)

Bei einem akuten Einsatz sind etwa zehn bis fünfzehn DHL-Helfer gleichzeitig vor Ort. Sie werden nach einigen Tagen von anderen Kollegen abgelöst. Zwei bis drei Teammitglieder sind in der Vorbereitungsphase vor Ort, fünfzehn arbeiten rund zwei Wochen lang in der Logistik, und wiederum sechs bis sieben schließen den Einsatz mit der Übergabe an die lokalen Helfer ab. Die insgesamt rund drei Wochen Einsatzzeit reichen in der Regel, denn dann ist die Hauptarbeit getan.

Die Deutsche Post DHL bereitet die DRTs sehr genau auf die Einsätze vor, und hat im Laufe der Jahre gelernt, dass die Vorbereitung der Mitarbeiter sehr wichtig ist. Die freiwilligen DHL-Mitarbeiter bringen zwar ihr logistisches Know-how mit, aber sie müssen auch auf die besonderen Umstände vorbereitet werden, die in einem Katastrophengebiet herrschen. Dazu gehören eine feste Aufgabenverteilung und eine klare Aussage darüber, was vor Ort ihre Aufgabe ist. Der Einsatzort ist der Flughafen der betroffenen Region und dies muss auch den Helfern klar sein, denn sonst erwarten sie einen Einsatz, der ihre Erwartungen nicht erfüllt. Außerdem kommt eine Tätigkeit auf sie zu, die von praktischen Anforderungen, harter körperlicher Arbeit, viel Flexibilität und kurzen Nächten geprägt ist. Die Erfahrungen bisheriger Einsätze helfen den Mitarbeitern, diese Anforderungen sehr anschaulich zu machen und sie somit auch psychisch auf die Belastungen vorzubereiten.

Bei den Trainings wird bereits versucht, die einzelnen Positionen festzulegen, die die Freiwilligen je nach Vorerfahrungen und eigenen Wünschen einnehmen können. Dies vorher zu trainieren, macht den Einsatz einfacher und effektiver. Die Arbeit und die damit verbundenen Aufgaben teilen sich in fünf Hauptkategorien ein: Logistik/Transport, Information, Kommunikation, Unterbringung und Finanzen. Die zentrale Rolle nimmt der *Ramp Supervisor* ein. Er kümmert sich ausschließlich um Ankunft und Weiterverarbeitung der Hilfsgüter und um die Einteilung des Personals. Wichtig ist auch der *Liaison Manager*. Diese Person hält den Kontakt zur UNO, zu den örtlichen Behörden, zum Flughafenmanagement und gegebenenfalls zum Militär. Organisationsspezialist, Finanz- und IT-Experte oder Disponent sind weitere Funktionen. Auch wenn sich vieles ähnlich anhört, so ist die Tätigkeit viel schwieriger als im regulären Arbeitsalltag. Kurzum: Die regelmäßigen Trainings der Helferinnen und Helfer sind eine sehr wichtige Vorarbeit.

Aktivierung der Disaster Response Teams

Wenn eine Naturkatastrophe geschieht und ein Ausmaß hat, das sie länger als ein, zwei Tage in den weltweiten Nachrichten hält, wird ein Einsatz immer wahrscheinlicher. Die Medienberichterstattung ist ein guter erster Indikator, zusammen mit Informationen der Partner und Mitarbeiter vor Ort. Die Deutsche Post DHL ist in 220 Ländern präsent und bedient 120 000 Zielorte. Das bedeutet, dass fast überall auf der Welt eigene „Nachrichtenquellen" zur Verfügung stehen.

Die Deutsche Post DHL bekommt eine offizielle Anfrage von UN OCHA mit der Bitte um Entsendung eines Disaster Response Teams. Dazu gehören Informationen darüber, welche Region und vor allem welcher Flughafen Hauptumschlagplatz für Hilfsgüter ist. Nach einer Entscheidung für den Einsatz – die trifft das DRT-Management zusammen mit der Zentrale der Deutschen Post DHL in Bonn – stellt das Unternehmen innerhalb von höchstens 72 Stunden das Team zusammen und bereitet die Ankunft an dem Flughafen der betroffenen Region vor. Zu den Vorbereitungen gehört auch eine spezifische operative Vereinbarung mit den Vereinten Nationen, denn nur so kann auf lokale Helfer zugegriffen werden und die Erlaubnis für die Arbeit auf dem Flugfeld und den angrenzenden Lagerräumen erlangt werden.

Das sehr strukturierte Vorgehen im Interesse von Effektivität und damit schneller Hilfe für die notleidenden Menschen war ein Lernprozess für alle Beteiligten.[2] Mittlerweile können die DRTs auf zahlreiche Einsätze zurückblicken, u. a. beim Tsunami im Indischen Ozean 2004, bei dem Hurrikan Katrina am Golf von Mexiko, bei den Erdbeben in Pakistan und Indien 2005 und auf Java 2006, beim Erdbeben in Peru 2007 und bei dem Zyklon in Myanmar 2008.

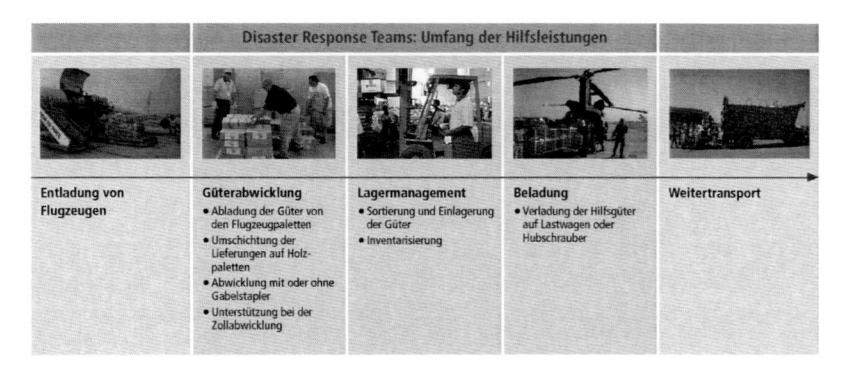

Abbildung 2: Die Leistungen der DHL Teams im Überblick (Quelle: Deutsche Post DHL)

---

2 Der Lernprozess bezieht sich vor allem auf die Bereiche Ablaufpläne, Aufgabenverteilung, Definition der Rolle von UN und anderer Hilfsorganisationen etc.; siehe auch Seite 151 und 152.

Zyklon Nargis – Erfahrungen eines DRT-Einsatzes

Aus dem Erfahrungsbericht eines Mitarbeiters beim Zyklon Nargis in Myanmar:

„Die Vorbereitungen nach dem Hilferuf von UN OCHA verliefen schwieriger als sonst, denn die Regierung von Myanmar hat strenge Visumsvorschriften und wir – Chris Weeks und die freiwilligen Helfer – konnten nicht einfach hinfliegen.[3] Ein Kollege aus Malaysia hatte sich sofort ein Visum an der Botschaft in Kuala Lumpur besorgt, sodass er die Vorhut bilden konnte. Vier weiteren Kollegen gelang es ebenfalls relativ schnell ein Visum zu bekommen, sodass wir zu fünft in Yangon, der Hauptstadt von Myanmar, eintrafen. Unser erster Kontakt war natürlich das örtliche UN-Büro, um zunächst die Vereinbarung zu treffen, wo genau vor Ort wir tätig sein würden. Ohne Handyempfang war die Kommunikation schwierig, aber wir trafen uns im Stadtzentrum mit den UN-Repräsentanten und setzten den Vertrag auf: In einem dreiwöchigen Einsatz würden wir ein rund 3 000 Quadratmeter großes Lagerhaus einrichten, die Hilfsgüter dort einlagern und verwalten.

Nachdem das Ausmaß der Katastrophe deutlich wurde, lief die weltweite Hilfsmaschinerie an. Aus aller Welt kamen per Flugzeug Hilfsgüter in Yangon an. Oft weiß niemand genau, was zu welchem Zeitpunkt ankommt, bevor nicht eine Maschine gelandet ist. Unsere Aufgabe begann nach der Landung mit der schnellen Entladung. In Myanmar gab es zwei besondere Probleme: Es gab kaum brauchbares schweres Gerät zum Entladen der Flugzeuge, und der einzig verfügbare Lagerraum war 20 Kilometer vom Flughafen entfernt. Mit vereinten Kräften lässt sich viel schaffen, das wurde dort wieder einmal deutlich. Unser Team und die lokalen Einsatzkräfte packten alle mit an. Die Hilfsgüter wurden im Notfall getragen, manchmal mit „menschlichen" Gabelstaplern, gebildet aus 18 Mann lokaler Helfer.

Nach der Entladung organisierten wir zunächst das Umpacken der Waren von den Transportpaletten auf stapelbare Standardpaletten. Nur so konnten wir den Lagerraum effizient nutzen. Diese Paletten wurden dann ins Lager transportiert – in diesem Fall per Lkw, da es 20 Kilometer entfernt war. Sonst geschieht das alles direkt auf oder am Flughafen. Weitere DHL-Teammitglieder nahmen die Ware in Empfang, inventarisierten sie und lagerten sie ein. Unser Lagerraum in Yangon hatte zwar keine Elektrizität, aber dafür war er sauber, trocken und

---

3 Myanmar, früher Burma, steht seit Jahrzehnten unter Militärherrschaft und hat für alle Einreisenden strenge Visumsvorschriften. Nur Menschen aus dem Nachbarland Bangladesch dürfen ohne Visum einreisen.

groß. Den Weitertransport über die Straße übernahmen lokale oder andere Organisationen, wir halfen aber bei der Beladung der Lastwagen.

Die Menge an Hilfsgütern nahm stetig zu, aber der Lagerraum war begrenzt. In Yangon wurde es eng, weil die Lastwagen zum Weitertransport nur schwer an Benzin kamen und außerdem die Straßen in schlechtem Zustand waren. Eine Fahrt ins 120 Kilometer entfernte Irrawaddy Delta, das Zentrum der Katastrophe, dauerte den ganzen Tag. Für das DRT hieß das: unermüdlich umschichten. Was nicht nass werden durfte, etwa Decken, Essen oder Medikamente, blieb drinnen, alles andere – Zelte oder Material aus Metall – wurde draußen gelagert. Wir hatten sieben burmesische Helfer, die selbst von dem Unglück betroffen waren und mit anpackten. Sprachprobleme wurden mit Händen und Füßen gelöst oder einfach so: Einer machte vor, was zu tun ist, die anderen machten es dann sofort mit. Die Situation in Myanmar war extrem anstrengend, weil es heiß war, eine hohe Luftfeuchtigkeit herrschte und die Moskitos über uns herfielen. Aber gemeinsam mit unseren lokalen Helfern haben wir die Anstrengungen gemeistert. Rund 2 200 Tonnen an Material wurden bewegt. Nach knapp drei Wochen konnten wir die restliche Arbeit den örtlichen Organisationen überlassen.

Nur gemeinsam können wir die Aufgaben bewältigen, das gilt für alle Einsätze. In Myanmar war die größte Herausforderung, dass unsere Helfer wegen der Visumsprobleme nicht ins Land konnten. So hatten wir zwar 25 Mitarbeiter aktiviert, aber letztlich kamen nur elf rechtzeitig ins Land, um den Einsatz anzugehen. Umso wichtiger waren die lokalen Helfer.

In Myanmar kamen auch die „DHL Speedballs" zum Einsatz. Mit den „Speedballs" kommt die Hilfe auch zu den Menschen in überfluteten Gegenden. Diese DHL-Transportsäcke aus rotem Polypropylen werden mit Essen, Trinkwasser und Medikamenten befüllt und können vom Hubschrauber aus über den betroffenen Gebieten abgeworfen werden. In Myanmar kamen keine Hubschrauber zum Einsatz, aber Boote. Da auf den kleinen Booten wiederum keine Paletten mit Hilfsgütern transportiert werden konnten, waren die sackartigen „Speedballs" das ideale Transportmittel. Das DRT vor Ort hat diesen Prozess zusammen mit dem UNHCR entwickelt und eingesetzt."

Von der Aktualität eingeholt

Im Oktober 2009 waren Indonesien, die Philippinen und Samoa gleichzeitig von Katastrophen betroffen. Die Deutsche Post DHL wurde innerhalb weniger Tage für alle drei Regionen angefordert. Das Disaster Response Team in Singapur musste eine noch nie da gewesene Situation meistern und bekam deshalb Unterstützung von den Kollegen aus Dubai.

Die philippinische Regierung war die erste, die die Einsatzteams um Hilfe bat. Neun geschulte Mitarbeiter nahmen sehr rasch am Ninoy Aquino International Airport in Manila ihre Arbeit auf. Dass man so schnell reagieren konnte, lag an der bereits bestehenden Vereinbarung mit der Regierung der Philippinen. Der Einsatz war auf drei Wochen angelegt, die Freiwilligen von DHL wechselten wöchentlich. Nur wenige Tage später begann auch der Einsatz in Indonesien. Die UNO hatte um Hilfe am Flughafen von Padang gebeten. Innerhalb kürzester Zeit waren zehn DHL Mitarbeiter vor Ort und organisierten auch dort den Frachtumschlag. Zwei Mitarbeiter aus Neuseeland flogen nach Samoa, um die Lage zu sondieren und für die lokalen Hilfsorganisationen beratend tätig zu werden. Drei Einsätze gleichzeitig sind eine ganz besondere Herausforderung für die Koordinatoren, die diese Arbeit neben ihrer regulären Tätigkeit machen, und auch für die Mitarbeiter im Headquarter. Es ist auch eine Herausforderung für das Unternehmen, denn DHL musste in Asien-Pazifik viele Mitarbeiter gleichzeitig abstellen.

Aus dem Einsatz lernen

Jeder Einsatz wird von einer intensiven Nachbereitung begleitet, für die der Leiter des jeweiligen DRTs zuständig ist. Anhand von Berichten und Gesprächen mit UN OCHA werden Vorschläge für künftige Einsätze erarbeitet. Im Laufe der Jahre hat sich gezeigt, wie wichtig die Schulung der Mitarbeiter ist. Der ständige Kontakt zur UN dient dem Ziel, die Einsätze der DRTs noch effektiver und die Zusammenarbeit noch reibungsloser zu machen. Die Erfahrungen, die seit 2003 gesammelt worden sind, fließen in jeden Einsatz ein.

Aber die Deutsche Post DHL wollte sich noch besser vorbereiten. Mit dem United Nations Development Program (UNDP) wurde deshalb 2008 und 2009 ein Projekt gestartet, das in den kommenden Jahren zu einer immensen Hilfe werden kann: GARD. „**G**et **A**irports **R**eady for **D**isaster" soll dazu beitragen, dass die über Flughäfen eintreffende akute Hilfe nach einer Naturkatastrophe gezielter gesteuert werden kann.[4] Das DHL GARD Team führt vor Ort Trainingsmaßnahmen durch und ermittelt die Kapazitäten und örtlichen logistischen Gegebenheiten. Zwei Pilotprojekte in Indonesien, in Makassar und Palu, wurden gerade abgeschlossen. Sie bildeten den Auftakt für ähnliche Projekte in Gebie-

---

4 An den Flughäfen muss die Hilfe nach einer Naturkatastrophe sofort funktionieren, um effektiv zu sein. Das ist schwierig, wenn die eintreffenden Teams vorher gar nichts über die Örtlichkeit wissen. Mit Hilfe von GARD soll die Vorbereitung verbessert werden.

ten Asiens und Lateinamerikas, die ebenfalls häufiger von Naturkatastrophen heimgesucht werden.

Das einwöchige GARD-Training an den Flughäfen von Makassar und Palu fand Anfang August 2009 statt und war vorher monatelang vorbereitet worden: in Treffen mit der Partnerorganisation UNDP, über Kontakte zur indonesischen Regierung und deren Koordinationsstelle für Katastrophenmanagement, durch Einholen von Genehmigungen und Informationen von den Flughafenbehörden. GARD folgt einem „Train-the-trainer"-Konzept: Vor dem eigentlichen Pilotprojekt wurden drei DHL-Mitarbeiter aus Indonesien eingearbeitet. Diese drei Mitarbeiter und der Leiter des DRT Asien-Pazifik haben vor Ort fünfzehn Mitarbeiter aus allen Abteilungen des Flughafens und von DHL aus der Region um Makassar bzw. Palu geschult. Dabei geht es um die Aufgabenverteilung, um logistische Prozesse und darum, festzustellen, über welche Lagerkapazitäten und Gerätschaften der Flughafen verfügt. Nach der Evaluierung des Trainings haben beide Flughäfen somit geschultes Personal und einen detaillierten Kapazitäts- und Einsatzplan für Notfälle.

Partnerschaftliches Arbeiten

Nur gemeinsam können alle Helfer die Vielfalt der Aufgaben nach einem Erdbeben oder einem Tsunami bewältigen. Dabei muss jeder Einzelne seine und jede Organisation ihre Aufgabe wahrnehmen. Die Disaster Response Teams haben sich einen Namen als Logistikexperten gemacht und übernehmen in der Planung und Organisation den Bereich Flughafen. Die NGOs übernehmen die Führung beim Sammeln von Hilfsgütern und beim Verteilen an der „Frontline", die DHL DRTs beim Koordinieren der ankommenden Hilfsgüter. Die UN ist vor Ort Ansprechpartner für alle. Die Deutsche Post DHL sieht es als ein hohes Privileg an, an einer wichtigen Stelle effektiv helfen zu können und stellt ihre Leistungen deshalb kostenlos zur Verfügung. Mit den Vereinten Nationen hat die Deutsche Post DHL einen vertrauensvollen Partner für die Zusammenarbeit. Dieses partnerschaftliche Arbeiten hilft allen Beteiligten und Betroffenen.

Engagement aus Tradition und Verantwortung – Der Volkswagen Konzern

Gerhard Prätorius und Michael Scholing-Darby

Zur Einführung: Globaler Konzern – lokale Projekte

Es gehört zu den guten und bewahrenswerten Traditionen erfolgreichen unternehmerischen Handelns, dass ein Teil des Erfolges an die Gesellschaft zurückgegeben wird. Damit sind nicht nur die unerlässlichen regulären Abgaben in Form von Steuern und Gebühren gemeint, sondern auch die freiwilligen Zuwendungen, das philanthropische und karitative Engagement. Das ist nichts grundsätzlich Neues, sondern etwas, das verantwortungsbewusstes Unternehmertum von Anfang an begleitet. Dieser Teil selbstlosen Handelns wird sinnvoll durch solche Projekte ergänzt, die zum einen einen gesellschaftlichen Bedarf identifizieren und sich zum anderen mit Themen beschäftigen, die für das Unternehmen auch von Eigeninteresse sind. Die effektive Verbindung von derartiger Hilfe zur Selbsthilfe für andere mit den eigenen unternehmerischen Zielen ist eine gute Voraussetzung für erfolgreiche und nachhaltige Kooperationen zwischen den jeweiligen lokalen Akteuren und dem Unternehmen.

Der Volkswagen Konzern ist einer der führenden Automobilhersteller der Welt. Ihm gehören erfolgreiche Marken wie zum Beispiel Volkswagen, Audi, Skoda, Seat und Scania an. An nunmehr einundsechzig Produktionsstätten in einundzwanzig Ländern produzieren rund 370 000 Beschäftigte über 180 verschiedene Modelle.

Für den Volkswagen Konzern hat das gesellschaftliche Engagement eine lange Tradition. Es ist ebenso Teil der Unternehmenskultur wie die besondere Verantwortung für die Mitarbeiter, das Konzept einer starken Beteiligungsorientierung seit dem Neubeginn im Jahr 1947 und das frühzeitige Erkennen des Umweltschutzes als strategisches Unternehmensthema. Die wesentlichen Themen des gesellschaftlichen Engagements von Volkswagen sind Bildung und Wissenschaft, Kultur, Sport und lokale Entwicklung. Im Volkswagen Konzern werden diese Themen weltweit gleich gerichtet verfolgt, jedoch dezentral gesteuert, das heißt die budgetäre und konzeptionelle Verantwortung liegt jeweils vor Ort.

Als Corporate Citizenship sind sie ein integraler Bestandteil des CSR-Konzeptes von Volkswagen, das sich anschaulich als dreistufige Pyramide darstellen lässt.

```
                        Reputation          Good Corporate Citizenship
                                            Philanthropie

                     Strategie              Wettbewerbsvorteile
                     Grundsätze             Innovationschancen

                  Operatives Geschäft       Good Management Practices
                                            Risikomanagement/Compliance
```

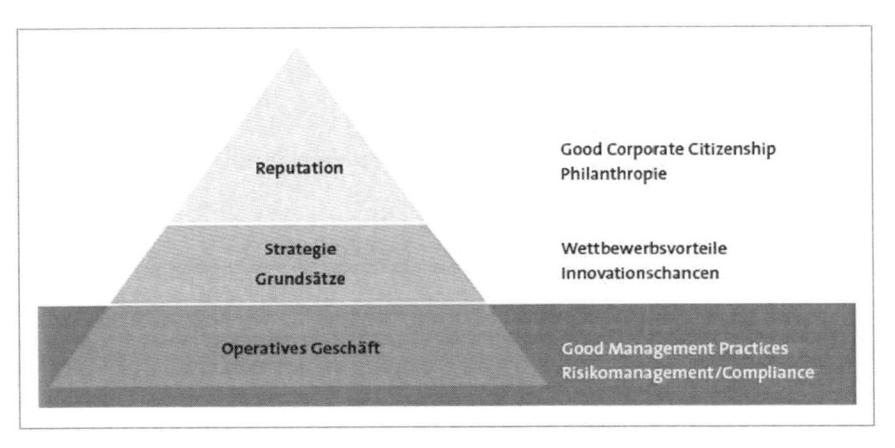

Abbildung 1: CSR-Pyramide (Quelle: Volkswagen AG)

Basis sind das operative Geschäft und die Qualität des Managements der Kernkompetenzen, einschließlich eines adäquaten Risiko- und Compliance-Managements. CSR bei Volkswagen ist daher in erster Annäherung Risikomanagement, das heißt der verantwortliche und strategische Umgang mit den sogenannten ESG-Risiken[1]. Wird dieses im Unternehmensalltag implementiert, eröffnen sich Chancen, CSR als einen strategischen Wettbewerbsvorteil zu entwickeln. Auf der zweiten Ebene ist CSR der systematische Ort, an dem in Verbindung mit den Unternehmenswerten gesellschaftliche Verantwortung gezielt als Ansatz zur Erzielung von Innovationsvorsprüngen verstanden und umgesetzt wird. So leistet CSR einen Beitrag zur Unternehmenswertentwicklung. Dazu gehört eine Top-Performance in den entsprechenden Nachhaltigkeitsratings (z. B. Dow Jones Sustainability Index, FTSE4Good). Die dritte Stufe schließlich umfasst das gesellschaftliche Engagement. Damit gibt ein erfolgreiches Unternehmen als „Corporate Citizen" über sein weltweites Engagement wieder etwas an die Gesellschaft zurück. Das Engagement ist als wesentlicher Faktor für die Reputation auch Ausdruck unternehmerischen Eigeninteresses. Deshalb ist es wichtig, die richtigen Themen und Projekte auszuwählen.

---

1 Als ESG-Risiken bezeichnen die Finanzanalysten die nicht-finanziellen Faktoren aus den Bereichen Umwelt (**Environment**), Gesellschaft und Mitarbeiter (**Social**) sowie Unternehmensführung (**Governance**).

Der vorliegende Beitrag stellt einige ausgewählte Projekte des Volkswagen Konzerns vor. Die Auswahl konzentriert sich inhaltlich vor allem auf Bildungs-, Gesundheits- und Sportprojekte, in Bezug auf die Zielgruppen – wenn auch nicht ausschließlich – auf Kinder und Jugendliche. Sowohl geografisch als auch thematisch ist das Engagement des Konzerns erheblich breiter angelegt als diese Auswahl zeigen kann. Organisatorisch ist das hier dargestellte Engagement insbesondere in Stiftungen konzentriert. Unabhängig von den jeweiligen nationalen Besonderheiten wird das Konzept der Nachhaltigkeit in Stiftungen geradezu verkörpert, indem sie Projekte aus der jeweiligen aktuellen finanziellen Lage eines Unternehmens herauslösen und auf Dauer zur Verfügung stellen. Die Rechts- und Organisationsform der Stiftung garantiert dabei eine gewisse Kontinuität unabhängig von möglichen Veränderungen im unternehmerischen Umfeld. Zudem bieten Stiftungen über Stiftungsräte und andere Gremien die Möglichkeit der institutionellen Beteiligung und Mitverantwortung weiterer Stakeholder wie lokalen Gemeinden, Verbänden, NGOs und wissenschaftlichen Instituten. Diese Beteiligung von Akteuren der Zivilgesellschaft fördert so eine Konzentration auf das Projekt und den Stiftungszweck.

Der Community Trust in Südafrika – Impulse für die lokale Entwicklung ...

Jeder dritte Erwachsene am Eastern Cape, wo der Volkswagen-Standort Uitenhage liegt, ist arbeitslos. Viele Menschen leben in Wellblechhütten, ohne Strom und ohne fließendes Wasser. Gute Schulen gibt es nur wenige. Die medizinische Versorgung ist dürftig und die Lebenserwartung mit dreiundvierzig Jahren erschreckend niedrig. Im Wissen um den maßgeblichen Beitrag der Mitarbeiter zum Erfolg des Unternehmens hat Volkswagen von Anfang an daran gearbeitet, deren Lebensumfeld und das ihrer Kinder dauerhaft zu verbessern. So entstand bereits 1988 – noch während der Apartheid – der Volkswagen Community Trust (VWCT), eine Stiftung, die ausschließlich dem Gemeinwohl dient. Dieser Gründung waren monatelange Verhandlungen mit den Behörden, Studien und Gespräche mit einer Vielzahl an Organisationen, Gemeinden und Gewerkschaftsvertretern vorausgegangen. Erst im Rückblick erschließt sich, welcher Pioniergeist und welche Beharrlichkeit nötig waren, um der Stiftung – gegen viele politische Widerstände – zum Leben zu verhelfen. Dass es gelang, lag vor allem daran, dass die VW-Mitarbeiter und das Unternehmen am selben Strang gezogen haben. Die Stiftungsvorsitzende Nonqubela Maliza beschreibt die Philosophie des Trusts wie folgt: „Gemeinsam mit den Kommunen befähigt er die

Menschen hier, eigeninitiativ und selbstverantwortlich die persönliche Zukunft in die Hand zu nehmen."

20 Millionen Rand (1,8 Millionen Euro) hat Volkswagen of South Africa dem Trust damals als zinsloses Darlehen zur Verfügung gestellt. Auch die 7 Millionen Rand (636 000 Euro), die die südafrikanischen Volkswagen-Mitarbeiter als Sparkapital aufbrachten, hat der Trust gut angelegt. Mit den jährlichen Zinsen werden die Projekte finanziert. Dabei arbeitet der Volkswagen Community Trust unabhängig vom Unternehmen. In seinem Vorstand entscheiden Vertreter der Belegschaft und des Managements, aber auch der Gewerkschaften und der Landgemeinden gemeinsam über die Vergabe der Mittel und über die Förderungswürdigkeit jedes Projekts nach einfachen Kriterien: Nützt das Vorhaben der Gemeinschaft? Steigert es kurz- und langfristig den lokalen Wohlstand? Kann es sich in Zukunft selbst tragen?

Bis heute konnte der Trust mehr als 70 Millionen Rand in die soziale, die ökologische und die ökonomische Entwicklung der Region investieren – nicht nur in und um Port Elizabeth und Uitenhage, sondern auch in Roodekop, Katlehong und Alberton in der Provinz Gauteng und in vielen anderen Regionen. Im Mittelpunkt aller VWCT-Aktivitäten stehen die Kernbereiche Gesundheitsschutz und -vorsorge, Schule und Bildung, Gemeinwohl, Jugendförderung durch Sport sowie Nachhaltigkeit. Der gemeinsame Leitgedanke aller Projekte ist: Hilfe zur Selbsthilfe. Denn der Trust arbeitet nicht nur *in* der Gemeinschaft (Community), sondern vor allem *mit* der Gemeinschaft. So entstehen Partnerschaften mit den unterschiedlichsten Stakeholdern, neben NGOs also etwa auch Behörden, Schulen, Kirchen.

... zum Beispiel Gesundheit

Zwischen Armut und Krankheit, vor allem Aids, besteht ein enger Zusammenhang. Im Kampf gegen die Immunschwäche verfolgt der VWCT einen ganzheitlichen Ansatz – er verbessert die Aufklärung, die Gesundheitsfürsorge und das Risiko-Management sowohl für Mitarbeiter als auch für Menschen, die nicht bei Volkswagen beschäftigt sind. Darum unterstützt der Trust die Betreuung von Aids-Waisen, stellt Unterrichtsmaterial für Grundschulen zur Verfügung, finanziert die HIV/Aids-Aufklärung und treibt die Ausbildung von Hausärzten voran. Er übernimmt auch die Schulgebühren und die Anschaffung von Lehrbüchern für elternlose Kinder – die damit oft zum ersten Mal überhaupt die Chance bekommen, eine Schule zu besuchen. Außerdem unterstützt der VWCT ein Programm zur Tuberkulose-Diagnose und -Therapie, fördert das New Life Pregnancy Crisis Centre und engagiert sich für die Verringerung von Teenager-

Schwangerschaften in und um Uitenhage. Mehrere VWCT-Projekte konzentrieren sich auf die ambulante Betreuung kranker Menschen und die Förderung der südafrikanischen Krebsgesellschaft CANSA.

... zum Beispiel Bildung

Jeder zehnte erwachsene Südafrikaner hat nie eine Schule besucht. Deshalb stellt die Bildungsförderung zweifelsfrei den Tätigkeitsschwerpunkt des VWCT dar. Bis Ende 2008 sind mehr als 11 Millionen Rand (1 Millionen Euro) in Bildungs- und Qualifizierungsprogramme geflossen: in Vorschulinitiativen und Kurse, in Stipendien und die Lehrerfortbildung. Mehr als 30 Prozent des VWCT-Budgets werden für die Bildung verwendet. Bibliotheken auf Rädern, Computer und IT-Kurse, Berufsberatung für ältere Schüler – all das sind Trust-Initiativen. Bemerkenswert ist auch: Wer ein Stipendium erhält, ist verpflichtet, sich nach dem Examen in seiner Heimatgemeinde nützlich zu machen. Besondere Erfolge verzeichnete der Volkswagen Community Trust mit dem Edu-Peg Primary School Maths-Programme, einem umfassenden, interaktiven Lernprogramm, mit dem Grundschülern an einigen Schulen das Lesen, Schreiben und Rechnen beigebracht wird. Und damit auch wirklich alle Kinder daran teilnehmen können, gibt es das Programm gleich in sechs Sprachen – in Englisch, Afrikaans, Xhosa, Zulu, Pedi und Sotho.

... zum Beispiel Beschäftigung

Wer Arbeit hat, kann Leistung zeigen, Selbstbewusstsein entwickeln und in Würde leben. Priorität bei der Arbeitsbeschaffung haben für den VWCT in erster Linie die früher besonders benachteiligten Bevölkerungsschichten, vor allem die Frauen. Der VWCT sucht neue und innovative Beschäftigungsmöglichkeiten, in Genossenschaften zur Ziegelfertigung oder in Nähereien. Eine Gärtnerei bietet Jugendlichen neben kostengünstiger Verpflegung auch langfristigen Halt und obendrein ein Einkommen, denn das angebaute Gemüse ernährt nicht nur die Schüler der angeschlossenen Schulen, sondern wird – bei Überschuss – auch auf dem Markt verkauft. Im sozialpädagogischen Bereich und durch den Bau von Vorschulen sind mehr als 200 Arbeitsplätze entstanden. Auch das Entwicklungsprogramm für die Kleinindustrie, das der Trust gemeinsam mit dem Uitenhage Self Employment Centre realisiert, richtet sich vor allem an Frauen, Jugendliche und Erwerbslose. Diese Projekte zeigen Wirkung: Ehemals arbeits- und willenlose Menschen werden aktiv und erkämpfen sich Schritt für Schritt Selbstachtung und Unabhängigkeit.

... zum Beispiel Sport

Der Sport ist ein wichtiger Baustein zur gesellschaftlichen Integration. Vor allem Jugendlichen bietet er eine gesunde Alternative zu anderen, weniger förderlichen Freizeitaktivitäten. Das VWCT-Angebot an (Mannschafts-)Sportarten gibt jungen Menschen Selbstvertrauen. Der VWCT setzt auch Trainingsplätze instand oder spendet für die Anschaffung von Sportgeräten. Neben Fußball spielt Feldhockey eine besondere Rolle, vor allem an den Grundschulen.

Nicht jedem Projekt war auf Anhieb durchschlagender Erfolg beschieden. Die Gründe dafür sind vielfältig – sie reichen von der verbreiteten „Wait-and-see"-Mentalität in der Bevölkerung über fehlende Professionalität und Effizienz bis zu mangelnder Kontinuität beim Personal und in der Trägerschaft einzelner Projekte. Dies sind angesichts der Größe der Herausforderung kaum vermeidbare Schwierigkeiten. Insgesamt ist der Community Trust über die Jahre zu einem weithin respektierten Programm zur Entwicklung des sozialen Umfelds und des gesellschaftlichen Zusammenhalts in Südafrika herangereift.

Die Fundacão Volkswagen und das Aids Care Programm als zentrale Bausteine des gesellschaftlichen Engagements in Brasilien

Die Geschichte von Volkswagen in Südamerika begann am 23. März 1953 mit der Gründung der Volkswagen do Brasil GmbH in einer kleinen Lagerhalle in einem historischen Stadtviertel von São Paulo. Von Beginn an war es dem Konzern ein Anliegen, seine Sozialstandards auch an den Standorten in Brasilien durchzusetzen.

Die Fundação Volkswagen wurde bereits im Jahre 1979 mit dem Ziel gegründet, Projekte zu entwickeln, die dem Wohl der Bevölkerung in der Umgebung der Volkswagen-Standorte dienen. Bevorzugte Zielgruppe der Stiftung sind Kinder und Jugendliche, die nur durch Bildung ihre Chance einer wirklichen Beteiligung an der wirtschaftlichen Entwicklung des Landes erhalten. Noch immer kann eine viel zu hohe Zahl der Schüler der 4. Klassen kaum lesen und schreiben. Volkswagen engagiert sich in enger Zusammenarbeit mit Bildungseinrichtungen, Forschungsinstituten und lokalen Stadtverwaltungen für die Verbesserung der Bildung an staatlichen Schulen. Derzeit profitieren Schulen in insgesamt 139 Gemeinden in den Bundesstaaten São Paulo und Rio de Janeiro von den Programmen zur Weiterbildung von Lehrkräften, zur Förderung der Lesekultur und zur Integration sozial benachteiligter Schüler.

Praktizierte Menschenrechtspolitik im Sinne der Ziele des Global Compact schützt und fördert das Individuum als einen wirkungsvollen Beitrag zur sozialen und wirtschaftlichen Entwicklung eines jeden Landes. Für den Volkswagen Konzern gehörte am Standort Brasilien neben dem Engagement in der Bildung auch das Thema der gesundheitlichen Versorgung der Bevölkerung von Beginn an dazu. Daher war es naheliegend, sich mit der seit Ende der 1980er-Jahre immer stärker hervortretenden Aids-Problematik auseinanderzusetzen und für die Mitarbeiter ein Programm konkreter Hilfe und Prävention zu initiieren. Inzwischen sind weltweit fast 40 Millionen Menschen infiziert.

Als Mitglied der „Global Business Coalition on HIV/Aids"[2] und der Globalen Gesundheitsinitiative (GHI) des Weltwirtschaftsforums gehört der Volkswagen Konzern einer internationalen Allianz gegen die Krankheit an. Vor allem an den Standorten in Südafrika und Brasilien hat die Aids-Bekämpfung hohe Priorität.

Der erste Fall von Aids unter VW-Mitarbeitern in Brasilien wurde im Jahr 1986 bekannt. Mit der rasanten Verbreitung der Krankheit in den 1990er-Jahren erhöhten sich die Ausfallzeiten unter den Mitarbeitern und das Unternehmen verlor erfahrene Arbeitskräfte. Volkswagen Brasilien rief aufgrund dieser erschreckenden Entwicklung 1994 sein Aids-Care-Programm ins Leben, um seine Mitarbeiter und die lokale Bevölkerung an den Standorten vor Aids zu schützen.

Der Kampf gegen die Immunschwächekrankheit findet bei Volkswagen auf drei Ebenen statt: zum einen durch Aufklärungs- und Präventionskampagnen, zum anderen durch ambulante medizinische Betreuung und häusliche Pflege der Infizierten und Erkrankten und nicht zuletzt durch die Bewahrung der Arbeitsplätze der Betroffenen, die auch nach längeren krankheitsbedingten Fehlzeiten ihre Arbeit wieder aufnehmen können. Nach ihrer Rückkehr müssen diese Mitarbeiter nicht mit Diskriminierung rechnen, denn Diskretion hat beim Team des Aids-Care-Programms oberste Priorität.

Lokale Kinderhilfe ist auch in Deutschland notwendig – Die Kinderstiftung Braunschweig der Volkswagen Financial Services AG

Kinderarmut ist auch in Deutschland kein Fremdwort – in einer mittleren Großstadt wie zum Beispiel Braunschweig lebt etwa jedes vierte Kind in Armut. Neben unzureichenden Bildungschancen prägen oft ungesunde Ernährung, zu wenig Bewegung sowie mangelnde Fürsorge ihr Leben.

---

2 GBC ist eine weltweite unternehmerische NGO zur Bekämpfung von HIV/Aids, Tuberkulose und Malaria.

Die Volkswagen Financial Services AG hat Ende 2008 die Stiftung „Unsere Kinder in Braunschweig" ins Leben gerufen, um Projekte an Braunschweiger Kindergärten und Schulen zu unterstützen. Mit der Höhe des Stiftungskapitals von einer Million Euro dokumentiert das Unternehmen, dass es sich als Top-Arbeitgeber auch um soziale Themen direkt vor der eigenen Haustür kümmert. „Alle Kinder in Braunschweig sollten die Chance auf mindestens eine gesunde, vitaminreiche Mahlzeit am Tag haben", begründete das damalige Vorstandsmitglied Elke Eller das Engagement von Europas größten automobilen Finanzdienstleister.

Neben der gesunden Ernährung stehen die musikalische Früherziehung und – als dritte Säule – die Bewegungsschulung auf dem Stiftungs-Programm. Dabei entscheidet die Stiftung – in Abstimmung mit der Stadt und Beteiligten –, wo jeweils gezielt geholfen und unterstützt wird. Konsens besteht darin, dass die Stiftungsmittel nicht nach dem Gießkannenprinzip, sondern fokussiert und nachhaltig auf wenige Projekte verteilt werden sollen. Derzeit sind zwei Kindergärten und eine Schule in der Braunschweiger Weststadt begünstigt, einem Stadtteil mit einem besonders hohen Anteil an einkommensschwachen Familien.

Dazu gehören zum Beispiel die folgenden Maßnahmen: Für einen Kindergarten ist mit Mitteln der Stiftung eine Küchenzeile angeschafft worden, in der Schule wird, unterstützt von einem örtlichen Lebensmittelkaufmann, einmal wöchentlich ein gesundes Frühstück angeboten. Ein Konzept musikalischer Früherziehung soll in Kürze in Zusammenarbeit mit der Städtischen Musikschule praktisch erprobt werden. Die Schule ist unlängst bereits mit Musikinstrumenten ausgestattet worden. Ab 2010 soll schließlich auch mit gezieltem Bewegungstraining begonnen werden. Insgesamt hat die Volkswagen Financial Services AG der Stiftung in den Jahren 2008 und 2009 jeweils 50 000 Euro zur Verfügung gestellt.

Die Stiftung hat den Anspruch, auch die Belegschaft der Volkswagen Financial Services zum Engagement anzustiften. Jeder Mitarbeiter kann daher zum Beispiel auch über Zeitspenden, das heißt mit ehrenamtlicher Arbeit – neben Geldspenden – direkt selbst helfen. Innerhalb der Stiftung entscheidet ein Beirat über die Verwendung der Gelder. In dem Gremium sind Repräsentanten des Unternehmens, der Stadt Braunschweig, des Betriebsrates und weitere Persönlichkeiten der Region vertreten. Der Betriebsrat hat das Projekt von Anfang an aktiv mitgetragen.

Engagement als Tradition – Das Belegschaftsprojekt „Eine Stunde für die Zukunft"

Die Volkswagen-Belegschaft unterstützt das gesellschaftliche Engagement des Unternehmens aktiv. Sie hat darüber hinaus aber auch immer eigene Akzente gesetzt und in eigener Initiative gehandelt, wenn es etwa galt, Solidarität mit Schwächeren zu üben oder in akuten Notsituationen zu helfen. So kommt die traditionelle Belegschaftsspende einem breiten Spektrum an sozialen und karitativen Organisationen, Initiativen und Vereinen im Umfeld des Wolfsburger Stammwerks zugute. Bei Naturkatastrophen wie zuletzt bei dem schweren Erdbeben in Mittelitalien ist die Belegschaft zudem bereit und in der Lage, spontan und schnell Spenden- und Hilfsaktionen zu starten, die den betroffenen Menschen direkt nützen.

Dabei ist die Bereitschaft zur tätigen Solidarität buchstäblich grenzenlos. Mit dem Leuchtturm-Projekt „Eine Stunde für die Zukunft" unterstützt die Volkswagen-Belegschaft Not leidende Kinder und Jugendliche im Umfeld von VW-Standorten in aller Welt. Das Kinderhilfswerk terre des hommes als Partner der Aktion betreut die Projekte vor Ort und sorgt für eine zuverlässige und nachhaltige Verwendung der Mittel.

Vor zehn Jahren hat der Konzernbetriebsrat die Aktion ins Leben gerufen. Die Idee war: Wenn jeder Mitarbeiter auf nur einen Stundenlohn verzichtet, könnte damit schon vielen besonders benachteiligten Menschen geholfen werden. In den folgenden Jahren beteiligten sich nicht nur Tausende Beschäftigte von Volkswagen, sondern auch von Audi, von Volkswagen Sachsen und von der Financial Services AG an der Aktion, um Straßenkindern in aller Welt zu helfen. Seit 2003 spenden viele Volkswagen-Mitarbeiter Monat für Monat auch die Cents, die auf der Gehaltsabrechnung hinter dem Komma stehen oder sammeln Geld statt Geburtstagsgeschenke. Auf diese Weise konnten inzwischen mehr als zehn Millionen Euro für benachteiligte Kinder wirksam eingesetzt werden.

Mit dem gesammelten Spendengeld sorgen Volkswagen und das Kinderhilfswerk terre des hommes dafür, dass Straßenkinder in Mexiko, Brasilien, Argentinien und Südafrika, aber auch in Deutschland Nahrung und Unterkunft, Schutz, Erziehung und medizinische Betreuung sowie vor allem die Chance auf Bildung und ein selbstbestimmtes Leben erhalten. Weil es vor Ort oft an den elementaren Voraussetzungen fehlt, um den Ärmsten der Armen wirksam und nachhaltig zu helfen, geht es dem Projekt „Eine Stunde für die Zukunft" nicht nur um direkte Hilfe, sondern auch um Vernetzung, Befähigung, Organisationsentwicklung, also Capacity Building.

Das lässt sich gerade am Beispiel Südafrika zeigen. Statt das gesammelte Spendengeld bloß zu verteilen, haben Volkswagen und terre des hommes hier erst einmal die wichtigsten Akteure an einen Tisch geholt. Sie sollten in die Lage versetzt werden, sich in ihrem Engagement für die Rechte der Kinder gegenseitig unterstützen zu können. So entstand das Forum zur Rettung von Kindern („Save the Children Forum"), das sich in der Nelson-Mandela-Metropole rasch zur Plattform für inzwischen 32 Nichtregierungsorganisationen sowie der Kinderschutzeinheit der Südafrikanischen Polizei (SAPS) und diverser lokaler Vertretungen südafrikanischer Ministerien entwickelte. Ein gutes Viertel der Spendenmittel ist überdies in die Schulung von Personal für die Kinderpflege und -erziehung investiert worden. Das sind Fachkräfte, die – bei Gemeinden oder NGOs angestellt – die lokalen Communitys im Kampf gegen Kinderarmut und Aids wirkungsvoll unterstützen können.

Gemeinsam kümmern sich die Bürgerinitiativen und Hilfsorganisationen um etwa 1 200 Mädchen und Jungen, deren Familien die Lasten von Armut und Aids nicht mehr schultern können. Die Mitarbeiter identifizieren hilfsbedürftige Kinder und sorgen dafür, dass sie weiter zur Schule gehen können und regelmäßige Mahlzeiten erhalten. Auch setzen sie sich bei den Behörden für die Ausstellung von Geburtsurkunden ein – die Voraussetzung dafür, dass Familien und Kinder staatliche Unterstützung in Anspruch nehmen können. In Kwa-Nobuhle ist zudem 2006 zusammen mit Twilight Children's Shelter, einer Initiative für obdachlose Kinder, ein Töpferei-Projekt entwickelt worden. Jugendliche werden in einer frisch renovierten Werkstatt darin ausgebildet, Hausrat wie Kaffeebecher, Teller, Aschenbecher und Keramikfliesen herzustellen und selbst zu verkaufen. Nun soll ein Businessplan entwickelt werden, um den nachhaltigen Erfolg des Unternehmens zu gewährleisten. Ein weiteres Projekt, eine Bäckerei, wurde 2007 gemeinsam mit der methodistischen Kirche Edward Cook in New Brighton initiiert. Die Kirche unterhält dort ein Ernährungsprogramm für Kinder. Seither bereichert Selbstgebackenes den Speiseplan der Jungen und Mädchen – und Jobs schafft es obendrein.

Das Save-the-Children-Forum hat auch eine Kampagne initiiert, die darauf zielte, Straßenkinder freiwillig „zurück in die Schule" zu bringen. Jedes Kind wurde persönlich angesprochen und von der Notwendigkeit des Schulbesuchs überzeugt, nicht zuletzt mit der Aussicht auf eine Schuluniform und Bücherspenden, denn allein diese Ausgaben können sich die meisten nicht leisten. Die VW-Belegschaft hat außerdem eine Art Fürsprache-Koalition mit Organisationen gebildet, die über das Problem des Kinderhandels aufklären und die Regierung zum Handeln zwingen wollen.

All diese Initiativen, die unter dem Dach von „Eine Stunde für die Zukunft" laufen, sind von der Überzeugung getragen, dass „jedes Kind die Chance haben soll, eine Kindheit zu erleben, die es wert ist, sich an sie zu erinnern" (Nelson Mandela).

Fazit

Die vorgestellten Beispiele sind nur ein Ausschnitt der zahlreichen CSR-Projekte im Volkswagen Konzern, die sich vorrangig mit der lokalen Unterstützung für Kinder und Jugendliche beschäftigen. Sie zeigen, dass das Thema in dem Unternehmen seit vielen Jahren fest verankert ist. Maßgebliche Voraussetzungen für einen nachhaltigen Projekterfolg sind:

1. die sorgfältige Identifikation des Themas (Problemlage);
2. die Gewinnung der richtigen lokalen Akteure für die Kooperation;
3. die effektive Projektorganisation.

Entscheidend ist immer die Einschätzung einer tätigen Hilfe vor Ort. Nur so kann ein wirksamer Beitrag zur lokalen Entwicklung und damit einer Zukunftssicherung der Bedürftigen geleistet werden.

V. Fokus – Organisation und Region

„Gute Geschäfte" zwischen Unternehmen und
Gemeinnützigen – Die Marktplatz-Methode*

Gerd Placke

Einleitung

Geht man von der Hypothese aus, dass die gesellschaftlichen Bereiche Staat, Markt und Dritter Sektor im Hinblick auf die sozio-ökonomischen Veränderungen mehr und mehr aufeinander verwiesen sind, sollten sie die Chancen wahrnehmen, die in einer Zusammenarbeit mit Einrichtungen aus den jeweils anderen gesellschaftlichen Bereichen liegen. Die Fähigkeit und ebenso die Bereitschaft zur Kooperation werden dementsprechend schon seit Langem als wichtige Ressourcen unserer Zukunftsfähigkeit betrachtet.

Wie kann Kooperation zu einer selbstverständlichen Option des Handelns von Organisationen jeder Provenienz in einem Wirtschafts- und Sozialmodell deutschen Zuschnitts werden, das mit Debatten-Stichworten wie „Neokorporatismus" oder „gesellschaftlich-liberaler Korporatismus"[1] konfrontiert ist? Im Hinblick auf neue lokale Steuerungsmodelle („new local governance") favorisiert die Bertelsmann Stiftung in ihrem Programm „Gesellschaftliche Verantwortung von Unternehmen" seit 2006 eine ursprünglich in den Niederlanden entwickelte Methode. Diese hat zum Ziel, niedrigschwellig und effektiv „neue gesellschaftliche Kooperationen" zwischen privaten, öffentlichen und gemeinnützigen Organisationen im lokalen Umfeld anzubahnen. Bei der Marktplatz-Methode (niederländisch: „Beursvloer"; wörtlich: Börsenparkett) kommen Vertreter von Unternehmen und gemeinnützigen Organisationen für circa zwei Stunden an einem Ort zusammen. Innerhalb dieser Spanne Zeit verhandeln sie dann mit Vertretern der jeweils anderen Seite über mögliche gemeinsame Projekte. Die Marktplatz-Methode bringt auf diese Weise die Nachfrage nach bürgerschaftlich-engagierter Unterstützung und das Angebot bürgerschaftlichen

---

* Der hier veröffentlichte Artikel ist eine leicht gekürzte Version folgender Abhandlung: "Gute Geschäfte zwischen Unternehmen und Gemeinnützige. Die Marktplatz-Methode als neuer Ansatz zu Anbahnung von Kooperationen zwischen Wirtschaft, zivilgesellschaftlichen Unternehmen und öffentlicher Hand im lokalen Umfeld". In: Bertelsmann Stiftung (Hrsg.) (2009): Gute Geschäfte. Marktplatz für Unternehmen und Gemeinnützige (Evaluation und wissenschaftliche Abhandlung). Gütersloh.

1 Vgl. Czada (1994: S. 37–64) auch http://www.politik.uni-osnabrueck.de/POLSYS/ Archive /1995-5.html (Zugriff 18.07.2008) sowie Holtkamp/Bogumil/Kißler (2006: S. 155–171) und jüngst: Backhaus-Maul (2008: S. 14–20).

Engagements zueinander. Unternehmen, kommunale Institutionen, Service Clubs, Schulen, Wohlfahrts-, Kultur-, Umwelt- und andere gemeinnützige Organisationen kommen so in informeller Weise ins Gespräch, dass am Ende zahlreiche und vielfältige formelle Engagementvereinbarungen getroffen sind. In dieser Form haben in der Bundesrepublik seit dem Herbst 2006 über 80 Marktplätze stattgefunden, auf denen weit über 4000 Kooperationen zwischen Unternehmen und Gemeinnützigen im lokalen Umfeld vereinbart worden sind.[2]

Intention dieses Artikels ist es, die deutsche Version der Marktplatz-Methode ausführlich vorzustellen, ihre Absichten zu reflektieren und ihre Erfolgsfaktoren kenntlich zu machen. Darüber hinaus wird die Ausbreitung der Marktplatz-Methode durch die Bertelsmann Stiftung mit der Fragestellung vorgestellt, welche Voraussetzungen hilfreich waren, um diese Idee aus dem niederländischen Kontext zu adaptieren und in Deutschland an mehreren Orten zu verwirklichen. Schließlich sollen Hinweise zur Weiterentwicklung des Ansatzes gegeben werden. In der Hauptsache soll die Abhandlung einen Beitrag dazu leisten, die Marktplatz-Methode in die wissenschaftliche Debatte zu integrieren.

Vorstellung der Marktplatz-Idee mit ihren Strukturmerkmalen

Der Charme der Marktplatz-Methode, die die Bertelsmann Stiftung mit dem Motto „Gute Geschäfte"[3] versehen hat, besteht darin, dass den Formen und Inhalten der vereinbarten Engagements zwischen Unternehmen und Gemeinnützigen nur eine Grenze gesetzt wird: Alles ist möglich, mit der einen – für den Erfolg der Methode entscheidenden Ausnahme –, dass Geld tabu ist. Unternehmen können mit nicht-monetären Dingen – mit Sachleistungen (Räumlichkeiten, Fahrzeugen, Werkzeugen etc.), mit Personalzeit (dem unentgeltlichen Einsatz von Mitarbeitern) und mit ihrer Kompetenz (also unentgeltliche fachliche Leistungen) – Unterstützung liefern.

Es handelt sich bei den ausgehandelten Arrangements nicht um „Transfer-Einbahnstraßen"[4], weil auch die Non-Profit-Organisationen den Unternehmen mit den ihnen eigenen Aktivposten interessante Offerten machen. Im Hinblick auf die drei genannten Optionen können Einrichtungen entweder mit ihrer fachlichen Expertise eine Gegengabe initiieren, wenn zum Beispiel ein Vertreter von

---

2 Stand Sommer 2009. Eine umfassende Evaluation der Ergebnisse von Marktplatz-Vereinbarungen ist im Winter 2008/2009 durchgeführt worden. Eine Broschüre mit den Ergebnissen der Evaluation ist im Erscheinen begriffen. Dieser Artikel wird in dieser Broschüre in einem etwas erweiterten Umfang veröffentlicht werden.
3 Informationen zur niederländischen Marktplatz-Methode finden sich unter www.beursvloer.com. Die deutsche Variante der Marktplatz-Methode wird unter www.gute-geschaefte.org vorgestellt.
4 Vgl.: Waibel/Endres (1999: S. 10).

Vereinen der Kinder- und Jugendhilfe mit deren Expertise Verantwortliche aus Ausbildungsabteilungen von Unternehmen über die Lebenssituation von heranwachsenden Auszubildenden informiert, die sich bei Unternehmen in der nächsten Zukunft potenziell um eine Stelle bewerben könnten. Oder die Einrichtungen stellen ihrerseits Sachmittel zur Verfügung, wenn zum Beispiel bei einem Marktplatz in Hessen ein Unternehmer Holz vom Partner erhält, das diese gemeinnützige Organisation aus einem vorangegangenen Projekt nicht mehr benötigt. Schließlich haben auch Mitarbeiter aus gemeinnützigen Einrichtungen bei Unternehmen ausgeholfen und für sie pro bono Leistungen geliefert: Bei einer lokalen Vereinbarung haben Kindertagesheim-Mitarbeiter an einem Tag der Offenen Tür des kooperierenden Unternehmens unentgeltlich die Kinder der Besucher betreut.[5]

Manchmal sind die Gegengaben der Gemeinnützigen symbolisch, weil sie „lediglich" sinnstiftend sind, manchmal sind sie manifest. So divers diese gegenseitigen Zuwendungen auch sein können, sie fußen letztlich auf der Vorstellung, dass die angestrebte gemeinschaftliche Arbeit für beide Seiten von großem Nutzen ist. Die neuen Kooperationserfahrungen nehmen die Unternehmensmitarbeiter in ihren Arbeitsalltag zurück, sie erweitern ihren Horizont, schärfen ihr gesellschaftliches Bewusstsein und ihre Fähigkeit, mit zwischenmenschlichen Situationen differenzierter umzugehen. Die Gemeinwohlorganisationen wiederum können mit zusätzlichen Ressourcen ihre Ziele erreichen und erleben in ihrem Arbeitsumfeld Menschen aus der Wirtschaft, die mit einer anderen Rationalität an Projekte herangehen, sodass beide Seiten im positiven Sinne irritiert werden. Die Akteure bauen in solchen Prozessen im gemeinsamen Tun gegenseitiges Vertrauen auf und entwickeln in den Projekten sozialen Zusammenhalt.[6]

Der erste Eindruck, den ein Marktplatz der hier vorgestellten Form macht, ist Unübersichtlichkeit. Der Raum ist in der Art eines zwanglosen Empfangs mit Stehtischen organisiert. Je nach Zahl der eingeladenen Repräsentanten bewegen sich von circa 100 bis zu über 300 Menschen mehr oder minder zielgerichtet durch den Raum. Alle sprechen durcheinander, es ist phasenweise sehr laut. Eines der Erfolgsgeheimnisse von „Gute Geschäfte" ist der Umstand, dass dieser erste Eindruck von Unübersichtlichkeit trügt. Das Setting der Marktplatz-Methode ist hoch strukturiert und alles ist darauf ausgerichtet, durch die Gestaltung des Raumes und den gezielten Einsatz von Prozess-Promotoren Menschen

---

5 Über angebahnte Kooperationen informiert die Webseite http://www.gute-geschaefte.org/27.0.html (Zugriff am 17.08.2008).
6 Anzumerken bleibt, dass die Gegengabe keine Notwendigkeit von „Gute Geschäfte" darstellt. Die Marktplatz-Organisatoren aber, die beim Projektmanagement auf dieses Element verzichten, nehmen sich eine Chance, die gemeinnützigen Organisationen aus der Rolle der vornehmlich Nehmenden herauszuholen und das Selbstbewusstsein dieser Akteure durch eine eigene Aktivität zu heben.

zueinanderzubringen, den Prozess zu rhythmisieren, Ressourcen zu aktivieren und dabei Verbindlichkeit und Gleichrangigkeit herzustellen sowie konkrete Ergebnisse zu erzielen. Was sind die Strukturmerkmale eines Marktplatzes? Seine wesentlichen Elemente sollen im Folgenden kurz vorgestellt werden.[7]

Gestaltungsprinzipien

Gestaltungsprinzip „Steh-Empfang"

Die Gestaltung des Marktplatzes in Form eines Empfangs im Stehen ist bewusst gewählt und grenzt sich von traditionellen „Märkten der Möglichkeiten" oder auch von manchen lokalen oder regionalen Messe-Veranstaltungen ab. Auf dem Marktplatz soll man sich nicht hinter Ständen verbergen, sondern aktiv auf Leute zugehen, denn Verhandlungszeiten sind im Stehen kürzer und die ganze Atmosphäre erscheint beweglicher. Der Marktplatz bekommt dadurch durchaus den Charakter eines „Speed-Datings"[8], hier nicht für Individuen, sondern für Organisationen unterschiedlicher Systeme, deren Zugangswege zueinander nicht selbstverständlich erscheinen. Die aufgestellten Stehtische dienen vornehmlich dem Ausfüllen von schriftlichen Engagementvereinbarungen. Die Verschriftlichung der Vereinbarungen stellt für sich genommen bereits ein bedeutsames Element für die Ernsthaftigkeit der Unterredungen dar.

Gestaltungsprinzip „Rezeption/Namensschilder"

Im Eingangsbereich melden sich die Ankommenden an. Eine Teilnehmerliste mit den Namen der angemeldeten Unternehmen und Gemeinnützigen gibt den Akteuren eine erste Orientierung, auf wen sie zugehen können. Unternehmensangehörige und Mitarbeiter von gemeinnützigen Organisationen können sich auf dem Marktplatz zudem anhand der Namensschilder unterschiedlicher Färbung erkennen.

Gestaltungsprinzip „Handelsecken"

Der Marktplatz wird durch die Einteilung in Handelsecken strukturiert, die den Anbietern wie Nachfragern zur Orientierung dienen. Große Schilder benennen

---

7 Sämtliche Strukturmerkmale der Marktplatz-Methode werden im Leitfaden zum Projektmanagement der Marktplatz-Methode vorgestellt, vgl. Bertelsmann Stiftung (2007).
8 Siehe hingegen Gittermann (2007).

jeweils das Thema der Handelsecke. Die Handelsecken können beispielsweise nach den geforderten Kompetenzen (Know-how, Ressourcen, Mitarbeiterengagement), nach den Themenfeldern des gemeinnützigen Engagements (zum Beispiel Schule, Senioren, Selbsthilfegruppen etc.) oder in Kombination von beidem aufgeteilt werden.

Gestaltungsprinzip „Start/Ende-Signal"

Die Handelsphase des Marktplatzes wird mit einem markanten Signal eröffnet, entweder mit einem Gong oder auch durch eine Sirene, um eine eindeutige Abgrenzung zum Vor- und Nachprogramm zu haben. Vorab werden die Gäste durch eine kurze Einleitungsrede begrüßt und auf die Spielregeln des Marktes hingewiesen. Wenn sich das Ende des Marktplatzes abzeichnet, leitet der abschließende Gongschlag zu einem kleinen Empfang über.

Gestaltungsprinzip „Nachprogramm"/„nachbörslicher Handel"

Nach Ertönen des Schlusssignals wird zunächst das bis zum Ende der Handelsphase erreichte Marktplatzergebnis – Zahl der Vereinbarungen, gesamter Geldwert der vereinbarten Engagements[9] – verkündet und ein wertschätzender Dank an die Marktteilnehmer und alle, die mit ihrem Engagement zum Gelingen beigetragen haben, ausgesprochen. Bei Getränken und einem kleinen Imbiss können sich danach alle Beteiligten entspannen und auch weitere (Anbahnungs-)Gespräche führen. Dies wird in der Szene der Marktplatzorganisatoren ironisch als „nachbörslicher Handel" bezeichnet.

Gestaltungsprinzip „Kümmerer"

„Promotoren sind Personen, die einen Innovations- oder Transformationsprozess aktiv und intensiv und mit besonderem Engagement – über den ‚pflichtgemäßen Einsatz' hinaus – fördern."[10] Studien zu Promotorenmodellen haben gezeigt, dass diese Personen dabei helfen können, die Erfolgsaussichten von Projekten zu verbessern, indem sie Barrieren abbauen. Überträgt man diese Idee

---

9 Siehe hierzu den Gliederungspunkt „Intention: Ergebnisorientierung".
10 Vgl. Artikel Promotor, Promotorenmodell, in: Online-Verwaltungslexikon, http://www.olev.de/p/ promotor.htm (Zugriff am 21.07.2008).

auf die Veranstaltung eines Marktplatzes, dann treten dort solche „Kümmerer" in folgender Form auf:

a) Makler
Die Makler bzw. Vermittler werden während des Marktplatzes immer dann aktiv, wenn Anbieter oder Nachfrager bei der Partnersuche nicht weiter- oder im Gespräch trotz grundsätzlichen gegenseitigen Interesses nicht zu einer konkreten Vereinbarung kommen.

b) Moderator
Der Moderator verfügt über ein Mikrofon, kann ein Podest nutzen oder sich auch mit dem Mikro auf dem Marktplatz frei bewegen. Er führt durch das Programm, gibt die Zwischenstände der getroffenen Vereinbarungen bekannt, ruft gesuchte Gemeinnützige oder Unternehmensakteure aus oder unterstützt in anderer geeigneter Weise die Dynamik und das Gelingen des Marktplatzes.

c) Prüfer und Experten
Die Prüfer und Experten lesen die verschriftlichten Engagementvereinbarungen gegen. Sie erfassen die wesentlichen Daten für das Gesamtergebnis des Marktplatzes und bestätigen mit ihrer Unterschrift als neutraler Dritter, dass die Engagementvereinbarung getroffen wurde. Bei vielen Marktplätzen berechnen sie zusätzlich den Geldwert dieses Engagements.[11]

Dieser scheinbar eng gesteckte Rahmen gewährleistet großen Handlungsspielraum zur Selbstorganisation. Der Spielraum kann von den Teilnehmern frei genutzt werden. Es gibt die Freiheit Engagementthemen auszuwählen, die man mit anderen umzusetzen anstrebt. Die Teilnehmer haben die Chance, sich aus dem „Menü" von Orientierungspunkten einen Ablauf zu erstellen und können selbstbestimmt Kontakt zu Personen aufnehmen. Es besteht sogar der Ausweg zum zeitweiligen Ausstieg, indem man durch einen roten Klebepunkt auf dem Namensschild Nachfrager von sich distanziert, sofern man den Eindruck hat, man habe bereits genügend Abmachungen getroffen.

---

11 Siehe dazu auch den Gliederungspunkt „Intention: Ergebnisorientierung".

Intentionen

Intention: „Neue gesellschaftliche Kooperationen"

Im Folgenden soll auf ein Strukturmerkmal näher eingegangen werden, das letztlich den inhaltlichen Kern der Marktplatz-Methode beschreibt und auf die Frage überleitet, welche Intentionen die Bertelsmann Stiftung mit der Marktplatz-Methode verfolgt.

Es ist darauf hingewiesen worden, dass direkte Fragen nach Geld, Spenden und Ähnlichem. vor, während und unmittelbar nach der Veranstaltung tabu sind, nicht jedoch etwa Fragen nach Finanzberatung oder konzeptioneller Unterstützung bei der Spendenwerbung.[12] Es geht um das nicht-monetäre Engagement mittels Arbeitskraft und -zeit, Kompetenz, Zugängen zu Netzwerken, Materialien, Einrichtungen, Kreativität und um anderes mehr.

Diese Schranke soll den Eigenwert der avisierten Kooperationen in den Vordergrund rücken. Damit ist nicht in Abrede gestellt, dass die Finanzierung von gemeinnützigen Projekten kein Bestandteil des unternehmerischen Verständnisses eines „Corporate Citizen" wäre.[13] Nur: Diese Form des Austauschs erschwert den Dialog auf gleicher Augenhöhe. (Nach dem Motto: „Wer bezahlt, der bestimmt!") Zudem kann eine Geldspende letztlich für beide Seiten passiv sein, während Zusammenarbeit in aller Regel aktiv ist und weit mehr mit Selbstveränderungsfähigkeit zu tun hat. Es geht bei der Marktplatz-Methode um solche (noch) ungewöhnlichen und phantasievollen Konstellationen der gleichberechtigten inhaltlichen Zusammenarbeit. Sie sollen konkrete gesellschaftliche Anliegen im lokalen oder regionalen Umfeld angehen. Vorhandene Systemgrenzen können durch die Gemeinschaftsarbeit infrage gestellt werden, wo die Grenzen sinnvolle Zusammenarbeit verhindern. Dazu benötigt unsere Gesellschaft quantitativ und qualitativ mehr, respektive gehaltvollere, nicht-monetäre Kooperationen zwischen unterschiedlichen gesellschaftlichen Akteuren.

Ein Teil der Aufgaben, denen sich diese „neuen gesellschaftlichen Kooperationen"[14] stellen, bieten Lösungen an, die niedrigschwelliger und „sozialräumlicher" als die bisherigen Lösungen von Politik, Verwaltung, Wirtschaft bzw.

---

12 Nichtsdestoweniger muss man klarstellen, dass selbstverständlich bei den allermeisten Teilnehmern der gemeinnützigen Seite aufgrund der eigenen Finanznot der heimliche Wunsch besteht, über kurz oder lang direkte finanzielle Unterstützung zu bekommen. Diese Voreinstellung sollte den Vertretern der Unternehmen durch die Marktplatz-Organisatoren nahegebracht werden.
13 Über die Corporate-Citizenship-Instrumente informieren Habisch/Wildner/Wenzel (2008: S. 3–43).
14 Warum die Bertelsmann Stiftung diesen Begriff favorisiert, erläutert die Einleitung zu: Bertelsmann Stiftung (2008).

dem zivilgesellschaftlichen Sektor allein sind. Und weitere positive Entwicklungen in Folge der Marktplatz-Methode vorausgesetzt, bieten sie sogar die Perspektive, Probleme aufzugreifen, die von den einzelnen Sektoren aufgrund der zunehmenden Komplexitäten nicht mehr allein bewältigt werden können. Wenngleich sie keine Alternative zu sozialstaatlichen Leistungsangeboten sind, stellen solche Konstellationen insofern unverzichtbare Ergänzungen dar.[15]

Aus der Sicht der Politik und der Verwaltung geht es dabei vornehmlich um das Lernen „kollaborativen Regierens". Aus der Sicht der Wirtschaft geht es um eine Kompetenzerweiterung in Richtung „kollaborativ organisierter Verantwortungsübernahme" mit dem Ziel, Risiken des eigenen wirtschaftlichen Handelns zu minimieren. Und aus der Sicht der Gemeinwohlorganisation geht es entweder – im Falle der Non-Profit-Organisationen (NPOs) – um neuartige „kollaborative Strukturen innerhalb der Produktion von Dienstleistungen"[16]; im Falle der Non-Governmental-Organisationen (NGOs)[17] um vorerst erstaunliche kollaborative Ansätze zur Bearbeitung anerkannter zivilgesellschaftlicher Ansprüche. Diese Strukturen erfordern dabei die aktive und teilweise steuernde Unterstützung der organisatorischen, institutionellen und sozialen Fähigkeiten, die in den jeweils anderen Sektoren besser verortet sein können.[18]

Intention: Die Anbahnung von Kooperationen zwischen Partnern unterschiedlicher gesellschaftlicher Bereiche erleichtern

Die Suche nach geeigneten Partnern für neue gesellschaftliche Kooperationen, die das Verhältnis zwischen öffentlichen und privaten Trägern, zwischen Unternehmen, Gemeinnützigen und der Politik neu bestimmen, ist eine anspruchsvolle Angelegenheit. Unternehmen können sich angesichts unzähliger lokaler Vereine, Initiativen und Selbsthilfegruppen kaum einen Überblick über das äußerlich unübersichtliche Bild der gemeinnützigen Organisationen verschaffen. Sie können auch nur schwer einschätzen, wer als Projektpartner vertrauenswürdig und geeignet ist. Umgekehrt verfügen die meisten gemeinnützigen Organisationen ebenfalls nur über ein sehr eingeschränktes Wissen über Unternehmensab-

---

15 Dieser und der folgende Passus stimmen nahezu mit Textpassagen der Einleitung zu: Bertelsmann Stiftung (2008), überein.
16 Vgl. auch die Debatte um den sogenannten „Welfare-Mix". Überblicksartig: Holtkamp /Bogumil/ Kißler (2006: S. 89f).
17 Hier wird ganz pragmatisch zwischen NPO und NGO unterschieden, um den differenten Ansatz im Blick auf die Kooperationsbereitschaft deutlich zu machen. NGOs sind aufgrund ihrer anwaltschaftlichen Funktion viel vorsichtiger bei Kooperationen mit Unternehmen und weitaus weniger an Geldtransfers interessiert.
18 Cisco Systems Inc. (2008).

läufe und die Zielsetzungen privatwirtschaftlicher Akteure. Sie sind zudem aus Mangel an Ressourcen häufig auf den Transfer von Geld – sprich auf Spendenzahlungen – fixiert.[19]

In Deutschland ist das Szenario der Marktplätze für das Zustandekommen von Kooperationen zwischen Wirtschaftsunternehmen und gemeinnützigen Initiativen noch ungewöhnlich, denn die gegenwärtige Vereinbarung von lokaler oder regionaler nicht-monetärer Zusammenarbeit ist eher von Zufälligkeiten geprägt. An dem einen Ort ist es ein engagierter Unternehmer oder eine Initiative aus der Welt der Gemeinwohlorganisationen, die den Impuls geben, an einem anderen Ort ist es erst ein gravierender – meist länger anhaltender – Missstand, der die lokalen Verantwortlichen zu einer konzertierten Aktion zusammenbringt.[20] Diese unvorteilhaften Umstände wurden auch durch eine Befragung der Bertelsmann Stiftung indirekt bestätigt, in der zum Ausdruck kam, dass die fehlenden Kenntnisse über effektives Management von gesellschaftlichem Engagement für etwa jedes fünfte Unternehmen ein Hindernis darstellen, aktiv zu werden.[21] Dies alles mündet in die böse Behauptung, dass viele lokale Bündnisse zwar „gut gemeint", aber nicht „gut gemacht" seien.

Auch wenn wir weiterhin diese vielfältigen Impulse zur Veränderung von Notständen aufgreifen sowie unterstützen sollten, auf der Tagesordnung steht zunächst dringend der Aufbau geeigneter stabiler Infrastrukturen. Sie fördern die gegenseitigen Zugangswege abseits der eingefahrenen sozialpartnerschaftlichen Initiativen und fokussieren das Voranbringen effektiven Projektmanagements zu kooperativem Engagement. Mit solchen guten Rahmenbedingungen können Kommunen und Regionen unmittelbar und angemessen agieren. Die Marktplatz-Methode versucht mit dem beschriebenen Setting einen Weg vorzuschlagen, der die Herausforderung zur systematischen Anbahnung von Kooperationen aufgreift. Sie bezieht Aspekte ein, die die prozessuale Zusammenarbeit zwischen den Partnern voranbringen und die infrastrukturell wirken.

Intention: „Gleiche Augenhöhe"

Ob Gleichrangigkeit in der Projektpartnerschaft gegeben ist, ist letztlich eine Frage der Praxis, des gemeinsamen Handelns und der Kommunikation. Nichtsdestoweniger stellen die Bedingungen, wie sie entstanden ist, einen bedeutenden Faktor dar, wie sich die spätere Kooperation vollzieht, weil in der Initialzün-

---

19 Jakob/Janning (2007: S. 14–22).
20 Vgl. Holtkamp/Bogumil/Kißler (2006: S. 49), „Netzwerke entstehen tendenziell krisengesteuert".
21 Bertelsmann Stiftung (2006).

dung eine Weichenstellung vonstattengeht.[22] Im Setting zur Anbahnung kann sich also die spätere Gleichrangigkeit präformieren. Dies ist Ursache dafür, warum auf dieses Spezifikum während der Marktplatz-Veranstaltung so viel Wert gelegt wird.

Um dies zu gewährleisten, bedient sich die Marktplatz-Methode einiger Implikationen von Großgruppenverfahren, die das „workshopartige und partizipative Arbeiten auch in größeren, großen und sehr großen Gruppen (mit über 30 bis 3 000 Teilnehmenden) ermöglichen".[23]

Demnach bedienen Großgruppenveranstaltungen ebenso wie „Gute Geschäfte" menschliche Bedürfnisse, die das "große Ganze" betreffen und die während des Arbeitsalltags zu kurz kommen. Sie schaffen einen Zusammenschluss, der durch gemeinschaftliche Ziele verbunden wird und in dem jeder mit seinem Anteil für die Gesamtheit verantwortlich ist.[24] Auf diese Weise trainieren die Teilnehmer spezielle Verhaltensweisen, die zu mehr „Commitment" und Veränderungsbereitschaft führen.[25] Die Anwesenden erleben manches, was Bruck und Müller (2007) mit Großgruppenverfahren assoziieren, denn Marktplätze kann man wie die etablierten Verfahren (Open Space, Zukunftskonferenz etc.) als „Informationsdrehscheiben" bezeichnen, als „Lernorte", um – oftmals verborgene – Motivationen kennenzulernen, als „Treffpunkte des Netzwerkens", bei denen unterschiedliche Sichtweisen zusammengeführt werden, Normen und Werte bewusst gemacht werden oder sich ggf. wandeln können.[26]

Ein weiterer Schlüssel zur Gewährleistung von Gleichrangigkeit verbindet sich mit dem Begriff der „Gabe"[27], also der eingangs des Artikels beschriebenen wechselseitigen Transaktion zwischen Unternehmen und Gemeinnützigen, die „Gute Geschäfte" konstituiert. Die Unternehmen erwarten für ihre „Engagementgabe" nicht a priori eine Gegenleistung, sondern in vielen Fällen vor allem einen positiven Effekt für den gemeinnützigen Partner, die Gesellschaft und dann erst für das Unternehmen und seine Mitarbeiter (Personalentwicklungseffekte, Öffentlichkeit, Imagewirkungen u. a. m.). Welchen Nutzen das Unternehmen für sich erwartet, kann bei einer erfolgreich verlaufenden Erstkommunikation und dann im Prozess der Zusammenarbeit tariert werden. Der gemeinnützige Partner sollte sich hier im Zweifelsfall eher offensiv als defensiv

---

22 Man erinnere sich der Worte von Hermann Hesse im Gedicht „Stufen": „Jedem Anfang wohnt ein Zauber inne, der uns beschützt und der uns hilft, zu leben."
23 Weber (2007: S. 10–13).
24 Bruck/Müller (2007: S. 6).
25 Bruck. Müller (2007: S. 29).
26 Bruck. Müller (2007: S. 32–34).
27 Die Theorie der „Gabe" ist im Wesentlichen durch Marcel Mauss in die Soziologie getragen worden, vgl. Mauss (1923/1934). Die folgende Argumentation verdanke ich der sehr interessanten Arbeit von Annika Rehm, vgl Rehm (2009).

verhalten und bereit sein, mit dem Engagement neben dem eigenen auch den Unternehmensnutzen zu fördern. Es ist mithin sinnvoll, dass die gemeinnützige Organisation ein Gespür für die eigenen Kompetenzen und Möglichkeiten entwickelt, die für ein Unternehmen in der einen oder anderen Weise interessant sein könnten. Was durch eine solche Kommunikation gefördert wird, ist, dass Parität zu einem selbstverständlichen Bestandteil der Zusammenarbeit wird.

Die Idee der Gabe erlebt aufgrund dieses Spannungsverhältnisses in der Debatte um „Corporate Social Responsibility" eine Renaissance, weil unternehmerisches Engagement nicht länger wie in seinem traditionalistischen Kontext durch Selbstlosigkeit gekennzeichnet ist, sondern „sich in einem Zwischenbereich zwischen Eigennutz und Uneigennützigkeit"[28] bewegt. Durch diese neuartige Form des Gabentauschs (mittels Kooperation, mittels unternehmerischen Sponsorings, mittels Cause-Related-Marketing etc.) „wird eine Vertrauensbasis geschaffen, woraus sich ein loyales Verhalten"[29] zwischen den Partnern entwickeln kann. Überträgt man dies auf die Marktplatz-Methode, findet dort also kein „Tausch" im klassischen ökonomischen Sinne statt, die reziproke Erwartung ist nicht die einer eindeutig wertentsprechenden (nichtmonetären) Gegengabe im Sinne „Ware gegen Ware".[30] Die „Münze" der Transaktion ist es vielmehr, Win-win-Situationen herzustellen, bei denen der jeweilige „Gewinn" nicht äquivalent sein muss, sondern eher in einem nicht abstrakt zu definierenden Gleichgewicht der jeweils unterschiedlichen Aktivitäten besteht. Durch die reziproke Gabe entsteht eine komplexe soziale Verbindlichkeit, bei der beide Seiten Geber und Nehmer werden. Dies erzeugt symbolisches Kapital, das Geber wie Empfänger im gelingenden Fall für sich verbuchen können. Es ist ein Gabentausch jenseits von einklagbaren Rechtstiteln für die Sicherung des gesellschaftlichen Zusammenhalts, der eben ohne Vertrauen und Anerkennung nicht stabil zu halten ist.[31]

---

28 Rehm (2009: S. 58).
29 Rehm (2009: S. 56).
30 Rehm (2009: S. 57–59). Vgl. auch Offe/Fuchs (2001: S. 417–511, S. 427). Derart nähert sich der dort stattfindende Tausch der „klassischen" Definition von Spende: „Spenden verstehen sich ... als Transfer von Geld, Sachen und Leistungen für gemeinwohlorientierte Zwecke. Sie zeichnen sich besonders durch den Aspekt der Freiwilligkeit und der nicht äquivalenten materiellen Gegenleistung aus." Vgl. Walz u. a. (2008: S. 53, zit. nach Priller und Sommerfeld). Die Marktplatz-Methode bezieht nicht-materielle Gegengaben ein.
31 Stefan Nährlich ist dementsprechend nicht zuzustimmen, wenn er schreibt: „Corporate Citizenship ist also dann erreicht, wenn ‚business case' und ‚social case' im Gleichgewicht sind." Selbst wenn beim Mäzenatentum und beim Sponsoring ein größerer Vorteil auf der ein oder anderen Seite der beteiligten Partner liegen mag, ihm ist entgegenzuhalten, dass das Disparate oder das bisweilen nicht Vergleichbare durch die gegenseitige Gabe zu einer Funktion des sozialen Zusammenhalts wird. Vgl. Nährlich (2008: S. 26–31, S. 27).

Intention: Stärkung von Mittlerorganisation

Die Bertelsmann Stiftung favorisiert keine bestimmte Organisationsform, wer die Initiative zur Vorbereitung und Gestaltung von Marktplätzen übernehmen sollte. Da es um spezifische Kompetenzen geht, die das Konzept erfolgreich machen, und nicht um ein besonderes organisatorisches Modell, können es viele gesellschaftliche Akteure sein, die dies in die Wege leiten: Sowohl Wohlfahrtsverbände und kommunale Anlaufstellen für bürgerschaftliches Engagement als auch einzelne Vereine, Mittlerorganisationen, aber auch Handelskammern, Unternehmen, Serviceclubs (Rotarier etc.) und andere Akteure aus der Wirtschaftswelt sind berufen.

Die bisherigen Erfahrungen von über 60 Marktplätzen zeigen allerdings, dass es vielfach Mittlerorganisationen – und hier insbesondere Freiwilligenagenturen und Bürgerstiftungen sind –, die Marktplätze initiieren und diesen Prozess koordinieren. Gerade die Erstgenannten sind auf diesen Zug aufgesprungen, da sie in einigen Kommunen bereits eine Schlüsselrolle im nichtmonetär engagierten Gemeinwesen spielen und etwa mit Freiwilligentagen oder anderen vergleichbaren Projekten schon über die notwendigen einschlägigen Organisationserfahrungen verfügen.

Der Begriff der „Mittlerorganisation" knüpft sich nicht an einen bestimmten Organisationstypus, sondern an spezifische Qualifikationen, die in einer Organisation verortet sein müssen.[32] Es ist ein Sammelbegriff für unterschiedliche Organisationsformen, die im Bereich des bürgerschaftlichen Engagements von Unternehmen tätig sind: Neben den genannten Typen betätigen sich gewerbliche Berater, städtische oder regionale Anlaufstellen, Agenda-21-Büros sowie andere Netzwerk-Organisationen als Anbahner bzw. Begleiter von Kooperationsprozessen zwischen Unternehmen und gemeinnützigen Organisationen und sind seit 2006 damit aktiv geworden, lokale Marktplätze zu veranstalten.[33]

Den koordinierenden Organisatoren kommen vor Ort im Projektmanagement von „Gute Geschäfte" zwei grundlegende Aufgaben zu[34]: Als „Brückenbauer" übernehmen sie eine intermediäre Rolle, indem sie zwischen den verschiedenen gesellschaftlichen Akteuren und ihren unterschiedlichen Handlungslogiken vermitteln. Dies setzt bei den Mitarbeitern eine zumindest zeitweise Distanz zur eigenen Welt voraus und erfordert Fähigkeiten zur Perspektivenübernahme, indem die Zielsetzungen und Vorstellungen der anderen Beteiligten antizipiert werden. Als Initiatoren und Projektentwickler gehen die Organisatoren über eine neutrale Vermittlungstätigkeit hinaus, denn sie regen das lokale

---

32 Vgl. Jakob/Janning/Placke (2008: S. 23–45).
33 Mittlerorganisationen sind demnach nicht Adressaten des Engagements.
34 Die Argumentation beruht auf Jakob/Janning/Placke (2008: S. 30f).

Marktplatz-Projekt (mit) an, bringen dadurch neue Kooperationen (mit) in Gang, bauen überdies übergreifende Netzwerke auf und werben in der Öffentlichkeit für die neu entstehenden Kooperationen. Sie stellen im Prozess des Projektmanagements für Unternehmen Transparenz und Übersichtlichkeit über den gemeinnützigen Bereich her und bereiten die gemeinnützigen Organisationen auf die nicht-monetäre Zusammenarbeit mit Unternehmen vor.[35] Gerade die Aufgabe, im Prozessmanagement von „Gute Geschäfte" auf die richtigen Multiplikatoren und Netzwerkpartner zu setzen, ist in dieser Hinsicht für eine zunehmende Stabilisierung dieser Strukturen nicht zu unterschätzen. Auf diese Weise will das Programm „Gesellschaftliche Verantwortung von Unternehmen" der Bertelsmann Stiftung Impulse für die notwendige Weiterentwicklung entsprechender Rahmenbedingungen von neuen gesellschaftlichen Kooperationen setzen.[36]

Intention: Stärkung kooperativen Projektmanagements

Beim Management des Prozesses in Vorbereitung eines Marktplatzes handelt es sich im Grunde genommen um eine besondere Form von Projektmanagement. Man kann diese Form des zielgerichteten Handelns vielleicht passender mit dem Wort „Kooperationsmanagement" wiedergeben. Weil alle beteiligten Organisatoren unter der Prämisse „Freiwilligkeit" mitarbeiten, macht es einen Unterschied zur herkömmlichen internen Praxis von Organisationen jeder Provenienz aus, dass die Fortschritte nur einvernehmlich und unter Berücksichtigung der jeweiligen intrinsischen Motivation der Handelnden eingeleitet werden können. Jede Wirtschaftsregion, jede Stadt, jede Landesregion hat daher bedingt durch ihre spezifischen Möglichkeiten einen jeweils besonderen Marktplatz, der im Grunde genommen schon beim nächsten Mal am gleichen Ort und nur dort auf die exakt gleiche Weise repetiert werden kann.

Auf der grundsätzlichen Ebene geht es beim erfolgreichen Management lokaler Marktplätze um organisierte Beziehungspflege, die zu zweierlei führen soll: Dass sich erstens möglichst viele zur Vorbereitung und Teilnahme am (ersten) Marktplatz entscheiden und sie zweitens ernsthaft in Erwägung ziehen, sich in längerfristiger Perspektive für dieses ungewöhnliche Format (monetär

---

35 Egon Endres spricht in dem Zusammenhang von „Grenzgänger-Management", vgl. Endres (2008: S. 46–58).
36 Dieses zentrale Anliegen ist eingebettet in weitere Programm-Maßnahmen wie die hier auch zitierte „Grenzgänger"-Publikation und die „Datenbank der Mittlerorganisationen" (www.gutegeschaefte-macher.org).

oder nicht-monetär) zu engagieren. Die Stärke der lokalen Marktplatzorganisationen liegt dabei immer in der Zusammenstellung von Partnern unterschiedlicher gesellschaftlicher Sektoren, die sich zu einer (temporären) Arbeitsgemeinschaft vereinigen. Der kooperative Ansatz über Sektorengrenzen hinweg nimmt auf diese Weise das finale Ereignis vorweg.
Wenn man idealtypisch das Bild von konzentrischen Kreisen heranzieht, bauen die Organisatoren nachlassend gebundene Kreise von Beziehungen auf, die sich um den "harten Kern" einer festen Arbeitsgruppe formieren. Diese Kerngruppe muss die notwendigen Planungs-, Koordinations- und Arbeitsleistungen erbringen und weitere Akteure gewinnen und einbinden. Im nächsten Kreis arbeitet die Veranstaltergruppe, die für die (finanziellen) Risiken geradesteht, die die Organisationsgruppe als Türöffner unterstützt und das Marktplatzprojekt öffentlich repräsentiert. Im nächsten Zirkel wirken Botschafter und Schirmherren. Beide Funktionen helfen dabei, Kontakte zu potenziellen Mitveranstaltern, Förderern oder auch Marktplatzteilnehmern zu erschließen. Mit ihren Namen und ihren Renommee werben sie für die Marktplatzidee und signalisieren die Seriosität des Vorhabens.

Für die Unterstützer der Idee wie für die Kerngruppe kommt es darauf an, eine Haltung zu verinnerlichen, die einen unbedingten Erfolgsfaktor darstellt, aber schwer im laufenden Prozess durchzuhalten ist: Die Verantwortlichen sollten durch jedwede Kommunikation das Ziel verfolgen, größtmögliche Verbindlichkeit herzustellen, die fortwährend mit der größtmöglichen Diplomatie verknüpft sein muss. Auch wenn die Relation zwischen Verbindlichkeit und Diplomatie je nach den Zusammenhängen variiert, nur diese Kombination bringt freiwillige Selbstverpflichtung bei den Partnern hervor, die unerlässlich für eine gute Aufgabenverteilung innerhalb des etwa halbjährigen Projektzeitraums ist.[37] Was am Anfang an Verbindlichkeit verspielt wurde, ist fast nie zu einem späteren Zeitpunkt wieder herzustellen. Gutes Kooperationsmanagement dieser Art hat demnach nichts mit Unverbindlichkeit oder „Wenige machen die Arbeit, von der viele andere profitieren" zu tun. Diese gleichzeitig akzeptierende wie beziehungsbetonte Kooperation ist für viele Beteiligte sicherlich ein Lernprozess. Und es ist nicht idealistisch hinzuzufügen, dass solche Formen freiwillig-verbindlicher Zusammenarbeit Muster von zukünftiger gesellschaftlicher Koordination im Lokalen vorwegnehmen.[38]

Solche Formen des regsamen Miteinanders in den Vordergrund zu stellen ist auch deshalb notwendig, weil es kein festes Finanzierungsmodell für die

---

37 Grundsätzlich wird man mit dem Ziel eines weniger stressenden Managements am Anfang auf mehr Verbindlichkeit pochen müssen, weil es um die wichtige Anbahnung notwendiger (finanzieller) Grundlagen und prozessualer Rituale für den weiteren Erfolg geht.
38 Holtkamp/Bogumil/Kißler (2006: S. 33–38).

Organisation des Marktplatzes gibt. Die Bertelsmann Stiftung stand von Anfang an dagegen, eine wie auch immer gestaltete Vollfinanzierung für die Marktplätze zu gewährleisten oder zu ermöglichen, da dies unweigerlich die Erwiderung hervorgebracht hätte, das Modell klappt nur, weil Geld von außen geflossen ist. Das Problem der Finanzierung wäre nicht „integrativ" gedacht worden, sondern auf die Zeit nach der Modellprojektphase verschoben worden.

Demnach bestand und besteht immer noch die Herausforderung, den Finanzierungsmodus eines Marktplatzes vorab oder zu Beginn des Prozesses zu sichern. Die für den Marktplatz anfallenden Aufwendungen und Kosten hängen wesentlich davon ab, wie breit die Basis der aktiv Mitwirkenden gestaltet werden kann. Ein großer Teil der erforderlichen Aufwendungen und Arbeitsleistungen für Marktplätze werden auf Pro-bono-Basis von Mitveranstaltern und unterstützenden Organisationen bzw. Personen geleistet. Die dann noch verbleibenden Koordinationsleistungen fordern nach bisherigen Marktplatzerfahrungen einen Personaleinsatz von durchschnittlich acht bis zehn Stunden in der Woche über circa sechs Monate. In der Regel muss die hierfür erforderliche Personalleistung entsprechend bezahlt oder durch die Veranstalter refinanziert werden.[39]

Die Rolle der Bertelsmann Stiftung: Kommunikation, Kooperation, Kompetenzentwicklung

Multiplikationen von Konzepten und Methoden fruchten nicht, wenn die jeweils gegebenen Kontextabhängigkeiten nicht genügend berücksichtigt werden. Dies gilt bereits für Ausbreitungen von einem Ort an den anderen und gilt umso mehr für Übertragungen von einem Land in das nächste. Daher wurde die ursprünglich niederländische Marktplatz-Methode in Deutschland im Jahre 2006 in drei Pilotprojekten in Jena, Kassel und Frankfurt am Main von der Bertelsmann Stiftung erprobt. Die lokalen Akteure erhielten eine fundierte fachliche Hilfestellung sowie Unterstützung bei der Gewinnung von Akteuren aus der Wirtschaft und bei der Öffentlichkeitsarbeit. Aus diesen Erfahrungen entstand ein für Deutschland passender Leitfaden.

Die Bertelsmann Stiftung setzt bei der Übertragung der Marktplatz-Methode auf die Entwicklung von Kompetenzen und auf Vernetzung: Ausge-

---

39 Wollte dagegen eine Organisation alleine den Marktplatz mit eigenem Personal und eigenen Ressourcen veranstalten, müsste sie mit einer halben bis zu einer ganzen zu finanzierenden Personalstelle für ein halbes Jahr sowie mit Sach- und Fremdkosten in der Größenordnung von 10 000 bis ca. 20 000 Euro rechnen und hierfür eine entsprechende Refinanzierung organisieren.

hend von der grundlegenden Überzeugung, dass die Organisation von Marktplätzen in Kommunen und Gemeinden nur dann funktioniert, wenn das Thema dort gelegen kommt und entsprechende Ressourcen lokal mobilisiert werden können, liefert sie einerseits nicht-monetäre Beiträge, die die lokalen Akteure in den Stand versetzen, solche Marktplätze eigenständig und erfolgreich umzusetzen. Dazu dienen das eingerichtete Informations-Portal im Internet (www.gutegeschaefte.org) sowie das umfangreiche Material, das neben der Leitfaden-Publikation auch aus einer DVD-Produktion mit zwei Filmen[40] und weiteren Informationen besteht.[41]

Andererseits kooperiert die Bertelsmann Stiftung auf der regionalen und der Bundesebene mit Partnern aus der Wirtschaft, der Zivilgesellschaft und der Politik, die diesen Handlungsansatz unterstützen wollen und sowohl bei der örtlichen als auch der überregionalen Kontaktanbahnung zu anderen Interessenten aus Politik, Wirtschaft und Wohlfahrt unterstützend tätig werden wollen. Um Akzeptanz und Rückhalt zu schaffen und die Methode auf der strukturellen Ebene zu verankern, hat sie insbesondere einen Unternehmensfonds mit KPMG Deutsche Treuhand-Gesellschaft Aktiengesellschaft und der RWE AG aufgelegt, um den Auf- und Ausbau einer organisatorischen Infrastruktur für die Marktplatz-Methode in Deutschland zu fördern. Auf diese Weise wollen die Partner die gegenseitigen Zugangswege zwischen Unternehmen und Gemeinnützigen im lokalen Umfeld verbessern.[42]

Die Bertelsmann Stiftung verbindet letztlich diejenigen Akteure, die sich unter dem Kennzeichen „Gute Geschäfte" versammeln wollen, und entwickelt die Methode mit ihnen im Sinne der Ausformung eines „Gütezeichens" weiter – ohne dass die Stiftung dabei einen Alleinvertretungsanspruch für Marktplätze reklamiert. Jeder ist berufen, auf eigene Initiative „Gute Geschäfte" unter kreativen Namensfindungen zu veranstalten. Die Stiftung ist allerdings der Überzeugung, dass eine Beteiligung unter dem Schirm „Gute Geschäfte" die beste Gewährleistung für eine zielstrebige Gestaltung der Ausbreitung bietet, weil auf diese Weise so etwas wie eine „Marke" entsteht. Die Ausbreitungsstrategie zur Methode ist also durch das Verständnis grundsätzlicher Offenheit für mögliche Nutznießer geprägt, und das Kooperative der Methode erfährt hier gleichfalls eine Fortsetzung.

---

40 Die Zielgruppe eines dreiminütigen Films sind Unternehmen, die das ungewöhnliche Format der Marktplätze kennenlernen wollen. Ein ca. zehnminütiger Film stellt die wesentlichen Inhalte des Projektmanagements vor und richtet sich an lokale Projektorganisatoren.
41 Die lokalen Verantwortlichen können u. a. unentgeltlich einen Koffer bestellen, der die wesentlichen Utensilien für einen Marktplatz enthält.
42 Über die Unterstützungsmöglichkeiten informiert www.gute-geschaefte.org.

Die wissenschaftliche Debatte um die Art und Weise, wie man Ideen in der sozialen Welt erfolgreich verbreiten kann, wird seit jeher geführt und ist komplex. Die Komplexität rührt daher, dass es keine ubiquitären Rezepte hierzu geben kann, die Skalierung befindet sich stets in Relation zu den Fragen, „was" skaliert werden und „wie" die Skalierung vonstattengehen soll. Eine Methode mit einem solch spezifischen Fokus wie „Gute Geschäfte" zu übertragen, die zudem mit wenigen verbindlichen Parametern arbeitet[43], hat ganz andere Implikationen als etwa die Frage, wie eine Erfolg versprechende Organisationsform auf andere gesellschaftlichen Verhältnisse übertragen werden könnte.[44]

Sicherlich, die anerkannte Kompetenz der Bertelsmann Stiftung vor allem in der Wirtschaftswelt und der Ressourceneinsatz einer wohlhabenden Stiftung stellen nicht zu vernachlässigende Faktoren beim Vorwärtskommen eines solchen Projektes wie „Gute Geschäfte" dar. Weit bedeutsamer für den Erfolg war allerdings in erster Linie der Umstand, dass die Akteure in der Corporate-Citizenship-Landschaft offenbar auf ein derartiges Angebot gewartet haben, das Bewegung in die Szene bringen könnte. Der Gründungsboom von Freiwilligenagenturen und Bürgerstiftungen in den vergangenen zehn Jahren und die damit einhergehenden Entwicklungsschübe brachten eine Szene von potenziellen lokalen Projektträgern hervor. Ein weiterer Erfolgsfaktor ist wohl in dem Umstand zu sehen, dass die Marktplatz-Methode trotz aller lokalen und internationalen Unterschiede relativ unabhängig von besonderen kulturellen und persönlichen Faktoren erfolgreich zu sein scheint. Anhand der niederländischen „Beursvloer"-Beispiele, die man besuchen konnte, war es vorab klar, dass die Marktplatz-Methode einen Nutzen schafft. Es ging also im Kern darum, wie man diesen Nutzen im differenten deutschen Umfeld gewährleisten kann. Kurz und gut: Die Bertelsmann Stiftung ist auf Umstände gestoßen, die sie kaum beeinflussen konnte und die sich günstig ausgewirkt haben.

Insgesamt betrachtet stellt der Weg zur Ausbreitung von Marktplätzen den Versuch dar, die Skalierungsstrategie der Methode anzupassen: Sie favorisiert „lose Koppelung"[45] und damit zum Beispiel die Vernachlässigung von Formali-

---

43 Im Grunde genommen sind nur zwei Konstellationen vorstellbar, die im Zweifelsfalle mit sich bringen, nicht länger von „Gute Geschäfte" reden zu können. Zum einen, wenn auf Marktplätzen Geld nicht tabu sein sollte, sondern offensiv als Mittel der Anbahnung eingesetzt wird. Dann verwandelt sich der Marktplatz in ein Fundraising-Treff, der seine Berechtigung haben mag, allerdings kaum Verbindungen zu den hier vorgestellten Projektzielen hat. Zum anderen in dem Fall, dass auf einem Marktplatz in der Hauptsache Business-to-Business-Verbindungen aufgebaut werden sollen. Auch hier gilt: Elemente der Marktplatz-Methode können dort eventuell sinnvoll eingesetzt werden, haben allerdings nichts mit den Zielen in Richtung Stärkung neuer gesellschaftlicher Kooperationen gemein.
44 Vgl. Dees/Anderson/Wei-Skillern (2002).
45 Holtkamp/Bogumil/Kißler. (2006: S. 36).

täten in solchen Fällen, in denen auch abseits von „Markenrechten" Nutzen generiert werden kann: Erfahrung geht im Zweifelsfall vor Form. Dies trägt dem in der Literatur hervorgehobenen Umstand Rechnung, dass losere Organisationsformen Vertrauen schaffen und dann Innovationen fördern, wenn die in solchen Netzwerkstrukturen beteiligten Organisationen davon wiederum einen Ertrag haben.[46]

Resümee und Ausblick

Dass die Marktplatz-Methode bislang ohne vorgegebenes Geschäftsmodell und festen Finanzierungsmodus so erfolgreich war, sollte vielen Mut machen, mehr auf kooperative Verfahrenswege zu setzen. Dies bestätigt zudem die Behauptung, dass Kooperation sich durchsetzen kann, wenn sie praktiziert wird! Die Marktplatz-Methode kann deshalb in der deutschen Debatte um Corporate Citizenship ein nicht zu unterschätzender Katalysator für die Produktion von Sozialkapital sein.[47] Die Methode bietet jedenfalls die Chance, die sozialräumlichen Verwirklichungsmöglichkeiten von Organisationen zu verbessern, weil deren Vertreter Handlungsmöglichkeiten bewerten, prüfen und in Einklang mit Ihren Interessen und Fähigkeiten bringen können. Man kann die Marktplätze deswegen als eine Hinwendung zu einem „handlungsorientierten Ansatz" bezeichnen, der die bisherige Orientierung auf „Produkte" wie „Freiwilligenaktivtage" auf eine andere Ebene hebt und viele Variationsmöglichkeiten des Tätigwerdens ermöglicht.[48] Es entsteht durch die Marktplätze zudem ein System von „unverbindlichen Verbindlichkeiten", bei dem man sich nicht auf einen langen Prozess verpflichten muss[49], ein Zusammenhang von Verpflichtungen sowie wechselseitiger Unterstützung, wobei Partnerschaftlichkeit den praxisrelevanten Garanten des gegenseitigen Profits auf Augenhöhe ausmacht. Kooperation führt auf diese Weise zu gegenseitigem Verständnis und zu mehr Transparenz. „Gute Geschäfte" hat den Anspruch, diesen gesellschaftlichen Wandel mit anzustoßen und zu einem deutschen Paradigma von gesellschaftlicher Verantwortungsübernahme von Unternehmen beizutragen. „Gute Geschäfte" liefert mit dem Mittel „zielgerichteten Experimentierens"[50] Beiträge zu einer engagementfreundlichen Atmosphäre. Diese Atmosphäre soll kommunal Verantwortliche davon überzeugen,

---

46 Schöwing (2007: S. 192–202, S. 195).
47 Vgl. Schultheis (2007).
48 Danke an Dieter Schöffmann für diese These.
49 Diesen Hinweis verdanke ich meiner Kollegin Birgit Riess.
50 Antal/Dierkes/Oppen (2007: S. 267–290, S. 284–288).

dass Investitionen in Engagement fördernde Infrastrukturen – also in entsprechende Institutionen und in eine spezifische Kompetenz des „Brückenbauens" – sich lohnen.

Sicherlich stellt dieser – alle Beteiligten (noch) herausfordernde – Ansatz für die deutsche Landschaft einen noch sehr ungewöhnlichen Zugang zu einem Projekt dar. Und auch wenn das Format vordergründig einen „lockeren", und „leichtgängigen" Eindruck macht – die Marktplatz-Methode durchzuführen, ist harte Arbeit! Es handelt sich um ein Projekt zum Erlernen von Kompetenzen, die Mittlerorganisationen und andere an neuen lokalen Steuerungsmodellen interessierte Organisationen in ihrem Arbeitsalltag benötigen. Die Organisatoren sind dabei „Wellenbrecher" für eine neue Kultur von Lösungsansätzen und brauchen entsprechend weiterhin Qualifizierung sowie gleichzeitig eine Stabilisierung ihrer bisher prekären (Finanzierungs-)Strukturen, um ihr in den letzten Jahren geschärftes Profil als Entwicklungsagenturen für bürgerschaftliches Engagement auszubauen.

Infolgedessen haben die lokalen Organisatoren und mit ihr die Bertelsmann Stiftung noch Herausforderungen vor sich. Es ist mühsam, Unternehmen für dieses Format zu gewinnen, das manche von ihnen befremdet. Auch bei vielen lokalen Verbandsstrukturen der Wirtschaft ist das Thema „unternehmerisches bürgerschaftliches Engagement" in einer solchen neuen Form kaum angekommen. Damit ist angedeutet, dass die Integration öffentlicher Einrichtungen eine zentrale Aufgabe bleibt: Natürlich applaudieren Kommunen im Angesicht des Umstands, dass ohne ihr großes Zutun öffentliche Aufgaben erledigt werden können. Worauf es jedoch ankäme, wäre eine substanzielle Begleitung der Organisatoren durch Vertreter der kommunalen Einrichtungen. Und dies wäre für sie von großem Nutzen, allein schon deswegen, weil die Beteiligung an einem Marktplatz sie ein geschärftes Sensorium dafür entwickeln lässt, welche Tendenzen sich im gemeinnützigen Bereich aktuell abzeichnen.[51]

In der Marktplatz-Methode steckt Potenzial, wenn es um die Fortentwicklung kreativer Formen bürgerschaftlichen Engagements geht. Nach mittlerweile über dreijähriger Projektlaufzeit stellt sich heraus, dass Formen und Inhalte des Marktplatzes modifiziert oder weiterentwickelt werden können. So wurde im Winter 2008/2009 auf mehreren bundesweiten Tagungen und einer internationalen Konferenz eine Adaption des Konzepts für solche Formate durchgeführt. Die Ereignisse hatten sich zum Ziel gesetzt, über die Vermittlung von interessanten Inhalten zur verbindlichen Vernetzung der Teilnehmer über das Kongres-

---

51 Ganz zu schweigen davon, dass Mitarbeiter aus der kommunalen Verwaltung sich selbst auf einem Marktplatz engagieren könnten.

sende hinaus beizutragen.[52] Daneben wurden 2009 erstmals themenorientierte Marktplätze veranstaltet, die einen Schwerpunkt (Bildung, Integration, Senioren etc.) fokussieren und die Teilnehmer animieren, dies mittels ihrer Angebote und Nachfragen zu berücksichtigen. Auch können größere Unternehmen dieses Instrument sehr gut in ihre interne Organisation von freiwilligem Arbeitnehmerengagement integrieren, wie es die Fortis Bank in den Niederlanden bereits macht.[53]

Literatur

Antal, Ariane Berthoin/Dierkes, Meinolf/Oppen, Maria (2007): Zur Zukunft der Wirtschaft in der Gesellschaft. In: Kocka, Jürgen (Hrsg.). Zukunftsfähigkeit Deutschlands. Sozialwissenschaftliche Essays. Berlin: Edition Sigma, S. 267–290.
Backhaus-Maul, Holger (2008): Traditionspfad mit Entwicklungspotenzial. In: Aus Politik und Zeitgeschichte 31, S. 14–20.
Barth, Jonna (2007): Corporate Citizenship aus der Sicht der Landespolitik. Verständnis, Ziele, Instrumente. Wiesbaden: Gabler.
Bertelsmann Stiftung (Hrsg.) (2006): Die gesellschaftliche Verantwortung von Unternehmen. Detailauswertung. Dokumentation einer Unternehmensbefragung. Gütersloh: Verlag Bertelsmann Stiftung.
Bertelsmann Stiftung (2007): Gute Geschäfte. Marktplatz für Unternehmen und Gemeinnützige. Leitfaden. Gütersloh: Verlag Bertelsmann Stiftung.
Bertelsmann Stiftung (Hrsg.) (2008): Grenzgänger, Pfadfinder, Arrangeure. Mittlerorganisationen zwischen Unternehmen und Gemeinwohlorganisationen. Gütersloh: Verlag Bertelsmann Stiftung.
Bertelsmann Stiftung (Hrsg.). 2009: Gute Geschäfte. Marktplatz für Unternehmen und Gemeinnützige (Evaluation und wissenschaftliche Abhandlung). Gütersloh: Verlag Bertelsmann Stiftung.
Bruck, Walter/Müller, Rudolf (2007): Wirkungsvolle Tagungen und Großgruppen. Offenbach: Gabal Verlag.
Cisco Systems Inc. (Hrsg.) (2008): Connected Republic. Regieren und Verwalten in der Wissensgesellschaft. Link: http://www.cisco.com/web/DE/pdfs/publicsector/connected_republic_dt_08_04.pdf (Zugriff am 9.09.2008).

---

52 Es entsteht hieraus ein spezifischer Leitfaden zu dieser Form des Marktplatzes. Hinzuweisen ist darauf, dass hier Überlegungen laufen, Geld als Transfermittel zuzulassen, weil dies die Bereitschaft fördern kann, Projektideen weiterzugeben, um einen „Return on investment" für die gebende Institution zu gewährleisten.
53 Sie organisiert Aktivtage ihrer Arbeitnehmer, indem sie in einem ersten Schritt per Email interessierte Mitarbeiter für einen solchen Tag eruiert und nach möglichen Handlungsfeldern im gemeinnützigen Bereich befragt. Aus diesen Handlungsfeldern lädt man dann eine entsprechende Anzahl von Vereinen ein. Auf einem zentralen Marktplatz treffen sich dann Organisationen und Unternehmensmitarbeiter, die hier individuelle Arrangements absprechen, je nach den Präferenzen.

Czada, Roland (1994): Konjunkturen des Korporatismus. Zur Geschichte eines Paradigmenwechsels in der Verbändeforschung. In: Streeck, Wolfgang (Hrsg.). Staat und Verbände. PVS-Sonderheft 25. Opladen: Westdeutscher Verlag, S. 37–64.

Dees, Gregory/Anderson, Beth B./Wei-Skillern, Jane (2002): Pathways to Social Impact: Strategies for Scaling Out Successful Social Innovation. Link: http://www.fuqua.duke.edu/centers/case/documents/workingpaper3.pdf (Zugriff am 5.09.2008).

Endres, Egon (2008): Grenzgänger – ein neuer Managementtypus. In: Bertelsmann Stiftung (Hrsg.). Grenzgänger, Pfadfinder, Arrangeure. Gütersloh: Verlag Bertelsmann Stiftung, S. 46–58.

Folkerts, Liesa (2001): Promotoren in Innovationsprozessen. Empirische Untersuchung zur personellen Dynamik. Wiesbaden: Deutscher Universitäts-Verlag.

Gittermann, Anneke (2007): Der Beginn einer wunderbaren Freundschaft. Marktplätze – mehr als nur ein Speed Date. Link: http://www.gute-geschaefte.org/uploads/tx_jpdownloads/Vortrag_Gittermann.pdf (Zugriff am 26.08.2008).

Habisch, André/Wildner, Martin/Wenzel, Franz (2008): Corporate Citizenship (CC) als Bestandteil der Unternehmensstrategie. In: Habisch, André/Schmidpeter, René/Neureiter, Martin (Hrsg.). Handbuch Corporate Citizenship. Corporate Social Responsibility für Manager. Berlin/Heidelberg: Springer Verlag, S. 3–43.

Holtkamp, Lars/Bogumil, Jörg/Kißler, Leo (2006): Kooperative Demokratie. Das politische Potenzial von Bürgerengagement. Frankfurt/New York: Campus.

Jakob, Gisela/Janning, Heinz (2007): Freiwilligenagenturen als Mittler zwischen Unternehmen und Non-Profit-Organisationen, in: Wirtschaftspsychologie 9. Jg, Heft 1, S. 14–22.

Jakob, Gisela/Janning, Heinz/Placke, Gerd (2008): Brückenbauer für neue soziale Kooperationen zwischen Unternehmen und gemeinnützigen Organisationen. Zur intermediären Rolle von Mittlerorganisationen. In: Bertelsmann Stiftung (Hrsg.). Grenzgänger, Pfadfinder, Arrangeure. Gütersloh: Verlag Bertelsmann Stiftung, S. 23–45.

Janning, Heinz/Bartjes, Heinz (2000): Ehrenamt und Wirtschaft. Internationale Beispiele bürgerschaftlichen Engagements der Wirtschaft. Stuttgart: Robert-Bosch-Stiftung Verlag.

Janning, Heinz/Placke, Gerd (2002): Ein Bericht über das Hannoveraner Projekt: Altera – die andere Seite. Transfermöglichkeiten eines Corporate Volunteering Einsatzes. Niedersächsische Staatskanzlei (unveröffentlicht).

Katholische Stiftungsfachhochschule München (Hrsg.) (2008): Zusammenfassung des Gutachtens zum Wert des Bürgerschaftlichen Engagements in Bayern. 2008, Link: http://www.ksfh.de/hs_profil/ksfh_new/zusammenfassung-des-gutachtens-zum-wert-des-burgerschaftlichen-engagements-in-bayern/view (Zugriff am 22.08.2008).

Krüger, Norbert (2008): Lokale Bündnisse. In: Habisch, André/Schmidpeter, René/Neureiter, Martin (Hrsg.). Handbuch Corporate Citizenship. Corporate Social Responsibility für Manager. Berlin/Heidelberg: Springer Verlag, S. 307–320.

Mauss, Marcel (1923/1924): Essai sur le don. Forme et Raison de l'Echange dans les Sociétés archai-ques. In: L'Année Sociologique, neue Reihe, Band I. Paris: Presses Universitaires de France, S. 30–186.

Nährlich, Stefan (2008): Euphorie des Ausbruchs und Suche nach gesellschaftlicher Wirkung. In: Aus Politik und Zeitgeschichte 31, S. 26–31.

Offe, Claus/Fuchs, Susanne (2001): Schwund des Sozialkapitals? Der Fall Deutschland. In: Putnam, Robert D. (Hrsg.). Gesellschaft und Gemeinsinn. Gütersloh: Verlag Bertelsmann Stiftung, S. 417–511.

Rehm, Annika (2009): Giving back to society – Corporate Social Responsibility als moderner Gaben-tausch? In: Rehm, Annika/Müller-Christ, Georg (Hrsg.) (2009): Giving back to society – Corporate Social Responsibility und soziale Nachhaltigkeit als moderner Gabentausch? Schriftenreihe: Nachhaltigkeit und Management Band 7. Hamburg: Lit-Verlag (im Erscheinen).

Schöwing, Mirjam (2007). Multiplikation durch Franchising. In: Achleitner, Ann-K./Pöllath, Reinhard/Stahl, Erwin (Hrsg.): Finanzierung von Sozialunternehmern. Konzepte zur finanziellen Unterstützung von Social Entrepreneurs. Stuttgart: Schäffer-Poeschel, S. 192–202.
Schultheis, Jürgen (2007). Der Kitt für die Gesellschaft. In: Frankfurter Rundschau. 4. April 2007.
Waibel, Mira/Endres, Egon (1999): Kooperatives Wissensmanagement. Wissenstransfer zwischen sozialen Einrichtungen und Wirtschaftsunternehmen durch wechselseitige Hospitationen. Link:http://www.uni-magdeburg.de/mpeb/dick/hb/dateien/ hb17.pdf (Zugriff am 15.08.2008).
Walz, Richard u. a. (Hrsg.) (2008): Spenden und Gemeinnützigkeitsrecht in Europa. Tübingen: Mohr-Siebeck Verlag.
Weber, Susanne Maria (2007): Machtfreie Räume schaffen? In: Weiterbildung, Heft 5, S. 10–13.

Gemeinsam stark – über das Zusammenspiel von Unternehmensstiftungen, Unternehmen und gemeinnützigen Organisationen am Beispiel der Siemens Stiftung

Christine Weyrich

Ein Zusammenspiel verschiedener Partner ist im sozialen Bereich und bei internationalen Hilfsprojekten oft von Vorteil, da sich so Wissen, Logistik und Ressourcen kombinieren lassen. Doch ist eine erfolgreiche Partnerschaft von gemeinnützigen Organisationen und Unternehmen überhaupt möglich? Was zeichnet sie aus und welche notwendigen Schritte müssen dafür getan werden? Sicher wird es Organisationen geben, die – aufgrund ihrer Zielsetzung – nicht genügend Schnittstellen sehen, um mit einem bestimmten Unternehmen zusammenzuarbeiten und umgekehrt. Dies bedeutet aber nicht, dass beide Seiten per se nicht zusammenpassen. Im Gegenteil: Durch die oft unterschiedlichen Ansätze ergeben sich neue Perspektiven und es entstehen produktive Zusammenschlüsse verschiedenartiger Organisationen und Arbeitsmethoden. Es kommt in erster Linie darauf an, dass beide Seiten dieselben Ziele verfolgen und sich dabei ergänzen können. Seit einigen Jahren zeigt sich eine zunehmende Annäherung von Unternehmen und gemeinnützigen Organisationen, nicht zuletzt durch die gegenseitige Anerkennung der jeweiligen Rolle in einer globalisierten Welt. Diese Verbindung hat starke Fürsprecher. Die UNO ruft im Global Compact sowie in den Millennium Development Goals Wirtschaft, Politik und den Dritten Sektor dazu auf, einen Beitrag zu einer sozial gerechten und ökologisch intakten Welt zu leisten.[1] Die Notwendigkeit, Kompetenzen zu bündeln, um diese Ziele zu erreichen, liegt auf der Hand.

Inzwischen gibt es auch zahlreiche Beispiele für produktive und stabile Partnerschaften zwischen gemeinnützigen Organisationen und Unternehmen. Unternehmensstiftungen nehmen hier eine zentrale Rolle ein, da sie zum einen Mittler zwischen Gesellschaft und Organisation sind, zum anderen Fachwissen im unternehmerischen und sozialen Bereich besitzen. Langfristig erfolgreich können derartige Kooperationen dann sein, wenn sie strategisch angelegt sind und die gemeinsamen Ziele in den Mittelpunkt ihrer Partnerschaft stellen: den Nutzen für die Gesellschaft und das soziale Engagement.

---

1 Vgl. http://www.un.org/en/business/index.shtml (Zugriff am 16.10.2009).

Die Siemens Stiftung

Die Siemens AG hat im September 2008 die Siemens Stiftung mit dem Ziel gegründet, das gesellschaftliche Engagement des Unternehmens zu stärken und weiter auszubauen. In einem ersten Schritt hat das Unternehmen die vorher auf Konzernebene betreuten Projekte im Rahmen seiner Corporate-Citizenship-Programme Siemens Generation21 für naturwissenschaftliche Bildung, Siemens Caring Hands für soziale Hilfsleistungen sowie das Siemens Arts Program für Kunst und Kultur in die Stiftung übertragen. Darüber hinaus entwickelt die Stiftung neue inhaltliche Schwerpunkte und Aktivitäten. Im Fokus der Stiftung stehen die Handlungsfelder Bildung & Soziales, Gesellschaft & Technik sowie Kunst & Kultur. Die Stiftung agiert in erster Linie operativ in eigenen Programmen sowie als Partner in nationalen und internationalen Projekten.

Die Siemens Stiftung bezieht sich auf Werner von Siemens, der den technischen Fortschritt als Chance für jeden verstand. So ist das soziale Engagement seit 160 Jahren ein fester Bestandteil der Unternehmenskultur der Siemens AG und die Siemens Stiftung kann auf diese langjährige Erfahrung aufbauen. Viele der unter Siemens initiierten Aktivitäten werden in der Stiftung weitergeführt, etwa die Förderung naturwissenschaftlich-technischer Bildung, das bürgerschaftliche Engagement, Projekte in den Bereichen Katastrophenhilfe, Wasser und Gesundheit. Mit der Gründung der selbstständig agierenden Stiftung rückt das gesamtgesellschaftliche Engagement in den Vordergrund und wird auf eine breite thematische Basis gestellt. Die Stiftung verbindet die Erfahrungen aus dem Unternehmen mit entsprechendem Fachwissen. Sie versteht sich als Förderin von Ideen und Innovationen, als Labor zum Verstehen der Gegenwart und als Impulsgeberin für die Themen der Zukunft. Gemeinsam mit Partnern entwickelt die Stiftung Modelle zur Lösung gesellschaftlicher Herausforderungen, wobei die Durchführung von Projekten und die Hilfe vor Ort im Fokus stehen.

Bedarfsanalyse: Drängende gesellschaftliche Herausforderungen bestimmen das Portfolio der Siemens Stiftung

Die Siemens Stiftung antwortet mit ihren internationalen Programmen auf die Herausforderungen einer vielschichtigen und konfliktbesetzten Welt. Sie möchte Menschen dazu anhalten, selbstverantwortlich und nachhaltig zu handeln und leistet damit einen Beitrag zu einer offeneren Gesellschaft. Ausschlaggebend für die Aktivitäten sind die Millenniumsziele der Vereinten Nationen: Über eine Milliarde Menschen weltweit müssen von weniger als einem Dollar am Tag leben. In den Entwicklungsländern ist dieser Betrag zumeist gleichbedeutend mit Unterernährung und einer fehlenden gesundheitlichen Versorgung. Durch steigende Lebensmittelpreise und die aktuelle Wirtschafts- und Finanzkrise werden in den armen Ländern der Erde zukünftig immer mehr Menschen auf Unterstützung der reichen Länder angewiesen sein. Nach Schätzungen der WHO haben weltweit etwa 884 Millionen Menschen keinen Zugang zu sauberem Trinkwasser oder einer sanitären Grundversorgung.[1] Jährlich sterben 1,8 Millionen Menschen an den Folgen verunreinigten Wassers, viele davon sind Kinder unter fünf Jahren.[2] Über ungesicherte Wasserstellen können sich Krankheiten epidemisch ausbreiten. Die Cholera-Epidemie in Simbabwe Ende des Jahres 2008 zeigt mit fast 90 000 Infizierten und vielen Toten die verheerenden Ausmaße. Die Industrienationen haben sich in den Millenniumszielen der UN auf ein gemeinsames Ziel verpflichtet: den Anteil der Menschen, die in extremer Armut, ohne Anschluss an eine Trinkwasser- und Basis-Sanitärversorgung und ohne die Möglichkeit auf eine Primärbildung leben, bis 2015 zu halbieren. Die Siemens Stiftung leistet ihren Beitrag durch ihr Engagement in Hilfsprojekten für Entwicklungsländer. Im Zentrum des humanitären Einsatzes steht dabei immer die Hilfe zur Selbsthilfe. Sei es durch den Bau von Schulen, die Bereitstellung von Wasserfiltern für den nachhaltigen Einsatz oder durch die Aufklärungsarbeit im Bereich Wasser, Gesundheit und Hygiene. Für die wirkungsvolle Umsetzung der Projekte kooperiert die Siemens Stiftung unter anderem mit UNICEF, der Stiftung UNESCO, der Kinderrechtsorganisation Save the Children und der australischen SkyJuice Foundation.

Aber auch in den Industrieländern gibt es Anlässe zum Handeln. Ein Schwerpunkt der Siemens Stiftung liegt hier in der naturwissenschaftlich-technischen Ausbildung von Kindern und Jugendlichen. Diese sollen schon früh auf die Ansprüche einer technisierten und globalisierten Welt vorbereitet werden. Im Fokus steht dabei die Förderung der MINT (= Mathematik, Informatik, Naturwissenschaft und Technik)-Bildung. Denn trotz guter Karriereaussichten im Beruf sinkt das Interesse an naturwissenschaftlichen und technischen Themen. Als Folge davon droht nicht nur der Mangel an Fachkräften für die Industrie, sondern diese Entwicklung gefährdet auch die Zukunftsfähigkeit unserer Gesellschaft, denn Treibhauseffekt, Ressourcenknappheit und demografischer Wandel stellen besonders unsere technologische Innovationsfähigkeit vor eine große Herausforderung. Ohne Neugierde und Forschergeist lassen sich keine Lösungen für diese globalen Entwicklungen finden. Um junge Menschen schon früh für Naturwissenschaften und Technik zu begeistern, kooperiert die Siemens

---

1 Vgl. http://www.who.int/water_sanitation_health/monitoring/jmp2008.pdf (Zugriff am 16.10.2009).
2 Vgl. http://www.who.int/water_sanitation_health/diseases/burden/en/index.html (Zugriff am 16.10.2009).

Stiftung unter anderem mit der Initiative Science Lab, mit dem Verein MINT-EC und dem Haus der kleinen Forscher.

Eine weitere aktuelle Herausforderung unserer modernen Gesellschaft ist die internationale Migration. Für mehr Chancengleichheit im späteren Bildungs- und Berufsleben treibt die Siemens Stiftung deshalb die sprachliche Frühförderung von Kindern ab drei Jahren voran, denn mangelnde Sprachfähigkeit kann ohne eine frühe Förderung nur schwer kompensiert werden. Gemeinsam mit dem Verein Zentrum für kindliche Mehrsprachigkeit e. V. setzt sich die Siemens Stiftung für die Verbreitung der Sprachfördermethode KIKUS (Kinder in Kulturen und Sprachen) ein, die eigens für die Bedürfnisse von Kleinkindern entwickelt wurde.

Der Bedarf an Hilfsmaßnahmen ist groß. Im Rahmen ihrer Möglichkeiten leistet die Siemens Stiftung einen nachhaltigen Beitrag durch Bereitstellung von finanziellen Ressourcen, Wissen oder Netzwerken. In all ihren Aktivitäten hat sich die Stiftung zum Ziel gesetzt, die Lebensqualität der Menschen zu verbessern, sowohl durch technische Hilfsmittel als auch durch Bildungsförderung.

Gemeinsames Handeln ohne Reibungsverluste

Es liegt auf der Hand, dass die Siemens Stiftung viele ihrer internationalen, aber auch nationalen Projekte nicht allein umsetzen kann, sondern diese in der Zusammenarbeit mit gemeinnützigen Organisationen und Partnern entwickelt und durchführt. Synergien sind gefragt, nur so kann jede Seite ihre Stärken optimal einbringen.

Abbildung 1: Jeder Partner trägt zu einem erfolgreichen Projekt bei (Quelle: Siemens Stiftung)

Viele gemeinnützige Organisationen verfügen über ein hervorragendes Netzwerk vor Ort, das entweder aus eigenen Mitarbeitern oder lokalen Partnerorganisationen besteht. Diese kennen die spezifischen Strukturen, sprechen die Sprache des jeweiligen Landes und können wichtige Aufbauarbeit an Ort und Stelle leisten. Zudem sind sie auf bestimmte Themen wie humanitäre Soforthilfe, Wasserversorgung oder Bildung spezialisiert und haben die richtigen Kontakte zu den entsprechenden Institutionen in den Ländern sowie das Wissen darüber, was die Menschen wirklich benötigen. Häufig sind sie aufgrund ihrer Nähe zu den angesprochenen Bevölkerungsgruppen in der Lage, deren Eigeninitiative zu mobilisieren und auch die Ressourcen der betreffenden Länder effektiver zu nutzen. Das führt generell zu einer höheren Effizienz der eingesetzten Mittel.

Umgekehrt profitieren natürlich auch die gemeinnützigen Organisationen von einer Kooperation mit der Siemens Stiftung: So können die Organisationen mit mehr finanziellen Ressourcen rechnen und damit ihre Einnahmen nachhaltiger und kontinuierlicher sichern. Gerade im akuten Notfall verfügen Unternehmen und Stiftungen über größere finanzielle Ressourcen als Privatpersonen. Doch nicht nur der finanzielle Aspekt ist von Bedeutung: Die Partner können ebenfalls auf technische Unterstützung, Know-how und Beratung durch die Siemens Stiftung bauen. Oder wie es Adrian Teetz, ehemaliger Mitarbeiter des Deutschen Roten Kreuzes, formuliert: „Am Anfang steht die bewusste Entscheidung, gesellschaftliches Handeln zu übernehmen und dies im Unternehmen zu verankern – dann gibt es verschiedene Unterstützungsmöglichkeiten: Da Unternehmen andere finanzielle Spielräume haben als Privatpersonen, können Spenden aus der Wirtschaft punktuell sehr hilfreich sein. Manche Unternehmen produzieren Güter, die in der Katastrophenhilfe gebraucht werden oder verfügen über Mitarbeiter mit nützlichen Spezialkenntnissen."

Projekte im Team festlegen

Die Vorteile für beide Seiten kommen allerdings nur zum Tragen, wenn sich die Partner in der Sache einig sind und ein gemeinsames Ziel verfolgen, das durch eine Kooperation besser und effizienter erreicht werden kann. Der Anstoß zu gemeinsamen Projekten kann dabei, wie noch an konkreten Beispielen zu sehen sein wird, von beiden Seiten erfolgen: Die Siemens Stiftung identifiziert bestehende Projekte von gemeinnützigen Unternehmen, die sie finanziell sowie mit weiterführenden Ideen und Know-how sinnvoll unterstützen kann. Oder die Siemens Stiftung möchte ein konkretes Thema oder Projekt selbst initiieren und realisieren und recherchiert dafür gezielt Organisationen als Partner. In diesem

Fall fungiert die Stiftung als Impulsgeber, der verschiedene Player aus unterschiedlichen Bereichen sinnvoll zusammenbringt.

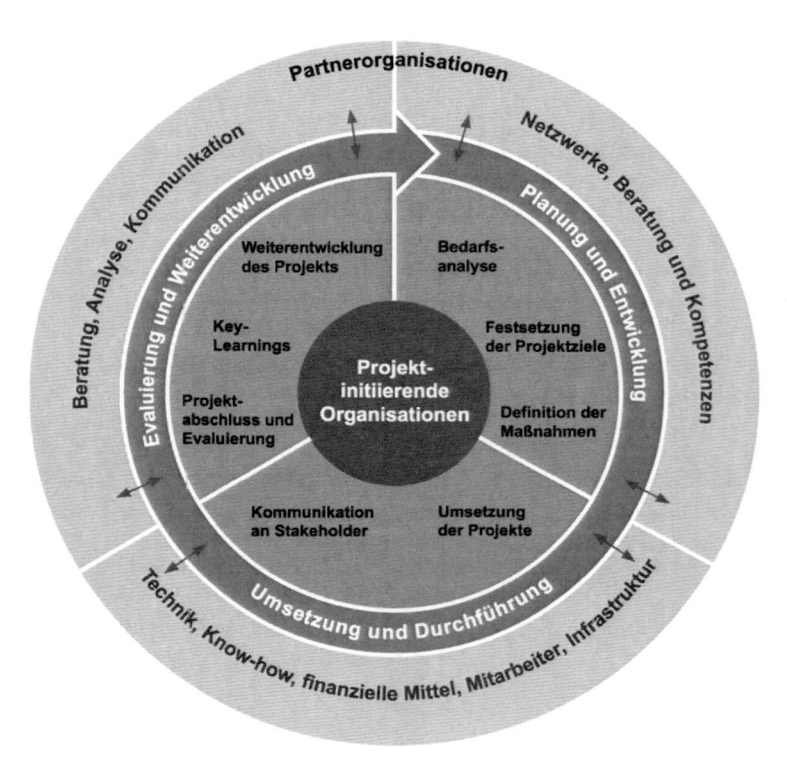

Abbildung 2: Zusammenspiel der Organisationen bei der Planung und Durchführung gemeinsamer Projekte (Quelle: Siemens Stiftung)

Die daraus entstehenden Partnerschaften können ganz unterschiedlich aufgebaut sein. Es lassen sich jedoch einige Regeln für ein sinnvolles Vorgehen benennen, die immer gelten: Die Siemens Stiftung definiert im Vorfeld Kriterien für eine mögliche Zusammenarbeit mit den gemeinnützigen Organisationen. Dabei gilt es immer zu klären: Stimmen die Visionen und Inhalte mit den Zielen der Stiftung überein und sind hohe Expertise und Professionalität vorhanden? Weiter wird evaluiert, ob die Organisationen in den Regionen präsent sind, welche Netzwerke sie pflegen, welche Projekte schon von ihnen durchgeführt wurden, mit welchen Partnern sie in der Vergangenheit zusammengearbeitet haben und last but not least, ob eine kontinuierliche Kooperation möglich und gewünscht ist. Denn der Fokus der Stiftung liegt auf langfristig angelegten Projekten, die eine nachhaltige und sinnvolle Zusammenarbeit ermöglichen. Oftmals bildet eine einzelne Hilfsmaßnahme die Initialzündung für eine Reihe von Folgeaktivitäten.

Wird schließlich ein Projekt konkret, müssen die Parteien im Vorfeld gemeinsam und detailliert klären, welche Inhalte oder Projektziele mit welchen Mitteln erreicht werden sollen, welcher Bedarf besteht und wie man zielgerichtet vorgeht. So können sich beide Seiten aufeinander einstellen und genau abklären, welchen Beitrag jeder Partner bei der Durchführung und für den Erfolg eines Projektes leisten kann. Letztlich ist damit auch sichergestellt, dass das Projekt im Vordergrund steht, dass die Partner es gemeinsam gestalten und gemeinsam die Verantwortung dafür übernehmen. Im Hinblick auf eine langfristige Zusammenarbeit müssen die Projekte im Nachhinein exakt evaluiert werden. Hier sind die wesentlichen Fragen, ob die Zielsetzung erreicht wurde, ob die Erwartungen beider Seiten erfüllt wurden oder ob es Verbesserungspotenzial im gemeinsamen Vorgehen gibt.

Ein transparentes Agieren, konkrete Absprachen und natürlich Vertrauen auf beiden Seiten sind Grundlage für das Gelingen aller Projektschritte – angefangen von der Planung bis hin zu Evaluierung und konzeptioneller Weiterentwicklung der Aktivitäten.

Von der Theorie zur Praxis: Die Siemens Stiftung und ihre Partnerorganisationen

Deutsches Rotes Kreuz – schnelle Hilfe nach Katastrophen

Wenn die Frage nach gemeinsamen Zielen eine wesentliche Voraussetzung für die Zusammenarbeit ist, dann muss man die Schnittstellen zwischen dem Deutschen Roten Kreuz (DRK) und der Siemens Stiftung nicht lange suchen: Es geht um die schnelle humanitäre Hilfe nach Katastrophen. Ebenso entspricht der Aufbau der Hilfsorganisation der Struktur der Siemens Stiftung – eine internationale Organisation mit leistungsfähigen regionalen Verbindungen – und bietet daher ideale Voraussetzungen für ein gemeinsames Netzwerk. Das DRK ist ein langjähriger Partner der Siemens AG und jetzt der Siemens Stiftung. Die besondere Expertise des DRK liegt in der Katastrophenhilfe und -vorsorge sowie der Trinkwasser- und basismedizinischen Versorgung. Weitere Schwerpunkte sind zum Beispiel die Unterstützung von AIDS-Kranken und deren Familien, die Bekämpfung von Armut und die Existenzförderung. Durch die Zusammenarbeit mit den nationalen Rotkreuz- und Rothalbmond-Gesellschaften vor Ort kann die Hilfe genau an die Bedürfnisse der Betroffenen angepasst werden. Auf diese Weise ist gewährleistet, dass die Unterstützung der Siemens Stiftung zielgerichtet erfolgen kann.

Die Partnerschaft zwischen der Siemens Stiftung und dem DRK ist langfristig angelegt und besteht in der Zusammenarbeit bei Natur- und humanitären Katastrophen weltweit. So stellt das DRK der Siemens Stiftung in einem akuten Notfall auf Anfrage Informationen über die Situation im Katastrophengebiet zur Verfügung und berät hinsichtlich geeigneter Hilfsleistungen. Im Gegenzug kontaktiert das DRK die Stiftung, wenn für die Durchführung eines Projektes finanzielle Mittel nötig sind oder gegebenenfalls Wasserfilter bereitgestellt werden sollen. In der Vergangenheit haben beide Organisationen nach dem Erdbeben in Indonesien 2006, dem Wirbelsturm „Sidr" in Bangladesch in November 2007 sowie nach dem Erdbeben in der Provinz Sichuan in China und dem Wirbelsturm „Nargis" in Myanmar zusammengearbeitet. Auch nach der Cholera-Epidemie im Dezember 2008 in Simbabwe sowie den Wirbelstürmen und Erdbeben in Südostasien im September 2009 hat die Siemens Stiftung an das Deutsche Rote Kreuz gespendet. Beide Seiten haben sich als verlässliche Partner kennengelernt. Im Sinne einer effizienten Kooperation und eines schnellen Anlaufs der Hilfsaktionen hat es sich bewährt, dass im Katastrophenfall sowohl bei der Stiftung als auch beim DRK feste Ansprechpartner zur Verfügung stehen. Im Notfall können so die Abläufe schnell und reibungslos ineinandergreifen.

SkyJuice Foundation – ohne sauberes Trinkwasser kein Fortschritt

Die Versorgung mit sauberem Wasser ist eine notwendige Voraussetzung für das Überleben vieler Menschen. Deshalb ist die verbesserte Trinkwasserversorgung in den Entwicklungsländern sowie nach akuten Katastrophen ein wichtiges Anliegen der Siemens Stiftung. In ihrem Engagement für Wasser und Gesundheit kooperiert die Stiftung mit der gemeinnützigen Stiftung SkyJuice Foundation mit Sitz in Australien. Die 2005 gegründete Foundation produziert und distribuiert die mobile Wasserfilteranlage „SkyHydrant". Ein Membranfilter entfernt Krankheitserreger, Viren, Schwebstoffe und Trübungen aus dem Rohwasser und produziert auf diese Weise pro Tag mehr als 10 000 Liter Trinkwasser. Die wartungsarme Filteranlage ist einfach zu transportieren und kann ohne elektrischen Strom betrieben werden. Sie ist sowohl für den kurzfristigen Einsatz nach Katastrophen geeignet wie auch für die langfristige Trinkwasserversorgung von ganzen Dörfern, denn die Membran hält bis zu zehn Jahre. Die Siemens Stiftung trägt dazu bei, dass die mobilen Geräte der SkyJuice Foundation weltweit zum Einsatz kommen. Momentan verrichten sie ihre nützlichen Dienste bei Projekten in den afrikanischen Ländern Burkina Faso, Kenia, Angola und Äthiopien. Das erste gemeinsame Projekt mit der SkyJuice Foundation war die Spende von Wasserfiltern nach dem Zyklon Sidr in Bangladesch im Jahr 2007.

Die Mitarbeiter der SkyJuice Foundation nehmen eine wichtige Rolle bei der Implementierung der Wasserfilter in den Projektgebieten ein. Sie beraten bei der Auswahl einer angemessenen technischen Lösung für den Einsatzzweck und begleiten den Aufbau der Systeme vor Ort. Zudem schulen sie die Bevölkerung in Betrieb und Instandhaltung der Filteranlagen. Die Siemens Stiftung kauft die mobilen Wasserfilter und ist damit für die australische Foundation ein verlässlicher Abnehmer. Die Filter werden in Kooperation mit sozialen Werkstätten in Australien hergestellt. Der Erlös fließt in die Produktion neuer Filter, in zusätzliche Projekte sowie in die Weiterentwicklung der Geräte. Man könnte die SkyJuice Foundation auch als Sozialunternehmen bezeichnen, das mit seinen Produkten ein gesellschaftliches Problem löst, eine Beschäftigungsmöglichkeit für Bedürftige bietet und dabei keinerlei Gewinn anstrebt, denn alle Filter werden zum Selbstkostenpreis verkauft. Die Siemens Stiftung unterstützt diese Form von Organisationen, da sie ein vielversprechender Beitrag zu einer nachhaltigen Hilfe zur Selbsthilfe sind.

Die Rechnung geht für beide Partner auf. Sie können ihren gemeinsamen Zweck, die bessere Versorgung mit sauberem Trinkwasser zu fördern, effizienter verfolgen. Weltweit sind bereits mehr als 600 Systeme im Einsatz. Darüber hinaus hat die Siemens Stiftung durch die Kooperation mit der SkyJuice Foundation einen entscheidenden Grundstein für internationale Wasserprojekte mit weiteren Partnern gelegt.

Save the Children – Wasser und Hygiene zum Schutz von Kindern verbessern

Die Siemens Stiftung bringt die Wasserfilter der SkyJuice Foundation auch in die Kooperation mit Save the Children, der größten unabhängigen Kinderrechtsorganisation der Welt, ein. Die Organisation setzt sich in 120 Ländern für die Rechte von Kindern ein, um sie vor Krankheit, Hunger und Ausbeutung zu schützen. Im Fokus stehen das Recht auf Bildung in Krisengebieten, Schutz nach Kriegen und Naturkatastrophen, Programme zur Verbesserung der Gesundheitssituation sowie eine Verringerung der Säuglingssterblichkeit. Beide Organisationen treffen sich bei ihren Bemühungen um die Verbesserung der Trinkwasserversorgung, der Gesundheit und der Hygieneaufklärung in den Entwicklungsländern. Die Siemens Stiftung kooperiert mit der nationalen Organisation Save the Children Deutschland e. V., die auf das Netzwerk der internationalen Büros zurückgreifen kann.

In Zusammenarbeit mit den Kommunen baut Save the Children geeignete nachhaltige Wassersysteme und sanitäre Anlagen. Dabei ist es erforderlich, eine Bestandsaufnahme in den jeweiligen Dörfern vorzunehmen, ein Bewusstsein für die Notwendigkeit von Verbesserungen zu schaffen, kostengünstige Lösungen zu finden und den Schutz von Quellen und Brunnen oder den Bau von Latrinen zu fördern. Zudem hilft Save the Children den Dorfbewohnern, die Wassersysteme und sanitären Anlagen zu warten und sauber zu halten. Die Bereitstellung der Systeme geht Hand in Hand mit einer entsprechenden Gesundheitsaufklärung. Kinder werden bei dieser Aufklärungsarbeit besonders berücksichtigt. Die Siemens Stiftung spendete 2009 zehn mobile Wasserfilter der SkyJuice Foundation für die Ausstattung von Schulen und Gesundheitszentren in Angola. Und sie trägt die Kosten für Hygieneschulungen, in denen Kinder und ihre Eltern lernen, warum sauberes Wasser so wichtig ist und wie sie sich vor Krankheiten schützen können. Weitere gemeinsame Projekte sind geplant.

Mit diesem Projekt verfolgt die Siemens Stiftung einen ganzheitlichen Entwicklungsansatz. Da nicht nur die Wasserfilter bereitgestellt, sondern auch die Hygieneschulungen finanziell unterstützt werden, leistet die Stiftung im Zuge des langjährigen Gesamtprojektes einen Beitrag zu der Entwicklung einer Region. Ermöglicht wird dies durch entsprechende Partner und die Nutzung von Synergieeffekten, die durch die Kooperation mit der SkyJuice Foundation und Save the Children sichergestellt wurden.

Stiftung UNESCO – Trinkwasser für die Afar-Nomaden

Die Lebensqualität der Menschen durch technische Hilfsmittel sowie durch Bildungsmaßnahmen zu verbessern – diese beiden Ziele der Siemens Stiftung sind in der Zusammenarbeit mit der Stiftung UNESCO exemplarisch verwirklicht. Die Organisation mit Sitz in Deutschland agiert international durch ein Netzwerk an Partnerorganisationen. Das Sonderprogramm der UNESCO „Stiftung UNESCO – Bildung für Kinder in Not" setzt sich seit 1992 dafür ein, Kindern in Not durch Schulbesuch und Berufsausbildung eine Zukunft zu schaffen. „Hilfe zur Selbsthilfe" ist dabei der Leitsatz aller Projekte. Denn nur durch Bildung und berufliche Qualifikationen wird aus kurzfristiger Überlebenshilfe eine dauerhafte Starthilfe in die Zukunft. Für die fachmännische Umsetzung sorgen die UNESCO-Experten in aller Welt gemeinsam mit ihren einheimischen Partnerorganisationen vor Ort.

Im Mittelpunkt der Zusammenarbeit mit der „Stiftung UNESCO – Bildung für Kinder in Not" stehen die nachhaltige Bildung sowie eine bessere Wasserversorgung in Afrika. Die Siemens Stiftung unterstützt seit 2009 das Projekt „Water for Afar", das die Lebenssituation der Afar-Nomaden durch die Sicherung elementarer Grundbedürfnisse nachhaltig verbessern soll. Weitere Projektpartner sind hier HOPE'87 und die äthiopische Organisation Padet. Für einen einfacheren Zugang zu sauberem Trinkwasser werden Brunnen, Teiche sowie neun SkyHydrant Wasserfiltersysteme entlang des Nomadenweges installiert. Wasserkomitees, die sich aus der lokalen Bevölkerung zusammensetzen, betreuen die Anlagen und halten sie instand. Auch eine Schule in Burkina Faso und ein Waisenhaus in Kenia profitieren von der Zusammenarbeit der Stiftung UNESCO und der Siemens Stiftung. Durch die Kooperation der Partner wird in den Projektregionen ein ganzheitliches Entwicklungsprogramm verwirklicht, das die Trinkwasserversorgung, die Hygieneaufklärung und die Eigenverantwortung der Bevölkerung umfasst.

ZKM e. V. – Förderung kindlicher Mehrsprachigkeit

Soziales Engagement ist nicht nur in Entwicklungsländern notwendig und wünschenswert. Deutschland belegte im Jahr 2005, gemessen an der absoluten Zahl der Immigranten, nach Angaben der UNO Platz drei im internationalen Vergleich – nach den USA und Russland.[4] Für die Situation von Kindern und Jugendlichen bedeutet dies: Jede vierte Familie und jedes dritte Kind unter fünf Jahren hat einen Migrationshintergrund.[5] Spätestens die PISA-Studie der OECD hat gezeigt, dass das Bildungssystem dem Förderbedarf von Zuwanderer-Kindern nicht gerecht wird. In Bezug auf die gerechte Verteilung von Bildungschancen zwischen Kindern unterschiedlicher Herkunft landete Deutschland international am unteren Ende der Rangliste. Mehr als 40 Prozent der Schüler mit Migrationshintergrund gelten als „Risikoschüler".[6] Sie erreichen lediglich die niedrigste Qualifikationsstufe in den Kompetenzen, welche die PISA-Studie misst und vergleicht. Überproportional viele Jugendliche mit Migrationshintergrund verlassen die Schule ohne Abschluss. Experten sind sich einig, dass die Ursache für die Bildungsdifferenzen zwischen Kindern mit und ohne Migrationshintergrund oftmals im fehlenden Sprachwissen liegt.

---

4 Vgl. http://www.un.org/esa/population/publications/migration/UN_Migrant_Stock_Documentation_2005.pdf (Zugriff am 16.10.2009).
5 Vgl. http://www.migration-info.de/mub_artikel.php?Id=080702 (Zugriff am 16.10.2009).
6 Vgl. OECD 2006 – Wo haben Schüler mit Migrationshintergrund die größten Erfolgschancen: Eine vergleichende Analyse von Leistung und Engagement in PISA 2003.

Die Siemens Stiftung kooperiert deshalb seit dem Schuljahr 2008/2009 mit dem Münchner Verein Zentrum für kindliche Mehrsprachigkeit (ZKM e. V.). Das ZKM setzt sich für die Förderung kindlicher Mehrsprachigkeit ein und bietet Sprachförderkurse für Kinder ab drei Jahren an. Die Methode KIKUS richtet sich vor allem an Kinder mit Migrationshintergrund. Deren Sprachfähigkeit im Deutschen soll bereits vor Eintritt in die Grundschule verbessert werden. Die Arbeit des ZKM wird über Fördermitgliedschaften und private Spenden finanziert. Die Siemens Stiftung ist Hauptkooperationspartner des ZKM e. V. Darüber hinaus ist der Hueber Verlag in München Vertriebspartner für die Herausgabe der Lehrmaterialien. KIKUS-Kinderkurse und Fortbildungen sind kostenpflichtig. Die Kursgebühren werden entweder vom Kindergarten selbst oder von Kurspaten getragen.

Die Siemens Stiftung finanziert die Durchführung von KIKUS-Kinderkursen in Kindertageseinrichtungen in Deutschland sowie die Ausrichtung von Fortbildungen für pädagogische Fachkräfte in der Sprachfördermethode. Im Jahr 2009 konnten dadurch 70 Kinder an KIKUS-Kursen teilnehmen und rund 100 Erzieherinnen und Erzieher wurden in der Sprachlernmethode ausgebildet. In den nächsten beiden Jahren werden noch zahlreiche Fortbildungen deutschlandweit folgen. Die Internationalisierung der vom ZKM erstellten Lehr- und Lernmaterialien ist in Vorbereitung. Die beiden Partner treffen sich in ihrem Bemühen, die Integration und Chancengleichheit durch das frühe Erlernen der jeweiligen Landessprache voranzutreiben. Gleichzeitig wollen sie den Respekt vor der Herkunftssprache und somit die Mehrsprachigkeit fördern.

Mit dem gemeinsamen Engagement gelingt es der Siemens Stiftung und dem ZKM, die Sprachfördermethode KIKUS im deutschsprachigen Raum und darüber hinaus zu verbreiten. Gleichzeitig schärfen sie das Bewusstsein bei bildungspolitischen Akteuren für das Thema. Nicht zuletzt auf diese Weise kommen die beiden Partner ihrem Ziel näher: so viele Kinder so früh wie möglich zu fördern.

Fazit

Gemeinnützige Organisationen und Unternehmen oder deren Stiftungen haben oftmals unterschiedliche Rahmenbedingungen und Arbeitsweisen. In der Zusammenarbeit zeigt sich, dass gerade in dem gemeinsamen Herangehen an die Projekte eine große Chance für die erfolgreiche Durchführung liegt. In dem Zusammenwirken der Partner und ihrer jeweiligen Kompetenzen können Synergieeffekte gewinnbringend genutzt werden.

Der Einblick in ausgewählte Projekte der Siemens Stiftung macht deutlich, worauf es bei jeder erfolgreichen Kooperation wesentlich ankommt: Geht es beiden Seiten um die gleichen Inhalte und Ziele, dann sind auch die Mittel und Wege der Kooperation klar vorgegeben. Ein Unternehmen oder eine Unternehmensstiftung braucht Partnerorganisationen und umgekehrt, nicht für sich, sondern im Sinne der erfolgreichen Arbeit für andere. Dabei bringt jede Seite ihre spezielle Expertise, ihre Ressourcen und ihre Kontakte zu den relevanten Stakeholdern in die Zusammenarbeit ein. Nicht selten entsteht aus einer bilateralen Kooperation ein Netzwerk aus Partnern. Geordnete Organisationsstrukturen und eine klare Kommunikation auf allen Seiten sind Voraussetzung für eine effektive Bündelung der Kräfte – dies gilt besonders in Krisensituationen, wenn Hilfsmaßnahmen schnell eingeleitet werden müssen. Die Rolle und Aufgaben, die jeder Partner übernimmt, sollten zweifelsfrei definiert sein, damit die Hilfe reibungslos funktioniert. Nachhaltiges Engagement ist immer verbunden mit genauen Kenntnissen über Inhalte, Regionen und die Bevölkerung vor Ort. Diese Erfahrungen werden langfristig aufgebaut und wachsen durch die Partnerschaften zwischen Unternehmen(sstiftungen) und gemeinnützigen Organisationen, sodass sowohl die Projekte als auch die Gemeinschaften gestärkt daraus hervorgehen.

Nachhaltigkeit mit Herz und Verstand –
betapharm und Bunter Kreis

Christine Pehl und Andreas Podeswik

Die Partnerschaft zwischen der betapharm Arzneimittel GmbH und dem Bunten Kreis e. V. gilt als Vorzeigebeispiel für Corporate Citizenship. Beispielhaft ist dieses Engagement in vielerlei Hinsicht: Einerseits ist die Zuverlässigkeit des Wirtschaftspartners, die sich in der Dauer des Engagements widerspiegelt, ein wesentlicher Erfolgsfaktor – die Zusammenarbeit begann bereits 1998, zu einer Zeit, als „Heuschrecken" einfach nur Tiere waren und die Verantwortlichen bei betapharm den Begriff „Corporate Citizenship" noch nicht einmal gehört hatten.

Andererseits ermöglicht die Unabhängigkeit, die betapharm dem Bunten Kreis – und auch den anderen von ihr geförderten Einrichtungen – lässt, eine Vielfalt an Initiativen und Entwicklungen, die auf den Ideenreichtum und die Kreativität vieler Menschen und Einrichtungen zurückgehen. Diese Unvoreingenommenheit, dieser frühe Einstieg in das soziale Engagement machen den Blick von außen so reizvoll: Was hat die Akteure damals bewegt? Was hat sie zu strategischen Maßnahmen veranlasst, die noch heute tragen – über zwei Besitzerwechsel, diverse Gesundheitsreformen und grundsätzliche Marktumwälzungen hinweg?

Soziales Engagement als Strategie

Ein Erfolgsfaktor ist die zentrale Bedeutung, die der „sozialen Verantwortung" in der Unternehmensstrategie der betapharm zukommt. „Der Mensch steht im Mittelpunkt" ist für betapharm nicht nur Leitspruch, sondern war von Anfang an gelebte Unternehmenskultur. Als betapharm zu einer „Marke" aufgebaut werden sollte, stellte sich die Frage, wie diese Grundhaltung sichtbar gemacht werden könnte. Die rasante Entwicklung vom Sponsor über den Stifter und Partner bis hin zum Corporate Citizen folgte dieser Logik. Prof. Dr. André Habisch von der Katholischen Universität Eichstätt-Ingolstadt und Direktor des „Center for Corporate Citizenship" fasst diese Entwicklung von betapharm aus wissenschaftlicher Sicht in folgende Worte: „Wenn sich ein Unternehmen für das Gemeinwesen engagiert und Mitverantwortung für die Lösung drängender Probleme übernimmt, dann können sich positive Wirkungen für das Unternehmen und sein gesellschaftliches Umfeld nur multiplizieren, wenn Form und Inhalt des Engagements zu ihm passen und wenn es dieses Engagement ähnlich professionell angeht wie sein Kerngeschäft. betapharm ist ein schönes Beispiel dafür: Corporate Citizenship wird zum Erfolgsfaktor, wenn es Teil des strategischen Managements ist und in seinen vielfältigen Potenzialen auch wirklich ausgeschöpft wird."[1]

Peter Walter, Gründervater der betapharm, betonte dies ebenfalls und brachte es folgendermaßen auf den Punkt: „Das Engagement muss zum Unternehmen passen." Dass dieses „Passen" auch Nähe bedeutet und damit Gefahren birgt, wird weiter unten in diesem Beitrag beleuchtet.

Partnerschaften werden von Menschen gemacht

Am Anfang stand die Begegnung von zwei Menschen: Ende 1997 lernten sich Peter Walter, damals Geschäftsführer der betapharm Arzneimittel GmbH, und Horst Erhardt, damals Geschäftsführer des gemeinnützigen Bunten Kreises und Familientherapeut am Zentralklinikum Augsburg, kennen. Sowohl betapharm als auch der Bunte Kreis waren in jenem Jahr unter den Gewinnern eines Augsburger Marketingpreises. Beide Geschäftsführer waren sofort begeistert von der Persönlichkeit und Arbeit des anderen. Aus dieser zufälligen Begegnung entwickelte sich in den folgenden Jahren eine intensive Zusammenarbeit.

Der Wirtschaftspartner

betapharm war ein bis dato erfolgsverwöhntes Unternehmen. Peter Walter hatte es 1993 als Geschäftsführer gegründet und war mit dem Anspruch angetreten, dass man „Unternehmen auch *anders* führen kann". Er setzte auf die Menschen, auf eigenverantwortliche Mitarbeiter und auf eine konsequente Tiefpreisstrategie. Während die Mitbewerber über Mischkalkulationen Geld verdienten, versprach das Generikaunternehmen[2] betapharm für sämtliche seiner Arzneimittel zuverlässig tiefe Preise. Dies fand die Zustimmung der Ärzte, da sie unter dem politischen Druck standen, kostenbewusst zu verordnen. Der Haken an dieser Tiefpreisstrategie: Sie wurde von Mitbewerbern einfach kopiert, und das steile Wachstum der betapharm stockte im Jahr 1997. Es galt, eine neue, nicht kopierbare Strategie zu finden, die zum Unternehmen passte.

---

1 Vgl. http://www.betapharm.de/soziale-verantwortung/anerkennung/zitate.html (Zugriff am 16.12.09).
2 Als Generika werden patentfreie Arzneimittel bezeichnet.

Der soziale Partner

„Der Bunte Kreis" Augsburg ist eine Nachsorge-Einrichtung für Familien mit chronisch kranken, krebskranken und schwerst kranken Kindern. Zu Beginn der 90er-Jahre hatte sich diese Modelleinrichtung aus einer Initiative von Mitarbeitern der Kinderklinik Augsburg, betroffenen Eltern und Klinikseelsorgern entwickelt. Anliegen des Bunten Kreises ist es, betroffene Familien beim Übergang von der Klinik, die den kranken Kindern eine Vollversorgung bietet, ins heimische Kinderzimmer, wo die Familien gewöhnlich vollkommen auf sich gestellt sind, zu begleiten. Ziel ist, dass diese Familien den Alltag mit ihrem kleinen Patienten möglichst schnell selbst bewältigen. Neben viel Herzblut und Idealismus steckte von Anbeginn eine große Portion Professionalität in dem Modellprojekt. Nachsorge nach dem Modell „Bunter Kreis" war eine komplett neue Leistung im Gesundheitswesen. Finanziert wurde die Einrichtung durch Spenden von Privatpersonen und Sponsoren sowie durch staatliche Fördermittel. Gearbeitet wurde nach dem Prinzip des „Case Management"[3], das heute, gut zehn Jahre später, im Gesundheitswesen fast wie ein Heilsbringer gehandelt wird. Case Management ermöglicht die gleichzeitige Bewältigung zweier großer Herausforderungen: Die individuelle und äußerst strukturierte Begleitung komplex belasteter Patienten und die optimale Nutzung vorhandener Ressourcen durch konsequente Netzwerkarbeit.

Dass das Modell „Bunter Kreis" und der Ansatz „Case Management" großes Potenzial haben, davon war Gründervater Horst Erhardt überzeugt. Der regionalen, operativ ausgerichteten Sozialeinrichtung fehlten die Mittel, um wissenschaftliche Beweise für den großen Nutzen zu bringen. Doch genau dies war nötig, um das Modell überregional zu verbreiten. Interesse am Aufbau gleichartiger Einrichtungen wurde bereits aus vielen Städten Deutschlands bekundet. „Der Bunte Kreis" in Augsburg war jedoch nicht darauf ausgerichtet, andere Einrichtungen beim Aufbau zu unterstützen.

Just zu dem Zeitpunkt als sowohl das Wirtschaftsunternehmen als auch die soziale Einrichtung mit neuen Herausforderungen konfrontiert waren, begegneten sich betapharm und „Der Bunte Kreis".

---

3 Case Management ist ein Handlungsansatz, der den einzelnen Patienten mit seinem individuellen Bedarf in den Mittelpunkt stellt. Entsprechend des Versorgungsbedarfs des Patienten organisiert ein Case Manager bedarfsgerechte Hilfe, die alle dafür notwendigen Einrichtungen, Behörden und Dienstleistungen einschließt. Er plant die Maßnahmen, implementiert, koordiniert, überwacht und evaluiert sie nach professionellen Regeln.

Partner auf Augenhöhe

Hinter den beiden Partnern stehen Persönlichkeiten mit Mut und Macherqualitäten, die sich im Laufe der Zusammenarbeit nicht nur kennen- sondern auch schätzen lernten. So wie sich die beiden Geschäftsführer auf Augenhöhe begegneten war auch die nachfolgende Partnerschaft: gleichberechtigt und mit Respekt vor den Kompetenzen des anderen. Das klingt einfach, doch bei einer Begegnung von „sozial" und „Wirtschaft" treffen zwei Welten aufeinander: Es gilt, unterschiedliche Vorbildung, Prioritäten, Ziele, Werte, Kulturen und Fachjargons aufeinander abzustimmen, damit die Kommunikation funktioniert und gemeinsame Ziele verfolgt werden können. Wirklich fruchtbar konnte diese Partnerschaft nur werden, weil beide Partner von Anfang an offen über ihre Ziele und Vorstellungen kommunizierten, sich vertrauten und große Handlungsfreiräume zuließen.

Das gemeinsame Ziel war die deutschlandweite Verbreitung der Nachsorge für schwer kranke Kinder nach dem Modell „Bunter Kreis". Die Vision: Möglichst vielen Betroffenen sollte bei der Bewältigung ihrer schwierigen Situation die bestmögliche Unterstützung zukommen. Bis dato war Nachsorge in erster Linie durch Spenden und Sponsoring gesichert worden, es war wichtig, Nachsorge nun zu einer Regelleistung der Krankenkassen werden zu lassen. Doch nicht nur das soziale Ziel, auch das ökonomische Anliegen der betapharm war klar definiert und wurde offen kommuniziert: Das Unternehmen wollte und musste sich nachhaltig von seinen Mitbewerbern unterscheiden, sich als Marke etablieren. Über das Produkt „Generika" war das nicht möglich, denn deren Grundeigenschaft ist ihre „Gleichheit". Eines der vorrangigsten Anliegen von betapharm-Geschäftsführer Peter Walter war daher die Wirkung des Engagements auf die Mitarbeiter. Sie sollten erfüllt sein von dem Gedanken, dass ihr Unternehmen etwas Sinnvolles tut, und dass es etwas Besonderes ist, für dieses Unternehmen zu arbeiten. Zugrunde lag dieser Strategie die Überzeugung, dass Mitarbeiter, die „für die Sache brennen" dies auch ausstrahlen. Über den großen Außendienst der betapharm sprang so der Funke auf viele Kunden über.

Schon die ersten Schritte der Jahre 1998 und 1999 zeigen klar, dass betapharm das soziale Engagement sehr ernsthaft anging und dem sozialen Partner immer einen hohen Respekt zollte:

- *1998:* Unterstützung des regional tätigen Bunten Kreises Augsburg, auf Basis eines schriftlichen Vertrags.
- *1998:* Errichtung der betapharm Stiftung mit dem Ziel der deutschlandweiten Verbreitung der Nachsorge und der Manifestation der Ernsthaftigkeit und Langfristigkeit des Engagements. Damit verbunden waren zwei Bot-

schaften: Zum einen an den sozialen Partner: „Du kannst dich langfristig auf uns verlassen", zum anderen an die Kunden: „Wir wollen Verbesserungen im Gesundheitswesen bewirken."
- *1999:* Durchführung des ersten Augsburger Nachsorgesymposiums, gemeinsam veranstaltet von Buntem Kreis und betapharm, mit dem Ziel, Vertreter aus Wissenschaft und Praxis zusammenzubringen und die Nachsorge voranzutreiben. Dieses Symposium findet im zweijährigen Turnus statt und erfreut sich immer der Mithilfe zahlreicher betapharm-Mitarbeiter.
- *1999:* Gründung des beta Instituts[4] durch betapharm und den Bunten Kreis.
- *1999:* Start der Augsburger Nachsorgeforschung im beta Institut. Inhaltlich arbeitet das beta Institut mit mehreren Kliniken und Hochschulen zusammen und erbringt den Nachweis, dass Nachsorge nach dem Modell „Bunter Kreis" effektiv ist.

Nähe und Unabhängigkeit

Mit der Gründung des gemeinnützigen beta Instituts erhielten die sozialen Initiativen eine unabhängige Plattform. Keinesfalls dürfen sie im Ruf stehen, dass Interessen der Pharmaindustrie verfolgt werden. Hier wird eine Herausforderung deutlich, die das Engagement der betapharm begleitet: Für die Glaubwürdigkeit und Nachhaltigkeit des Engagements ist es wichtig, dass die geförderten Projekte (mittlerweile weit mehr als „nur" der Bunte Kreis) im Gesundheitswesen angesiedelt sind, also in dem Gebiet, in dem betapharm wirtschaftlich aktiv ist. So kann das Unternehmen seinen Mitarbeitern, Kunden und Partnern vermitteln, warum es sich engagiert. Auch können Kontakte zu wechselseitigem Nutzen geknüpft werden und die Inhalte und Ziele von neuen Entwicklungen miteinander diskutiert werden.

Doch die Nähe zur pharmazeutischen Industrie kann der Glaubwürdigkeit des sozialen Anliegens schaden. Ein konkretes Beispiel: Das beta Institut wurde ursprünglich mit dem Namen „betapharm Institut" gegründet. Doch potenzielle Partner des beta Instituts reagierten ablehnend, da sie glaubten, es gehe um Pharmaforschung, um Arzneimittel, oder zumindest um Interessen der Pharmaindustrie. Damit unterlief bereits der Name die eigentliche Absicht, ein unabhängiges Institut zu schaffen. Es war schwer, weitere Partner oder öffentliche Fördermittel zu akquirieren. Gemeinsam diskutierten die Partner das Problem und entschieden sich für eine Umbenennung in „beta Institut". Möglich war das durch die Offenheit für die Herausforderungen des anderen, die Be-

---

4 Informationen zum Institut unter www.beta-institut.de.

gegnung auf Augenhöhe ebenso wie die klare Definition von Vorgehensweise und Zielen. Von Anfang an war allen Beteiligten bewusst, dass sowohl Erfolge im sozial-medizinischen Bereich als auch der Auf- und Ausbau des „sozialen" Images der betapharm nur durch eine langfristige und offene Zusammenarbeit erreicht werden konnten. Diese nachhaltige Grundeinstellung prägt den Umgang mit Konflikten von Anbeginn.

Nachhaltige Erfolgsentwicklung

Der Erfolg der Nachsorge und die Markenprofilierung von betapharm zeigen, dass die Strategie richtig war. Hier einige Meilensteine in der Entwicklung der Nachsorge:

- *2003 und 2006:* Nachweis des Nutzens von Nachsorge nach dem Modell „Bunter Kreis" durch wissenschaftliche Studien des beta Instituts am Beispiel Früh- und Risikogeborener. Nachsorge fördert die Entwicklung früh- und risikogeborener Kinder, verbessert die Situation der Eltern und spart dem Gesundheitswesen sogar Kosten.[5]
- *2003:* Gründung des „Qualitätsverbunds Bunter Kreis" durch 16 Nachsorgeeinrichtungen zur Qualitätssicherung und Weiterentwicklung der Nachsorge (Geschäftsstelle: beta Institut, Träger: betapharm Stiftung).
- *2003:* Eine erste gemeinsame Gesetzesinitiative führte ab 2004 zur Aufnahme der sozialmedizinischen Nachsorge in das SGB V (Krankenversicherungsrecht). Nachsorge wird zu einer „Kann-Leistung" der Krankenkassen.
- *2007:* Veröffentlichung des 475-seitigen „Praxishandbuch pädiatrische Nachsorge" als Basis für die Weiterentwicklung und Qualitätssicherung der Nachsorge in Deutschland.[6]
- *2008:* Start einer Studie zur Entwicklung eines Qualitätskriteriums, mit dem zukünftig die Qualität von Nachsorge meßbar werden soll.
- *2009:* Pädiatrische Nachsorge wird dank einer zweiten Gesetzesinitiative zur Regelleistung im SGB V. Dies ist die gesetzliche Grundlage für eine nachhaltige Verbesserung der Finanzierung von Nachsorge.

---

5 Mehr zur Studie unter http://www.beta-institut.de/fue_erg_soziooek_studie.php (Zugriff am 16.12.2009).
6 Vgl. http://www.beta-institut.de/fue_pn_praxishandbuch.php (Zugriff am 16.12.2009).

In Deutschland gibt es mittlerweile über 50 Nachsorgeeinrichtungen, die nach dem Modell „Der Bunte Kreis" arbeiten. Über 200 Mitarbeiter betreuen mehrere Tausend Familien im Jahr und erleichtern diesen das Leben.[7] Mittlerweile hat betapharm mit dem beta Institut viele weitere Neuentwicklungen auf den Weg gebracht. Dazu gehören die Übertragung des Case-Management-Prinzips in den Erwachsenenbereich, die soziale Beratung von Patienten durch Ärzte und Apotheker und die Förderung psychosozialer Gesundheit bereits im Kindergarten.

betapharm profitiert in seinen Kundenbeziehungen von seiner sozialen Strategie: Der Bekanntheitsgrad ist deutlich gestiegen, was sowohl für den direkten Absatz als auch für zukünftige Produktkooperationen wichtig ist. Das Image ist positiv und charakterisiert durch Begriffe wie zuverlässig, sozial, engagiert, menschlich, kooperativ, hochwertig, glaubwürdig, echt. Von großer Bedeutung waren hier der erste Preis im Wettbewerb der Initiative „Freiheit und Verantwortung 2002", das Siegel „Ethics in Business 2005" sowie der „Bürgerkulturpreis des Bayerischen Landtags 2006".

Soziale Verantwortung in der Krise

Das Gesundheitssystem befindet sich seit mehreren Jahren im Umbruch, der Arzneimittelmarkt verändert sich völlig. Dieser Prozess dauert an und führt auch bei betapharm zu massiven Strukturveränderungen. 2004 und 2006 wechselten die Eigentümer von betapharm: Zunächst akquirierte der Finanzinvestor 3i das Unternehmen. 3i erkannte, dass die soziale Differenzierungsstrategie den Unternehmenswert steigerte und setzte auf dessen weitere Verfolgung. Im Jahr 2006 wurde betapharm von „Dr. Reddy's Laboratories", einem global tätigen Arzneimittelkonzern mit Sitz im indischen Hyderabad, gekauft. Das positive Image des Unternehmens, seine verantwortungsbewusste Grundhaltung und die besondere Motivation seiner Mitarbeiter machten und machen den hohen Wert des Unternehmens aus. Aber wird das soziale Engagement die Marktveränderungen überleben?

Bei der Übernahme durch Dr. Reddy's erwies sich das soziale Engagement als integratives Element. Dr. Reddy's ist für sein professionelles CSR-Management und viele soziale Initiativen bekannt und mehrfach ausgezeichnet worden. Der Konsens über die Verpflichtung, soziale Projekte zu fördern, war ein hilfreicher Brückenschlag im Zusammenwachsen der Unternehmenskulturen.[8]

---

7 Vgl. http://www.bunter-kreis-deutschland.de/.
8 Mehr zu den Projekten von Dr. Reddy's unter www.drreddys.com.

In den Jahren 2008 und 2009 sorgten politisch gewollte Veränderungen im Markt dafür, dass zwar der Absatz (Zahl der verkauften Packungen) bei betapharm weiter zunahm, der Preisverfall die Einnahmen aber sinken ließ. An diesem Punkt stellt sich die Frage der Existenz: „Kann und darf ein Unternehmen in der ökonomischen Krise Geld in soziale Projekte fließen lassen?"

Abschließend wird diese Frage erst in einigen Jahren beantwortet werden können. Grundsätzlich hat betapharm entschieden, dass es auf diesen Strategie- und Markenvorteil nicht verzichten will, dass aber das beta Institut zukünftig auch mit anderen Partnern aus der Pharmabranche kooperieren kann. Hier einige konkrete Aspekte, wie sie sich in der Krise darstellen.

- Die außergewöhnliche Motivation der Mitarbeiter und die hohe Loyalität zum Unternehmen ermöglichen einen hohen Einsatz zur Bewältigung der Krise mit den damit einhergehenden Umstrukturierungen.
- Die innovativen Entwicklungen des beta Instituts zielen in die Zukunft des Gesundheitswesens. Kern ist die Vereinbarkeit von individueller Patientenbetreuung mit ökonomischen Anforderungen. Daraus können neue Geschäftsmodelle für neue Zielgruppen entstehen.
- betapharm gab meist die Anstoßfinanzierung und Initialförderung für die Projekte. Darüber hinaus konnte das beta Institut auf dieser Basis Forschungs- und Fördermittel von Dritten akquirieren. Das macht die Projekte stabiler gegen Krisen und wird zukünftig noch wichtiger werden.

Fazit: Engagement mit Herz und Verstand

Erfolgreiches soziales Engagement nach den Erfahrungen der betapharm erfordert Herz und Verstand: Ein „Herz" für das Anliegen des sozialen Partners, verbunden mit dem Mut zu Innovation und Nachhaltigkeit. Der Verstand muss die Strategie entwickeln, klare Ziele formulieren sowie Nähe und Unabhängigkeit ausbalancieren.

Die Stärke gemeinsamer Visionen – Die Johanniter-Unfall-Hilfe und ihre Zusammenarbeit mit Unternehmen

Sascha Stolzenburg

„Unser Unternehmen ist auf der Suche nach einem Partner ganz in der Nähe des Unternehmensstandortes." „Wir suchen eine Organisation, die wir in unser Corporate-Volunteering-Programm mit einbinden können", Anfragen dieser Art erreichen in jüngster Zeit vermehrt die Johanniter-Unfall-Hilfe.

Zielten in den vergangenen Jahren die Anfragen von Unternehmen an die JUH eher auf ein überregionales Engagement – häufig in Form einer klassischen Unternehmensspende –, so steht heute häufig der Wunsch nach einem lokalen und regionalen Engagement im Vordergrund. Die Johanniter beobachten zudem eine Nachfrage nach dem gezielten Einsatz neuer Instrumente, wie etwa dem Corporate Volunteering, besonders von kleinen und mittleren Unternehmen. In einem von der Bertelsmann Stiftung herausgegebenen Wegweiser halten die Autoren in ihrem Fazit fest, dass „Unternehmen in einer stabilen Gesellschaft erfolgreich wirtschaften und dazu ein Umfeld brauchen, das ihnen genau dieses erfolgreiche Wirtschaften ermöglicht. Das Verhältnis von Unternehmen zu ihrer Region ist also eine Symbiose, eine wechselseitige Abhängigkeit zum Vorteil beider."[1]

Die Johanniter blicken auf eine lange Tradition zurück, gemeinsam mit Unternehmen gesellschaftliche Aufgaben zu lösen. Dies geschieht seit der Gründung der Johanniter-Unfall-Hilfe im Jahr 1952 besonders auf regionaler und lokaler Ebene in Deutschland[2]. Die Johanniter bieten mit ihrer föderalen Struktur für Unternehmen die Möglichkeit, sich überregional im Bundesverband, aber auch regional in 9 Landesverbänden und lokal in einem der über 200 Regional- und Kreisverbände als Unternehmenspartner zu engagieren. Zu Zeiten der ersten Kooperationen zwischen Wirtschaftsunternehmen und den Johannitern sprach in Deutschland noch niemand von Corporate Social Responsibility. Bereits vor einigen Jahrzehnten wurden aktiv Partnerschaften geschlossen, die sich konkre-

---

[1] Bertelsmann Stiftung (2009): Verantwortung. Gemeinsam. Gestalten – Ein Wegweiser für das gesellschaftliche Engagement von kleinen und mittelständischen Unternehmen. S. 10. http://www.unternehmen-fuer-die-region.de/fileadmin/ufdr/mediapool/PDFs/Broschuere_E-Ge schichten2008.pdf (Zugriff am 28.11.2009).

[2] Mit der Johanniter-Auslandshilfe engagieren sich die Johanniter auch international in über 30 Staaten weltweit (www.johanniter-auslandshilfe.de).

ter gesellschaftlicher Probleme annahmen, um dem Gemeinwohl zu dienen. Vielfach waren es lokale Projekte, in denen Unternehmen Geld- und Sachspenden einbrachten, gekoppelt mit einem starken ehrenamtlichen Engagement der Firmenleitung und der Mitarbeiter. Dies zeigte sich in einzelnen Projekten, etwa mit ortsansässigen Einzelhändlern zur Unterstützung von Johanniter-Großveranstaltungen, bis hin zu langjährigen Partnerschaften in der Kinder- und Jugendarbeit.

Auch heute unterstützt eine Vielzahl von Unternehmen die Kinder- und Jugendarbeit der Johanniter. In mittlerweile über 200 Kindertagesstätten und 45 Jugendprojekten fördern die Johanniter besonders sozial benachteiligte Kinder und Jugendliche. Hier erhalten die Kinder kostenlos warme Mahlzeiten, Hausaufgabenhilfe, spezielle Bildungs- und Förderangebote und erleben Gemeinschaft. Viele dieser Zusatzangebote werden nicht von den Kostenträgern, sondern von privaten Spendern finanziert und durch Unternehmenspartner getragen. Unternehmen bringen sich hier einerseits durch eine finanzielle Unterstützung und andererseits durch eine aktive Mitgestaltung der Angebote ein, wie etwa von eigenen Mitarbeitern geleitete IT-Kurse oder Bewerbungstrainings. In der Geschichte der Johanniter sind Unternehmenspartnerschaften seit jeher eine gelebte Tradition.[3]

Doch was unterscheidet die Kooperationen der letzten Jahrzehnte von denen der heutigen Zeit? Und welche Anforderungen stellt dies an die Johanniter? Nach den Erfahrungen der JUH war das traditionelle unternehmerische Engagement in den meisten Fällen von den Inhabern und der Unternehmerfamilie selbst getragen. Diese hatten in der Regel ein starkes thematisches oder projektbezogenes Anliegen und eine enge persönliche Bindung zu den Johannitern. So engagieren sich einzelne Unternehmerpersönlichkeiten, indem sie zum Beispiel eine Jugendeinrichtung mit neuen Computern ausstatten und auch gleichzeitig regelmäßige Computer-Trainings für die Jugendlichen anbieten. Unternehmerische Verantwortung wurde von Einzelpersonen vorgelebt und war nicht selten eine persönliche Mission. Die Zusammenarbeit zwischen Johannitern und Unternehmen war häufig von einem gemeinsamen Lernen und Wachsen in der Partnerschaft geprägt. Dieser traditionelle Ansatz unternehmerischen Engagements ist heute, insbesondere bei kleineren inhabergeführten Unternehmen, noch oft anzutreffen. Viele Kooperationen mit diesem Hintergrund sind für die Johanniter essenziell und bilden nach wie vor eine wichtige Säule in der Durchführung regionaler und lokaler Projekte.

---

3 Mehr Informationen unter www.johanniter-helfen.de/kooperationen.

Die Erfahrung der Johanniter der letzten Jahre zeigt, dass heute das Engagement selten im direkten Kontakt zwischen Unternehmensleitung und den Johannitern entwickelt wird, sondern je nach Unternehmensgröße und Ausrichtung von CSR- und anderen Abteilungen geplant wird. Diese werden in vielen Fällen auch von Agenturen unterstützt. Werden die Johanniter direkt von Agenturen angesprochen, dann ist in der Regel der Rahmen der Zusammenarbeit schon exakt abgesteckt. Eine konkrete Zielregion, der Einsatz eines oder mehrerer Instrumente des CSR und des Marketing und eine fest definierte Summe zur Umsetzung des Projektes sind häufig schon im Vorfeld festgelegt worden. Die gemeinsame Entwicklung der Partnerschaft als beidseitiger Prozess wird dadurch in einigen Fällen als nachrangig betrachtet.

Im Folgenden soll anhand von zwei Beispielen aufgezeigt werden, welche Chancen aber auch Risiken in dieser neuen Herangehensweise und dem eingangs genannten Trend der Regionalisierung und Lokalisierung von Unternehmenspartnerschaften liegen. Die Beispiele basieren auf konkreten Unternehmenskooperationen. In beiden Fällen kamen größere mittelständische Unternehmen auf die Johanniter zu.

Im ersten Fall suchte ein mittelständisches Unternehmen ein Projekt am Standort des Unternehmens, bei dem Mitarbeiter über Corporate Volunteering in die CSR-Aktivitäten des Unternehmens eingebunden werden sollten. Weiterhin sollte das lokale Engagement über gemeinsame Aktionen in Einkaufszentren und über Pressetermine der Öffentlichkeit nähergebracht werden. Das gemeinsame Projekt sollte so gewählt werden, dass die vorher genannten Punkte miteinander vereinbar waren. Man entschied sich für eine Corporate-Volunteering-Aktion in einem Jugendprojekt und eine Spendenaktion, in der Kunden im lokalen Einzelhandel in direkter Nähe des Unternehmensstandortes für dieses Jugendprojekt spenden konnten.

Im zweiten Beispiel suchte das Unternehmen ein Projekt, welches sich eines gesellschaftlichen Problems, der Jugendkriminalität in der Region, annehmen sollte. Es wurde nach Möglichkeiten gesucht, wie dieses gesellschaftliche Problem auch mittels einer Unternehmenspartnerschaft angepackt werden konnte. Das Unternehmen entschied sich dafür, das Projekt mit einer Matching-Aktion[4] finanziell zu unterstützen und in einem längerfristig angelegten Corporate-Volunteering-Programm in mehreren lokalen Jugendeinrichtungen auch direkte Hilfe anzubieten.

---

4 Mitarbeiter wurden zur finanziellen Unterstützung des Projektes aufgerufen. Das Unternehmen verdoppelte den gesammelten Betrag.

Bei beiden Kooperationen wurde die gemeinsame Kommunikation miteinander abgestimmt. Beide Aktionen wurde vonseiten der Johanniter über das Johanniter Mitgliedermagazin „Johanniter"[5], die Mitarbeiterzeitschrift „Aktiv"[6] sowie über Medienmitteilungen und Pressetermine vor Ort kommuniziert. Die Unternehmen nutzen ebenso ihre internen wie externen Kommunikationsmittel.

Auf den ersten Blick unterscheiden sich die Kooperationen kaum voneinander. In der Umsetzung wurde in beiden Fällen mit fast identischen Instrumenten (Spenden und Corporate Volunteering) gearbeitet. Beide Projekte hatten einen starken lokalen Ansatz, in beiden wurden die Mitarbeiter der beteiligten Unternehmen aktiv mit eingebunden und es wurde gemeinsam über die Aktion kommuniziert.

Der Erfolg und die Wirkung der Partnerschaft im zweiten Beispiel waren jedoch weit stärker als im ersten Beispiel. Die Jugendeinrichtungen der Johanniter profitierten nachhaltig von dieser Partnerschaft. Zum einen konnte über die Erlöse der Matching-Aktion der Ausbau von zwei Jugendeinrichtungen realisiert werden, zum anderen wurde durch die Einbindung von Mitarbeitern wichtiges Know-how mit eingebracht, und es entstanden feste Bindungen zwischen Mitarbeitern des Unternehmens und den Jugendlichen. Einige Mitarbeiter engagieren sich noch heute aktiv und unterstützen die Jugendlichen in ihrer Entwicklung. Die Kooperation im ersten Beispiel erfüllte die für die Aktionstage festgelegten Ziele, konnte sich aber nicht als langfristige Partnerschaft etablieren.

Worin lag der Unterschied? Der Ansatz und die prinzipielle Herangehensweise an die Kooperationen waren grundverschieden:

Im ersten Beispiel lag der Fokus darauf, das neu etablierte CSR-Instrument Corporate Volunteering lokal und regional einzusetzen und ihm durch einen Non-Profit-Partner eine inhaltliche Anbindung zu geben. Entwickelt wurden keine gemeinsame Vision zur nachhaltigen Wirkung der Partnerschaft, sondern lediglich Ziele für die einzelnen Aktionstage im Jugendprojekt. In Gesprächen, die im Nachgang sowohl mit Mitarbeitern des Unternehmens als auch mit den Projektverantwortlichen geführt wurden, zeigte sich, dass ein gemeinsamer Wirkungshorizont für die Zusammenarbeit gefehlt hat. Abgesehen von den gemeinsamen Einsatztagen im Projekt – die beiderseits durchaus positiv bewertet wurden – war für beide Seiten nicht ersichtlich, welche konkrete Wirkung durch die Kooperation erzielt werden sollte. Für die Jugendlichen waren die Aktionstage ebenfalls ein stimmiges Erlebnis, aber es entstand nach Abschluss

---

5 Der „Johanniter" ist das Mitglieder-Magazin der Johanniter-Unfall-Hilfe und wird vierteljährlich an ca. 1,4 Millionen Mitglieder versandt.
6 Die „Aktiv" ist die Mitarbeiterzeitschrift der Johanniter-Unfall-Hilfe und wird alle zwei Monate an ca. 35 000 haupt- und ehrenamtliche Mitarbeiter versandt.

der Aktion keine weitere Verbindung zwischen dem Unternehmen und diesem Jugendprojekt.

Im zweiten Beispiel war die Herangehensweise eine andere. Die Johanniter und das Unternehmen überlegten, wie man ein gesellschaftliches Problem anpacken kann. Ziel war es, in einem konkreten Fall, dem Problem der Jugendkriminalität in der Region, mit einem starken Partner ein Stück gesellschaftlichen Wandels voranzutreiben. Über einen intensiven Dialog entwickelten die Johanniter zusammen mit dem Unternehmen eine Vision, die gemeinsam in die Tat umgesetzt wurde. Ziel war es, Jugendkriminalität in der Region zu verringern, indem man neue Perspektiven für Jugendliche eröffnet. Dies sollte durch Angebote geschehen, die Alternativen aufzeigen und Jugendliche langfristig stärken. Im ersten Schritt wurde die Zusammenarbeit unternehmens- wie organisationsintern bekannt gemacht. Dies hatte zur Folge, dass ein Großteil der Mitarbeiter des Unternehmens und der Johanniter über diese Kooperation informiert waren und sich später leichter zur Mitarbeit motivieren ließen. Dann wurde eine Matching-Aktion angestoßen, in der Spenden zum Ausbau von zwei Jugendeinrichtungen gesammelt wurden. Im nächsten Schritt wurden Mitarbeiter des Unternehmens zur Mitarbeit in den Jugendprojekten aufgerufen und dafür stundenweise freigestellt. Sie halfen in ehrenamtlicher Arbeit den Jugendlichen bei Hausaufgaben, führten Bewerbungstrainings durch und stellten in kleinen Workshops ihr berufliches Wirkungsfeld vor. Die Mitarbeiter wurden so zu Lehrern, Unterstützern und externen Motivatoren – sie nahmen eine wichtige Vorbildfunktion ein. Das gemeinschaftlich entwickelte Ziel war hier ein wichtiger Motor für alle Beteiligten in der Zusammenarbeit. Die Mitarbeiter des Unternehmens und die Mitarbeiter der Johanniter teilten das gemeinsame Anliegen, in dieser Kooperation das Bestmögliche für die Entwicklung der Jugendlichen zu erzielen. So haben sich die Mitarbeiter des Unternehmens intensiv mit eingebracht und konnten auch mit ihrer begrenzten Zeit viel bewirken.

Die gemeinsame Vision und Zielsetzung kam in diesem Beispiel im lokalen Kontext besonders zum Tragen. Perspektivlosigkeit und Kriminalität von bestimmten Jugendgruppen war lokal ein bekanntes Problem. Die Mitarbeiter des Unternehmens waren schnell involviert und konnten wirksam motiviert werden, weil das gemeinsame Anliegen sie und ihr Umfeld unmittelbar betraf. Sie hatten also die Chance, ein gesellschaftliches Anliegen in ihrer eigenen Region mitzugestalten. So blieben besonders diejenigen, die in der Nähe des Projektes wohnten, auch nach Ablauf der Volunteering-Aktion aktiv und setzen sich teilweise noch heute ehrenamtlich im Projekt ein. Unter diesen Gesichtspunkten kann man diese Unternehmenskooperation als starke Partnerschaft mit nachhaltiger Wirkung bezeichnen.

Diese beiden und weitere Beispiele zeigen, dass im Mittelpunkt erfolgreicher Unternehmenskooperationen ein Thema, eine konkrete Aufgabe und die Wirkung für die Gesellschaft stehen. Schafft man es mit diesem Anspruch eine gemeinsame Vision zu formulieren, können große Potenziale in längerfristigen Partnerschaften frei werden. Eine gemeinsame Vision zu entwickeln und sie erfolgreich umzusetzen, erfordert jedoch Know-how und vor allem Mut zur Ehrlichkeit. Aufseiten der Organisation stellt sich die Frage, ob sie überhaupt der adäquate Partner ist, um ein bestimmtes Ziel gemeinsam zu erreichen und auch für das Unternehmen stellt sich die Frage nach der Zielsetzung der Partnerschaft. Wenn beide die Zielsetzung kritisch hinterfragen, kann es durchaus in einigen Fällen zu keiner Zusammenarbeit kommen, weil beiden Partnern klar wird, dass die Voraussetzungen und die Ziele zu unterschiedlich sind. Organisationen, die sich von einer erwarteten Fördersumme leiten lassen und kommunizieren, jedes Anliegen mit einer Summe in bestimmter Höhe lösen zu können, liegen hier genauso falsch wie Unternehmen, die internen Zielen und dem Einsatz bestimmter Instrumente vor der gesellschaftlichen Wirkung den Vorrang geben.

Nach der Erfahrung der Johanniter in der Zusammenarbeit mit Unternehmen verhilft genau diese Möglichkeit zum „Nein" beiden Partnern dazu, sich auf eine gemeinsame Entwicklung einer wirksamen Partnerschaft zu konzentrieren. In einer erfolgreichen Partnerschaft erfüllen die finanziellen Mittel und die eingesetzten Instrumente genau ihren Zweck: eine angestrebte gesellschaftliche Veränderung mit einer nachhaltigen Wirkung zu erreichen. Besonders bei einer lokalen und somit direkt greifbaren Partnerschaft ist eine gemeinsame Vision die entscheidende Grundlage für die aktive Einbindung aller Beteiligten in das gemeinsame Anpacken eines gesellschaftlichen Problems. Die Johanniter-Unfall-Hilfe e. V. ist bestrebt, sich mit dem beschriebenen Anspruch und großen Partnern zentraler gesellschaftlicher Anliegen anzunehmen, um langfristig deren Verbesserung zu erreichen.

Verzeichnis der Autorinnen und Autoren

Anthony, Michael, M. A. International Relations. Anschließend Journalist für Welt am Sonntag und andere Medien in Berlin und Tel Aviv, u. a. von 1998 bis 2000 Geschäftsführer von journalists.network. Seit 2002 bei der Allianz SE, seit 2008 Leiter des Bereichs Mikroversicherungen.

Behrens, Brigitte, Dipl. Soziologin. Studium der Soziologie an der Universität Hamburg und Absolventin eines Post-Graduierten-Lehrgangs für Management in NRO. Seit 1986 beim Greenpeace e. V. in Hamburg, seit 1999 als Geschäftsführerin.

Blomberg, Peter von, Dr. jur., Studium der Rechtswissenschaft, 1. und 2. juristische Staatsprüfung, anschließend an verschiedenen Standorten in der Allianz-Gruppe beschäftigt, 1985-90 Personalvorstand der Gruppe, bis 1999 Chef der Allianz-Gruppe in Nordrhein-Westfalen. Seit 2001 Mitglied und seit 2002 Vorstandsmitglied bei Transparency International Deutschland e. V..

Geier, Bernward, Studium der Kulturgeschichte und Anthropologie in Mexiko und der Landwirtschaft an der Universität Kassel/Witzenhausen. Von 1987 bis 2005 Direktor des Weltdachverbandes der biologischen Landbaubewegung (IFOAM). Seit 2006 Direktor der Agentur COLABORA-let's work together und u. a. Berater für die Rainforest Alliance.

Klein, Simone, Dipl.-Hdl., Studium der Wirtschaftspädagogik, des Internationalen Managements und der Unternehmensführung an der Universität Erlangen-Nürnberg sowie Volkswirtschaftslehre an der Lund University (Schweden), anschließend wissenschaftliche Mitarbeiterin. Autorin von Studien und Publikationen zum Themenbereich CSR. Tätig als Dozentin und in der wissenschaftlichen Projektbegleitung, Promotion an der Katholischen Universität Eichstätt-Ingolstadt.

Kurmann, Thomas, lic. phil., Studium der Geisteswissenschaften (italienische Literatur- und Sprachwissenschaften, Philosophie und Psychologie). Weiterbildung in Fundraising und CSR, 2000 bis 2004 Leiter Kommunikation bei der Stiftung Terre des hommes, 2004 bis 2009 Direktor Kommunikation und Fundraising bei Ärzte ohne Grenzen Schweiz. Seit 2009 Leiter der Spendenabteilung bei Ärzte ohne Grenzen Deutschland.

Lang, Susanne, Dr.phil., Dipl.-Politologin. Leitet seit 2005 als Gründungsmitglied und geschäftsführende Gesellschafterin das CCCD – Centrum für Corporate Citizenship Deutschland.

Nold, Sabine, Magistra Artium. Studium der Komparatistik, Geschichte, Indologie in Mainz, Fachleiterin Marketingkommunikation der Kommunikations- und Freizeitmessen bei der Messe Frankfurt. Seit 2001 Pressesprecherin IKEA Deutschland.

Marschall, Thomas, Studium der Sozialpädagogik in Nürnberg. Von 2004 bis 2008 Geschäftsführer der Tochtergesellschaft „Hermann-Gmeiner Marketing GmbH" der SOS-Kinderdörfer mit der Verantwortung über die Zusammenarbeit mit Unternehmen. Seit November 2008 geschäftsführender Partner der Beratungsgesellschaft credibility.wegewerk mit den Schwerpunkten nachhaltiges Wirtschaften, CSR und NGO-Partnerschaften.

Mohr, Kathrin, Diplom-Kauffrau, Studium der Betriebswirtschaftslehre in Deutschland und USA. Unternehmensberaterin bei einer internationalen Beratung. Seit 1994 bei Deutsche Post DHL tätig, zunächst in der Konzernentwicklung, danach 6 Jahre im Bereich Investor Relations. Seit 2008 verantwortlich für das Disaster Management Programm im Bereich Politik und Unternehmensverantwortung, verantwortlich für die Partnerschaft mit den Vereinten Nationen sowie Koordination der Disaster Response Teams.

Oppermann, Nicola, Studium der Publizistik, Politikwissenschaft und Linguistik an der Freien Universität Berlin. Anschließend als Unternehmenssprecherin bei Kraft Foods verantwortlich für die externe und interne Kommunikation. Seit 2002 als Manager Corporate & Government Affairs zuständig für die politische Kommunikation bei Kraft Foods und Mitglied des „Diversity Council".

Jütte-Overmeyer, Jochen, Studium der Rechtswissenschaften in Saarbrücken und Bonn, juristische Staatsexamen in Köln und Düsseldorf. Zugelassen als Rechtsanwalt beim Landgericht Düsseldorf. Seit 1988 Justiziar C&A Mode KG, Legal Counsel und Legal Coordinator C&A Europe sowie Mitglied des C&A European CSR Committee.

Pehl, Christine, M. A., Studium der Geschichte und Politikwissenschaft. Seit 2002 Beauftragte für Corporate Citizenship und Pressereferentin bei betapharm Arzneimittel GmbH. Seit 2005 Referentin für Corporate Social Responsibility und zudem seit 2006 Stiftungsbeauftragte der ‚betapharm Stiftung".

Placke, Gerd, Dr., Studium der Geschichte und Philosophie. Berufserfahrung in Non-Profit-Organisationen als Erwachsenenpädagoge, Projektmanager und Geschäftsführer. Seit 2005 in der Bertelsmann Stiftung (Programm: „Gesellschaftliche Verantwortung von Unternehmen") tätig. Gegenwärtiger Arbeitsschwerpunkt: Zivilgesellschaftliches Unternehmensengagement. Als Senior Project Manager verantwortlich für die „Marktplatz-Methode".

Podeswik, Andreas, Dipl.-Psychologe, Abschlüsse u. a. als psychologischer Psychotherapeut, Kinder- und Jugendpsychotherapeut, Psychodiabetologe, Kinderhypnotherapeut, Asthma- und Neurodermitistrainer, EFQM-Assessor, Case-Management-Ausbilder, Schulungs- und Projektleiter Pädiatrie im beta Institut gemeinnützige GmbH. Seit 2002 Geschäftsführer Qualitätsverbund Bunter Kreis.

Prätorius, Gerhard, Dr. rer. pol., Studium der Germanistik, Politikwissenschaft und Volkswirtschaft, anschließend bei Volkswagen als Fachreferent für Umwelt und Verkehr, danach u. a. Geschäftsführer regionaler Entwicklungs-gesellschaften. Seit 2006 im Volkswagen Konzern verantwortlich für CSR (Gesellschaftliche Verantwortung) und Nachhaltigkeit, Lehrbeauftragter an der TU Braunschweig.

Scholing-Darby, Michael, Diplom-Sozialwirt, Studium der Sozialwissenschaften. 1980–1986 wiss. Mitarbeiter am Politik-wissenschaftlichen Seminar Uni Göttingen, bis 1989 Redakteur/Ressortleiter beim VORWÄRTS Bonn, bis 1997 Beratung/Öffentlichkeitsarbeit SPD-Parteivorstand Bonn. Seit 1998 bei der Volkswagen AG, erst Chefredakteur Mitarbeitermedien, seit 2009 Leiter Politische Kommunikation.

Siegmund, Karin, Magistra Germanistik, Medienwissenschaften, Psychologie in Berlin, M. A. German Studies in Rochester (USA), Dipl.-Kulturmanagerin in Berlin. Seit 1997 im Nonprofit-Bereich tätig, u. a. Leiterin Kommunikation & Fundraising bei der Deutschen Kinder- und Jugendstiftung. 2004–2006 Forschungsprojekt Nonprofit Management an der FHVR Berlin. Seit 2008 Leiterin Unternehmenspartnerschaften bei Save the Children Deutschland.

Stolzenburg, Sascha, Dipl. Kommunikationswirt, Studium der Wirtschaftskommunikation in Berlin. Anschließend für verschiedene NPOs im Marketing und Fundraising tätig. Seit 2008 bei der Johanniter-Unfall-Hilfe e. V. als Leiter des Bereichs Unternehmenskooperationen.

Taubken, Norbert, Dr., Naturwissenschaftler und Lehrer. Ab 2000 Aufbau des CSR-Bereichs für AOL Deutschland, 2004 Gründung der Beratung CSR consult zu unternehmerischer Verantwortung und Nachhaltigkeit. Seit 2007 Business Director der CSR-Beratung Scholz & Friends Reputation, Lehraufträge zu CSR an der Hamburger School of Business Administration und der Deutschen Presseakademie.

Weyrich, Christine, Mag. in Publizistik- und Kommunikationswissenschaften an der Universität Wien sowie Postgraduate Master in International Politics an der Université Libre de Bruxelles. Seit 2009 Mitarbeiterin der Siemens Stiftung im Bereich Bildung und Soziales.

Weeks, Chris, Hochschulabschluss in Wirtschaftswissenschaften. Direktor für Humanitäre Angelegenheiten bei DHL in Brüssel, langjährige Erfahrung im Express Geschäft und Gründung der Disaster Response Teams, für die Koordination der Einsätze und Schulungen zuständig.